갑절의 능력을 받는 지혜

갑절의 능력을 받는 지혜

초판 1쇄 인쇄   2025년 1월 07일
초판 1쇄 발행   2025년 1월 03일

지은이 | 황석영
펴낸이 | 황성연
펴낸곳 | 하늘기획
등록번호 | 제306-2008-17호
주   소 | 경기도 파주시 광탄면 혜음로 883번길 39-32
총   판 | 하늘유통
전   화 | 031-947-7777
팩   스 | 0505-365-0691
ISBN   979-11-92082-13-4 03230

*성경 구절은 의미 전달을 위해 개역한글과 개역개정을 혼용하여 사용하였습니다.

갑절의
능력을
받는 지혜

머리글

먼저 본서를 집필할 수 있는 은혜를 주신 하나님께 모든 감사와 영광을 돌려 드리는 바입니다. 한국교회에 속한 주의 종들이라면 이제는 누구나 다 아실 정도로 1990년부터 우리의 한국교회는 영적인 침체의 늪에 깊이 빠져들고 있어서 해가 갈수록 성도의 수가 계속 줄어들고 있습니다.

전 세계 교회들이 부러워 할 정도로 놀랍게 부흥하던 우리 한국교회의 놀라운 부흥이 이러한 침체 국면을 맞게 된 데는 여러 가지 이유들이 있겠지만 그중에 한 가지 큰 이유는 한국교회가 성령의 내적 역사는 중요시 하고 '성령의 뜨겁고도 강력한 외적 역사에는 너무 소홀히 한 탓'도 있다고 생각됩니다.

기독교 2000년 역사를 보면 성령의 외적인 역사들(예수 이름으로 일어나는 신유 역사 등 여러 이적들과 표적들)이 강하게 나타난 나라치고 그 나라의 기독교가 크게 부흥되지 아니한 나라가 없습니다. 그러나 이와는 반대로 성령의 외적인 '능력의 역사'가 서서히 사라져간 나라치고 그 나라의 기독교가 쇠퇴해 가지 아니한 국가도 없습니다. 이러한 증거는 복음의 시초 국가인 이스라엘이 그러하였으며 그다음엔 독일이, 그다음엔 영국과 미국이 이러하였으며, 이제는 우리나라가 이러한 쇠퇴일로의 길을 2025년 현재 36년간 걸어가고 있습니다.

이렇게 볼 때 기록된 '예수는 구세주요, 성경은 진리임'을 힘 있게 뒷받침해주고 증거 해주시는 성령님의 강력한 외적 '능력의 역사'야말로 그동안 우리 한국교회의 가장 큰 부흥의 한 축이 되었다는 사실은 너무도 자명한 사실로 입증이 됩니다.

저는 20대 초반에 교회는 가끔 다녔으나 거듭나지 못한 때였던 군 생활 중에 예수님께서 나타나 주심으로 처음 뵈었고, 군대 가기 전에 죽을 위경 중에서도 천사의 도움을 받아 위기를 벗어나는 은혜를 주셨습니다. 이후 1990년 목사가 되었으며 거듭난 지 44년이 흐른 현재까지 10여 번에 걸쳐 예수님과 천사도 만나게 해 주셨으며, 기도 중에 성부 하나님의 음성도 세 번이나 듣게 해주셨습니다.

군대를 제대한 25세 때 [오산리 금식기도원]에서 3일간 금식기도를 드리는 중에 지나온 20년 동안 범하였던 모든 죄 사함을 받고 성령의 충만함과 병든 몸의 치유와 함께 〈방언 은사〉를 받고 거듭났습니다. 후 3개월 만에 옮긴 부산의 한 교회 담임 목사님은 부산에서 다섯 손가락 안에 드는 신령하고 능력있는 목사님으로 소문난 분이셨습니다. 제가 이 성령 충만한 교회로 등록하자, 담임 목사님께서 자꾸 이러 저러한 여러가지를 물어보시기에 "예, 그러한 일도 다 겪어 보았습니다." 말씀드렸더니 목사님께서 저를 보고 놀라시면서 "참, 희한한 일이네요, 나와 같이 신령한 목사들 세 사람이 10년 동안 목회하면서 겪은 일들을 어떻게 황 선생은 거듭난 지 겨우 3개월 만에 이러한 신령한 체험들을 다했는지 놀라운 일이네요." 하셨습니다. 이러한 신령하고 많은 체험들은 곧 출간될 필자의 저서 〈예수 믿고 체험한 신령한 일들 1,2,3권〉에 상세하게 기록되어 있습니다. 이는 필자가 잘나서가 아니라, 필자를 통해 이루시려는 하나님의 만세 전에 예정된 섭리 중에 이루어진 일이라 여겨집니다. 이러한 은혜와 권능은 현재도 여전하여 10년 이상 된 교회나 기도원 등의 부흥성회들을 인도하면 새로운 신기록들(① 가장 많은 치유역사, ② 가장 큰 은혜를 받고 변화받음, ③ 가장 많은 성도들이 모인 성회)을 세워주고 계십니다.

본서의 증보판 글을 쓰기 열흘 전부터 가진 집회(2024, 7. 25~28일) 중에는 70대의 한 장로님의 척추 두 마디는 거의 90도 각도로 꺾어져 있어서 날마다 너무도 아팠었는데 기도해 드리는 즉시 2분 정도 만에 곧게 펴주셨으며, 한 여종은 40년이 넘도록 심한 간질과 정신질환 등으로 가끔 실성해 버리는데 이렇게 되면 간질로 고통할 뿐만 아니라, 그 힘이 장사여서 일 년 52주 내내 부흥성회를 갖는 국내의 유명한 기도원장님과 능력 받은 남자 목사님들 다섯 분이 달려들어서 성전 바닥에 눕힌 후 손과 무릎으로 누르고 장

시간 기도하여도 고침 받지 못하자, 원장님도 포기한 지 오래된 사람이었습니다. 그러나 필자는 지난주에 잠시 2분 정도 기도해 드리자, 하나님께서 깨끗하게 고쳐주셨습니다. 이처럼 하나님께 받은 신령한 은사들과 능력은 과거가 아닌 항상 현재여야 합니다. 이를 위해서는 성령께서 주신 권능들을 갑절에 갑절로 더 받도록 힘써야 합니다.

교회 안에는 성령의 갖가지 능력적인 역사들이 예수의 이름으로 계속 강하게 나타나야 합니다. 이러할 때 우리의 교회는 더욱 힘을 얻게 되고, 세상 속의 저 수 많은 영혼들을 효율적으로 구원할 수 있으며, 교회로서의 가장 중요한 영혼 구령의 사명을 힘 있게 감당해 나갈 수 있습니다.

천하보다도 더 귀한 영혼을 구원하는 일은 성령님의 내외적인 역사하심이 없이는 절대로 이루어지질 않습니다(슥4:6, 고전12:3).

엘리야도, 엘리사도 똑같이 하나님의 일에 전심전력했습니다. 그러나 엘리야는 자신보다 갑절이나 많은 능력을 받은 그 제자 엘리사 보다도 갑절이나 더 힘들게 하나님의 일을 했어도 제자 엘리사에 비해 절반 정도의 일밖에 하지 못했습니다. 둘 다 똑같이 죽은 아이를 살려내는 일로도 쓰임을 받았지만, 엘리야는 그 죽은 아이의 몸에 세 번이나 엎드리며 부르짖어 기도해야 했습니다. 그러나 엘리사는 큰 부르짖음의 기도 없이도 죽은 아이의 몸에 두 번만 엎드리고 기도했어도 그 아이를 살려내는 데 쓰임 받았습니다.

바로 여기에 우리가 엘리사처럼 「갑절의 능력」을 받아야 할 이유가 있는 것'입니다. 본서는 성경과 성령님께서 주신 영감으로만 기록된 책입니다. 이에 성령의 능력 받기를 간구하는 사람이라면 누구든지 본서에 수록한 내용의 절반만 충실하게 실천하여도 「갑절의 능력」 정도는 쉽게 다 받을 수 있도록 집필되었으며 이는 많은 사람들로 입증되었습니다. 이러므로 본서는 하나님의 일을 하시는 많은 주의 종들이 성령의 권능들을 강력하게 받음으로 인해 남은 일생을 바꾸어 놓는 좋은 계기와 방법이 되어드릴 것입니다.

본서는 1995년에 처음으로 〈갑절의 권능을 받는 지혜〉라는 책으로 출간되었었는데 본서를 출판한 출판사로 여러 성도님들이 '본서를 출판해 주셔서 고맙다'는 전화들을 다음과 같은 내용들로 주셨습니다. 이러한 분들 중 어떤 성도는 ① 자신의 집에서 '본서를 읽는 중에 성령이 뜨겁게 임하시면서 그동안 사모하던 〈방언 은사〉를 받아서 고맙다'는 분도 계셨고, ② 어떤 집사님은 '나는 〈방언 은사〉를 받은 지 15년이 되었어도 방언을 통역하지 못하여 내가 방언으로 무슨 기도를 드리는지 알지 못하여서 답답하였었는데 본서를 집에서 읽는 중에 내가 하는 내가 방언이 유창하게 통역이 되는 〈방언 통역 은사〉가 임하여서 이로 인한 성령의 계시도 받고, 이제는 내가 내 영(방언 기도 / 고전14:2)으로 무슨 기도를 드리는지도 알게 되어 너무도 감사합니다.' 전화를 주셨으며, ③ 어떤 집사님은 자신의 아파트 거실 쇼파에 앉아서 본서를 읽다가 성령이 너무나도 강력하게 임재하시는 것을 느끼고는 읽고 있던 본서를 손에 든 채로 앉아 있던 소파에서 벌떡 일어나서 본서를 자신의 머리 위로 올려 펴서 보는데 제자리에서 펄쩍펄쩍 뛰면서 읽다가 성령의 갖가지 신령한 은사들(병 고치는 은사 등)을 받는 중에 '주의 종의 길을 가라'는 소명을 받고 곧 신학교에 들어갈 것이라는 말씀도 주셨습니다.

이 책은 오랫동안 품절 상태였으나, 여러 목사님의 요청으로 내용을 보충하고 개정하여 증보판으로 출판하게 되었습니다. 본서의 재출판을 위해 수고해 주신 도서출판 [하늘기획] 황성연 대표님과 직원 여러분들께도 깊은 감사를 드립니다.

본서를 읽으시는 모든 분들에게 성령의 충만한 권능(신령한 은사)들이 갑절이나 다양하고도 강력하게 임하시기를 축복합니다. 이를 위해 본서는 영적인 침체가 심각한 현재 우리 한국교회의 현실 중에서도 본서를 처음 출판했던 책보다 갑절이나 더 크고 다양한 성령의 능력(은사)들을 받되 갑절이나 더 쉽게 받도록 기록해 놓았습니다.

새해를 맞이하며
황석영 목사

서론

    신이신 하나님의 역사를 인간의 언어로 표현하는 데는 여러 어려움들이 뒤따른다. 이러한 어려움은 성경을 각국의 말로 번역하시는 분들뿐만 아니라, 하나님에 대한 체계적인 지식을 가르치는 신학자들까지도 같이 겪게 되는 하나의 공통적인 일이다. 이처럼 하나님의 역사를 인간의 말로 정확하게 표현하는 일은 더 어려운 일이다. 특히 하나님의 신비스러운 어떤 역사를 인간의 말로 명확하게 표현하는 일은 더욱 힘이 드는 일이다. 이러므로 본서를 읽어 나가실 분들의 이해를 도와 드리기 위해 먼저 본서에 기록된 아래의 낱말들에 대한 간략한 설명부터 해드림이 좋을 것 같다.

    본서에는 아래와 같은 낱말들이 많이 수록되어 있다.

    1.하나님. 2.은혜. 3.성령의 역사. 4.능력. 5.권능. 6.영권. 7.영감. 8.'불의 사자 엘리야'. 9.'어떤 은사를 받았다'. 10.'그가 어떠한 능력을 행한다.'는 말의 표현들이 바로 본서를 읽게 될 분들의 마음에 약간의 혼란을 야기해 줄 가능성이 있는 말들이

다. 이러므로 이러한 낱말들의 또는 말의 표현들에 대한 설명부터 먼저 간략하게 덧붙여 드림으로써 독자들의 마음을 편안하게 해드리려고 한다.

1. 하나님

본서에 수록된 '하나님'이라는 표현은 흔히 우리가 생각하는 '성부 하나님'으로만 고정된 하나님이 아니라, '삼위일체의 하나님'의 의미로 본서에 수록되어 있다. 이러므로 본서에 수록된 하나님의 역사는 성부 하나님으로서만이 아닌 성자, 성령 하나님으로서도 많이 표현되어 있다.

2. 은혜(恩惠)

본서에 나오는 '은혜'라는 의미는 우리가 하나님의 전적인 은혜로 말미암아 영생을 얻는 그러한 은혜를 나타낼 때의 표현만이 아니다. 본서에서 말하는 '은혜'라는 단어의 의미는 우리가 사모하는 '성령의 신령한 여러 은사'들 또는 '하나님의 도우심' 등에 대한 표현으로도 씌어있다. 우리가 잘 아는 데로 가장 큰 은혜는 하나님께서 우리에게 주시는 '영생'이라는 은혜다. 이보다 더 크고 소중한 은혜는 있을 수 없다.

3. 성령의 역사

'성령의 역사'는 우리의 눈으로 나타나는 어떤 표적적인 능력의 역사보다 우리 눈에 보이지 않는 내적인 역사가 수십 배는 더 많다. 그러나 본서에 기록된 성령의 역사들은 성령님의 이러한 내적인 역사로 인한 우리 영혼의 구원에 대한 문제(고전 12:3)나 우리를 거룩하게 하시는 어떤 역사(살후2:13)와 같은 일들이 아니다.

본서에서 말하는 '성령의 역사'는 성령의 이러한 내적인 일들보다도 우리 영의 눈으로나, 귀로 확신할 수 있는 성령님의 직접적이고도 인격적인 신령한 교통(고후13:13)으로 말미암는 여러 능력적인 '성령의 외적 역사'들만을 말하고 있다.

4. 능력(能力)

우리 인간이 가질 수 있는 능력들에는 ① 지식적인 지력이나, ② 육신의 강건함으로 인한 체력적인 힘이나, ③ 경제적인 재력으로 말미암는 재력 등 여러 가지가 있다. 그러나 본서에서 말하고 있는 능력은 오직 ④ '성령의 신령한 능력'들에 대한 표현들뿐이다.

이러한 성령의 능력들은 곧 '성령의 여러 은사'와도 일맥상통한 것으로 집필되어 있기도 하다. 이에 대해서는 성령의 여러 은사를 받아 체험해 보신 분들은 100% 수긍하실 줄로 안다.

5. 권능(權能)

본서에 기록된 '권능'이라는 단어는 세상 사람들이 가지고 있는 어떤 권세나 능력들에 대한 것이 아니라, 하나님께서 그 권속들에

게 주시는 '신령한 하나님의 권세', '하나님의 능력'들을 표현할 때
쓰였다.

6. 영권(靈權)

이 말은 하나님께서 그 종들에게 주시는 '신령한 영적 권세'를
말한다. 대형 트럭이 20톤의 무거운 짐을 가득 싣고 질풍같이 달
리는 '힘'을 '능력'으로 비유한다면, 그 달리는 트럭을 교통순경이
신호봉을 들고도 급정지시키는 일은 교통순경의 힘이 아닌 국가가
그에게 준 '권세'다. 이와 마찬가지로 본서에 기록된 영권은 국가
가 아닌 하나님께로 부터의 '강력한 영적 권세'를 부여받은 사람들
에 대한 내용이다.

7. 영감(靈感)

[열왕기하] 2:9절에 엘리사가 스승 엘리야에게 "당신의 영감이
갑절이나 내게 있기를 구하나이다."라고 구한 '영감(靈感)'에 해당
하는 히브리어는 '루아흐'로서 '선지자적인 능력(신의 계시를 받은
것 같은 느낌)'나, '창의적인 일의 생각이나 동기가 되는 자극'을
뜻하는데 이에 대한 히브리어 번역상으로는 다른 성경들과 주석에
는 이 '영감'을 '성령의 능력' 또는 '성령의 권능'으로도 표현되어
있기도 하다. 이에 본서에는 이 영감을 '권능(權能)'으로 기록해 놓
았다.

8. '불의 사자 엘리야'

엘리야 선지자를 '불의 사자'로 표현한 것은 다음과 같은 세 가지 이유에서다. 첫째, 갈멜산에서 하나님의 불이 내리도록 기도함으로써 '여호와 하나님이야말로 참 신이심'을 밝힌 일이다(왕상 18:36~40). 둘째, 오십 부장과 그에게 속한 50인의 군사들을 두 번씩이나 하늘에서 불을 내리게 함으로써 그들을 불태워 죽게 한 일이다(왕하1:9~12). 셋째, 그가 산 채로 하늘로 들림을 받을 때 하나님께서 그에게 보내주신 하늘의 불말들과 불수레를 타고 하늘로 승천하였기 때문이다(왕하2:11).

본서는 이 같은 세 가지 이유들을 통해 엘리야를 '불의 사자'로 지칭(指稱)하고 있다.

9. '어떤 은사를 받았다.'

본서에 수록된 이 표현은 하나님께서 우리에게 부어 주신 어떤 은사들에 대해 하나님 편에서 이러한 일을 보고 수록한 것이 아니라, 우리 인간 편에서 볼 때 '하나님께서 우리에게 부어 주시는 어떤 은사(하나님께서 주신 선물)를 받았다'는 것으로의 표현을 하였다.

10. '그가 어떤 능력을 행한다.'

'어느 사람이 어떤 능력을 받아서 행한다.'라고 말한 본서의 표현은 능력 그 자체를 행하시는 하나님 편에서 볼 때는 당연히 잘못된 것이다. 그러나 저술을 하다 보면 매번 이런 일을 자세하게 말하는 것은 보통 번잡한 일이 아니다. 이러므로 '그가 어떤 능력을 행한다.'고 말한 뜻은 우리에게 능력을 부어 주시고 능력 그 자체를 행하시는 하나님 편에서 본 것이 아니라, 연약한 우리의 눈으로 보기에 어떤 사람이 하나님의 신령한 능력을 받아서 행하는 것으로 보고 기록한 것일 뿐이지, 실제로 어떤 사람 그 자체가 능력이 있다는 것은 아니다.

우리의 눈으로 보기에 어떤 사람이 큰 능력을 받아서 행하는 것처럼 보이는 것은 다만 하나님께서 그 크신 권능으로 그 사람과 함께해 주시는 것일 뿐이다.

우리가 하나님의 여러 신령한 권능들을 받는 일은 대단히 중요한 일이며, 하나님의 말씀을 잘 전하는 '설교'도 하나님께서 우리에게 부어주신 〈지식의 말씀의 은사〉와 〈지혜의 말씀 은사〉로 말미암는다(고전12:8).

세상 사람인 어떤 국회의원이나 웅변가들을 보고 우리가 전하는 하나님의 말씀 곧 '설교'를 시켜 보라. 혹 그의 말이 달변은 될 수 있다 할지라도 그 속에서 사람의 영혼을 살리는 '생명력'(성령의 기름 부으심)은 찾아 볼 수 없게 될 것이다. 은혜로운 찬송을 부름도 이와 마찬가지다. 저 세상에서는 그 이름만 들어도 다 아는 유명한 가수들이라 할지라도 그가 성령의 기름 부음을 받지 못한 중에 복음성가를 부르게 되면 그가 부르는 찬송은 단 10초만 들어도 더 듣기 싫을 정도로 그 찬송에 생명력(기름 부음, 은혜)이 너무도 메마름을 곧장 느끼게 된다.

하나님의 말씀이 불신자로 있는 어떤 대통령의 손에 들려져서 전파된다 해도 그가 전하는 하나님의 말씀도 소금에 푹 절여진 배추 잎사귀처럼 늘어져서 생명력이 없게 될 것이다. 그러나 그 말씀이 초등학교도 제대로 나오지 못했지만, 성령의 권능이 충만했던 무디의 손에 들려져 전파될 때는 천하보다 귀한 백만 명의 사람들을 회개시켜서 구원을 받게 하였다. 또 그를 통해 말씀이 전파될 때마다 수많은 지식인들까지도 그가 전파하는 말씀들 앞에 고꾸라져서 통곡하며 회개하는 역사가 비일비재하게 일어나기도 하였다. 성령의 신령한 은사들은 우리가 하나님의 일을 해나감에 있어서 이렇듯 소중하다.

어떤 교회의 주의 종들은 그가 하나님께 받은 〈말씀의 은사〉와, 〈믿음의 은사〉와, 〈병 고치는 은사〉 등 몇 가지 안 되는 은사들만을 잘 활용하면서도 그가 담임하고 있는 교회를 크게 부흥시키고 있음은 많은 사람들이 익히 알고 있는 사실이다. 이같이 하나님께서 성령을 통하여 우리에게 부어 주시는 '신령한 은사들'은 우리들 자신을 더욱 강건케 하고 견고케 해줄 뿐만 아니라, 우리가 전하는 하나님의 말씀들이 더욱 기름진 생명력이 강한 꼴들이 되게 하여 많은 영혼들로 구원을 받도록 잘 인도해 준다. 나아가 우리의 교회들을 부흥시키는 데 있어서 큰 한몫을 담당하고 있다. 이러므로 우리 모두 '성령의 놀라운 능력'들을 강하게 받자. 그래서 우리가 행하는 복음 사역의 현장에 보다 더 큰 생기와 힘을 불어 넣자.

 본서에 기록한 제2장의 주된 내용들은 엘리사가 스승 엘리야를 끝까지 따라 다니다가 마침내 스승 엘리야보다도 갑절의 권능을 받은 [열왕기하] 2장에 대한 신령한 비밀에 대한 상세한 해석들로 집중적으로 기록되어 있다. 이에 본서의 2장과 3장에 기록된 내용의 두세 가지만이라도 가감 없이 확실하게 행하기만 하면 성령의 놀라운 능력들을 아주 쉽게 받도록 집필되었고, 이일은 여러 사람들에 의해 증명되었다. 이러한 이유로 본서는 필자의 지식이나 지혜로 쓴 책이 아니라, 오직 성경의 저자이신 성령님께서 주신 영감으로 성경을 바탕으로 씌어졌기 때문이다.

 본서는 이뿐 아니라, 이전에는 성령의 큰 권능을 받아서 행하였으나 그 받으신 은사들을 소멸하신 분들도 다시금 그 모든 성령의 은사들을 회복함에 큰 도움이 되도록 집필되었다. 또한 현재 몇 가지 은사를 받아서 행하고 계신 분들도 그 받은 능력들보다 갑절이나 더 크고 강한 능력을 보다 더 쉽고 빠르게 받을 수 있도록 이에 대한 성경의 비밀을 성령의 감동을 받아 풀어서 해석해 놓았다. 이러한 본서에 기록된 내용들은 어떤 인간의 지혜나 지식으로 말미암은 것이 아니라 성경이 우리에게 말하고 있는 것들이며 본서의 기록된 대부분의 내용은 필자의 개인적인 체험뿐만 아니라, 하나님의 신령한 권능을 받아 보신 많은 분들이 대부분 다 겪을 수 있는 일들을 하나님의 말씀을 중심으로 구체화 시킨 것들이기 때문이다. 그렇다면, 이제 우리가 원하는 성령의 크고 강한 여러 능력들을 받기 위해서는 어떻게 해야 할지를 알아보자. 이를 위해 먼저 갑절의 권능를 받아야 할 당위성에 대해 살펴보기 원한다.

그의 영광의 풍성함을 따라

그의 성령으로 말미암아

너희 속사람을 능력으로 강건하게 하시오며

_엡 3:16

목차

당신의 성령이 하시는 역사가

갑절이나 내게 있게 하소서

_왕하 2:9

제1장

갑절의 권능을
받아야 할 이유

제1장

갑절의 권능을 받아야 할 이유

2024년 현시대는 말세지 말로서 예수께서 언제 재림하실지 모르는 때다. 예수님의 십자가 피공로로 전적인 은혜로 구원함을 받은 성도들과 주의 몸 된 교회들은 지금부터 주님께서 재림하시는 날까지 바짝 깨어 있어야 할 뿐만 아니라, 날마다 성령의 기름 부음(재충만)으로 가득한 삶을 살아가야 한다. 이를 위해 성도들은 날마다 성령의 재충만함을 받아 예수님 오시는 날에 기름준비를 잘함으로서 천국의 혼인 잔치에 들어간 슬기로운 다섯 처녀같이 되도록 힘써야 한다(마25:1-13).

현재는 하나님의 일을 하시는 주의 종들이 우리나라에 기독교가 들어온 130년 전처럼 '오직 말씀' 만 외칠 때가 아니다. 예수님께서 명하신 대로 하늘로부터 덧입혀 주시는 성령의 권능으로도 충만하여 복음을 전하도록 힘써야 한다. 예수님은 자신과 함께 3년 반이

나 동거, 동락 하면서 가르치신 제자들이 자신의 부활한 모습을 보고 심히 기뻐하였어도 그 상태로 나가서 복음을 전하지 못하게 하셨다. 이러한 예수님은 부활하신 자신이 십자가에서 못 박히셨던 손과 발을 보이시면서 그들 앞에서 구운 생선 한 토막을 잡수심으로서 부활체의 모습이 어떠함을 보여 먼저 보여 주셨다. 이후에는 '너희는 내가 하늘로 승천하는 것을 보거든 곧장 나가서 복음을 전하지 말고, 아버지께서 약속하신 것 곧 성령의 능력이 위로부터 덧입혀지기까지는 이 예루살렘에 머물면서 기도에 힘쓰다가 성령의 능력으로 덧입힘을 받은 후에 나가서 복음을 전하라' 하셨다. 이 말씀을 하신 후 제자들이 보는 가운데서 구름을 타고 하늘로 올라가셨다. 이러므로 [사도행전] 2장의 마가 다락방에서의 성령강림 이후 복음을 전하여서 영혼 구령에 나서야 할 주의 종들은 신학교에서 배운 지식만으로 복음을 전하지 않도록 해야 한다.

예수께서 승천하기 직전 명하신 이 명령에 따라 성령의 권능까지 받아서 생명의 복음을 전하도록 함이 성경적인 가르침이다. 이미 성령의 권능을 받으신 종들은 본서에 기록된 말씀들을 마음에 새겨서 받은 능력보다 갑절의 갑절의 능력을 계속 더 받아 행하기를 바라는 바이다. 이 명령은 예수님께서 이 땅에 계실 때 마지막으로 명하신 너무도 중요한 명령이시다. 이러므로 이 명령은 임종을 앞둔 어떤 사람들의 유언과 같은 대단히 중요한 말씀임을 명심해야 한다.

(눅24:38-53) 예수께서 이르시되 어찌하여 두려워하며 어찌하여 마음에 의심이 일어나느냐 내 손과 발을 보고 나인 줄 알라 또 나를 만져 보라 영은 살과 뼈가 없으되 너희 보는 바와 같이 나는 있느니라 …… 여기 무슨 먹을 것이 있느냐 하시니 이에 구운 생선 한 토막을 드리니 받으사 그 앞에서 잡수시더라 …… 모세의 율법과 선지자의 글과 시편에 나를 가리켜 기록된 모든 것이 이루어져야 하리라 한 말이 이것이라 하시고 이에 그들의 마음을 열어 성경을 깨닫게 하시고 또 이르시되 이같이 그리스도가 고난을 받고 제삼일에 죽은 자 가운데서 살아날 것과 또 그의 이름으로 죄 사함을 받게 하는 회개가 예루살렘에서 시작하여 모든 족속에게 전파될 것이 기록되었으니 너희는 이 모든 일의 증인이라 볼지어다 내가 내 아버지께서 약속하신 것을 너희에게 보내리니 너희는 위로부터 능력으로 입혀질 때까지 이 성에 머물라 하시니라 예수께서 그들을 데리고 베다니 앞까지 나가사 손을 들어 그들에게 축복하시더니 축복하실 때에 그들을 떠나 [하늘로 올려지시니] 그들이 [그에게 경배하고] 큰 기쁨으로 예루살렘에 돌아가 늘 성전에서 하나님을 찬송하니라

(행1:3-9) 그가 고난 받으신 후에 또한 그들에게 확실한 많은 증거로 친히 살아 계심을 나타내사 사십 일 동안 그들에게 보이시며 …… 사도와 함께 모이사 그들에게 분부하여 이르시되 예루살렘을 떠나지 말고 내게서 들은 바 아버지께서 약속하신 것을 기다리라 요한은 물로 세례를 베풀었으나 너희는 몇 날이 못되어 성령으로 세례를 받으리라 하셨느니라 …… 오직 성령이 너희에게 임하시면 너희가 권능을 받고 예루살렘과 온 유대와 사마리아와 땅 끝까지 이르러 내 증인이 되리라 하시니라 이 말

씀을 마치시고 그들이 보는데 올려져 가시니 구름이 그를 가리어 보이지 않게 하더라

이 같은 주님의 명령에 따라 주의 종들이 성령의 권능을 받되 지금까지 받은 능력보다 갑절이나 더 받아야 할 당위성(當爲性)은 크게 다음과 같은 두 가지 이유에서다.

1. 영적 상황이 옛날보다 확연히 달라졌기 때문이다.

필자가 죄 사함과 성령과 〈방언 은사〉를 받고 거듭났던 1980년대 초에는 우리 국내의 영적 분위기가 참 좋았었다. 이때는 한번 성령의 재충만함(기름부으심)을 받으면 일주일 정도까지도 많이 기도하지 않아도 죄만 멀리하면 한주 내내 성령으로 충만했었다. 그러나 40년이 지난 2024년 현재 국내의 영적인 상황은 너무도 많이 변했다. 1990년부터 성령의 역사가 줄어들고 마귀 역사가 더하여지기 시작하더니 현재는 성령의 재충만함을 받아도 단 하루도 유지하기 힘들게 되었다.

필자는 부흥성회를 400여회 인도해 보았기 때문에 국내의 영적인 상황에 대해 매우 민감하다. 이에 지금은 부흥성회 중 성령의 충만함을 받고 오전 열한시 예배 때 병자들이 고침을 받는 등의 일로 집회를 성공적으로 잘 인도하였다 할지라도 저녁 예배를 인도하기 전에 다시 성령의 기름 부으심(재충만)을 공급받지 못하면 저녁 예

배 때는 단 한 명의 병자도 고침을 받기 힘들 정도로 영적인 상황이 크게 나빠졌다. 이에 부흥성회를 인도할 때는 날마다 ① 새벽예배 직전과, ② 낮 예배 직전과, ③ 저녁 예배를 인도하기 전마다 기도하여 다시 성령의 강한 기름 부으심을 받아야 한다. 매일 이러하지 않고서는 말씀으로 만이 아닌 성령께서 나타내 주시는 신유와 갖가지 은사들로 충만한 성회를 인도할 수도 없다.

전국, 전 세계 어느 곳으로 가든지 집회를 방해하는 흑암의 세력, 곧 하늘의 악한 영을 제압하지 못하면 공들여 준비한 성회를 성공적으로 인도하지 못하게 된다. 이에 부흥성회를 인도할 때는 기도하는 시간을 조금이라도 더 갖기 위해 식사도 먼 곳으로 가지 않고 가까운 곳에서 하고, 숙소에 있어도 잠시 샤워를 하고 쉬는 시간 외에는 성령의 기름 부으심을 만족할 정도로 부어 주실 때까지 빌고 간구함으로서 성공적인 집회를 인도하려고 만전을 기한다.

옛날 40년 전의 서울에는 흰색 와이셔츠를 입고 다녀도 하루쯤은 목 부분의 카라가 더럽혀지지 않았다. 그러나 지금은 한나절만 입고 다녀도 목 부분뿐만 아니라, 손목 부분까지도 시커멓게 되어 세탁을 해야 한다. 이처럼 우리 국내의 영적 분위기가 그동안 쌓여 온 많은 죄들과 마귀의 득세로 인하여 받은 성령의 권능을 유지하기도 힘들다. 이에 성령께서 주신 권능과 주 예수의 이름으로 귀신을 내쫓으며 병자를 고치는 등의 일로 쓰임 받기도 더 힘들다. 이러므로 주의 종들은 이미 받은 성령의 권능을 적어도 갑절이나 더 받아야 마귀의 방해 세력을 꺾고 생명의 복음을 능력있게 증거 할 수 있다. 안타깝지만, 현재는 가장 성령으로 충만해야 할 부흥 강사님조차도 성령으로 충만하지 못하되 그에게 주셨던 신령한 은사들이 크게 약화 되었거나, 완전히 소멸됨으로 인해 오직 말씀만을 전하는 분들이 90% 이상 되는 듯하다. 이는 불 꺼진 창과 다름없는 영적인 '깜깜이 현상'인데도 이를 회복하지 못하는 종들이 수두룩 하니 너무도 안타까운 일이다. 그러나 필자에게는 20여년 전에 성전을 건축 중일 때 예수님께서 나타나 주셔서 "너희 나라 모든 제단들에 성령의 불이 다 꺼진다 해도 네가 섬기는 제단에는 성령의 불이 꺼지지 않게 해주겠다."는 언약을 주셨다. 이에 오늘날에도 지난 주에 인도한 부흥성회 때도 여러 병자들이 고침을 받고 성령의 계시와 예언과 신령한 은사들이 임하는 은혜 충만한 부흥성회가 되게 해주셨다. 이러한 필자는 가는 곳마다 성령의 불을 다시 붙여 주는 일로 계속 쓰임을 받게 하시니 너무도 감사한 일이다. 하나님께 받은 권능은 이처럼 옛날이 아닌 항상 현재여야 한다. 하나님의 일은 성령으로 아니하고는 할 수 없다.

(슥4:6) 그가 내게 대답하여 이르되 여호와께서 스룹바벨에게 하신 말씀이 이러하니라 만군의 여호와께서 말씀하시되 이는 힘으로 되지 아니하며 능력으로 되지 아니하고 오직 나의 영으로 되느니라
(미3:8) 오직 나는 여호와의 영으로 말미암아 능력과 정의와 용기로 충만해져서 야곱의 허물과 이스라엘의 죄를 그들에게 보이리라

(시105:4) 여호와와 그의 능력을 구할지어다 그의 얼굴을 항상 구할지어다

2. 작은 능력으로는 위험하기 때문이다.

[마태복음] 25장에는 그 주인에게 한 달란트와, 두 달란트와, 다섯 달란트를 받은 종들에 대한 비유가 나오는데 이들 중 가장 작은 한 달란트를 받은 종은 주인이 돌아와서 심판하기까지 갑절의 유익을 남기지 않았고, 이로 인해 지옥의 형벌에 처하여졌다. 이처럼 하나님의 능력을 받아도 작은 능력을 받은 종들은 하나님께서 자신에게 주신 달란트에 대한 ①소중함과, ②책임의식이 부족함과, ③주인이 자신에게 주신 달란트와 하나님에 대한 오해(착각)로 인해 받은 달란트로 부지런히 장사하지 않음으로 후일 지옥에 처하기 쉽다.

필자는 1987년부터 목회를 시작하면서 수많은 목회자들(신학교 동기들과 선, 후배 등)을 보면서 느낀 것 중의 분명한 한 가지는 '그가 받은 영적인 달란트가 큰 목자일수록 영적인 일에 열심이었다. 그러나 그가 받은 영적인 달란트가 작은 목사일수록 ①100% 다 목회에도 게을렀거나, ②영적으로 너무 미숙하였고, ③연약하였으며, ④영혼 구령의 열정도 적었다.'는 것이다. 이들 중의 한 목사는 당회가 구성된 모 시골교회로 부임 받아 갔으나 개인적인 돈벌이를 위해 몰래 목공예 기술을 배워서 나무껍질을 벗겨서 옷걸이부터 만

들기 시작하더니 후에는 산에서 큰 나무뿌리를 캐서 원목 탁자까지도 만드는 일에 힘쓰다가 성도들에게 책망을 받고서야 손을 놓았다. 어떤 목사는 교회에서 주는 사례비로 충분히 살아갈 수 있었는데도 '내가 건강하니 막노동을 하러 다니면 나이 더 들기 전에 돈을 조금이라도 더 벌 수 있겠다.' 생각하고 조기 은퇴를 했으나 은퇴 후 치매에 걸린 사모로 인한 요양원 입원 등으로 인생 말년에 홀로 지내면서 더욱 가난하게 되었고, 어떤 젊은 목사는 서울의 수천 명이 모이는 교회 부목으로 일하다가 그만두고 자신의 친족이 운영하는 식당에서 종업원으로 살아가고 있다. 이들 외의 한 목사는 총회에서 수십명이 모이는 교회로 두 번이나 파송시켜 주었으나 파송받아 가는 곳마다 양들로 다 흩어지게 함으로서 더는 총회에서 도와주지 않았다. 이들은 운동 등 하나님이 아닌 사람들을 찾아다니는 육적인 일에는 적극적이고 뛰어났으나 영적인 일에는 너무 소극적이었다. 이러므로 하나님께 신령한 은사를 갑절이나 더 받아서 영혼 구령의 달란트 장사에 열심을 품어서 하나님의 심판대 앞에 이를 때 "착하고 충성된 종아, 잘하였도다."라는 하나님의 인정함을 받고 천국 입성에 성공하기를 바라는 바이다.

(마25:14-30) 또 어떤 사람이 타국에 갈제 그 종들을 불러 자기 소유를 맡김과 같으니 각각 그 재능대로 하나에게는 금 다섯 달란트를, 하나에게는 두 달란트를, 하나에게는 한 달란트를 주고 떠났더니 다섯 달란트 받은 자는 바로 가서 그것으로 장사하여 또 다섯 달란트를 남기고 두 달

란트 받은 자도 그같이 하여 또 두 달란트를 남겼으되 한 달란트 받은 자는 가서 땅을 파고 그 주인의 돈을 감추어 두었더니 오랜 후에 그 종들의 주인이 돌아와 저희와 회계할쌔 다섯 달란트 받았던 자는 다섯 달란트를 더 가지고 와서 가로되 주여 내게 다섯 달란트를 주셨는데 보소서 내가 또 다섯 달란트를 남겼나이다 그 주인이 이르되 잘 하였도다 착하고 충성된 종아 네가 작은 일에 충성하였으매 내가 많은 것으로 네게 맡기리니 네 주인의 즐거움에 참예할찌어다 하고 ······· 한 달란트 받았던 자도 와서 가로되 주여 당신은 굳은 사람이라 심지 않은데서 거두고 헤치지 않은데서 모으는 줄을 내가 알았으므로 두려워하여 나가서 당신의 달란트를 땅에 감추어 두었었나이다 보소서 당신의 것을 받으셨나이다 그 주인이 대답하여 가로되 악하고 게으른 종아 나는 심지 않은데서 거두고 헤치지 않은 데서 모으는 줄로 네가 알았느냐 그러면 네가 마땅히 내 돈을 취리하는 자들에게나 두었다가 나로 돌아 와서 내 본전과 변리를 받게 할 것이니라 하고 ······ 이 무익한 종을 바깥 어두운데로 내어쫓으라 거기서 슬피 울며 이를 갊이 있으리라 하니라(개역 한글 성경)

3. 마귀의 활동이 갑절로 강하여졌기 때문이다.

성경은 다음과 같이 이 세상 종말이 다가올수록 ① 사람들의 죄성은 더욱 강하여지고, ② 양심은 더러워지고, ③ 윤리의식도 더욱 사라지고, ④ 성경과 성령에 이끌리기보다는 짐승처럼 육체의 본능과 자기 욕심에 이끌릴 것을 미리 예언으로 기록해 놓았다.

철물점에 가면 가장 작은 망치는 손가락 크기만큼으로 작고 가볍다. 이러한 망치로는 어떤 담벼락을 쳐서 무너뜨리려면 힘껏 친다 해도 수천 번 이상 쳐야 겨우 담을 무너뜨릴 수 있을 것이다. 그러나 [오함마] 같은 장정의 주먹 두 세 개 정도 크기의 크고 무겁고 강한 망치로 벽을 치면 두 세 번만 쳐도 벽에 금이 가거나 담벼락이 무너지기 시작할 것이다. 이러므로 세상 죄악이 너무도 더하여지고, 마귀 역사가 더욱 강한 종말의 때는 이전에 받았던 권능보다 적어도 갑절의 권능을 받아 행하여야 죽어가는 사람의 영혼을 살리고 병든 양들의 육체를 주의 이름으로 고쳐주기 쉽다.

상대방 주먹의 힘이 헤비급 선수라면 플라이급 선수가 치는 주먹으로는 도저히 이길 수 없다. 이러므로 이 세상의 종말이 다가올수록 주의 종들은 더더욱 깨어 기도하여 성령의 권능으로 충만하여 하늘의 악한 영과 이 세상의 악인들을 이기면서 우리 주님께서 메워주신 십자가를 잘 지고 나아가야 할 것이다.

(딤후3:1-8) 너는 이것을 알라 말세에 고통하는 때가 이르러 사람들이 자기를 사랑하며 돈을 사랑하며 자랑하며 교만하며 비방하며 부모를 거역하며 감사하지 아니하며 거룩하지 아니하며 무정하며 원통함을 풀지 아니하며 모함하며 절제하지 못하며 사나우며 선한 것을 좋아하지 아니하며 배신하며 조급하며 자만하며 쾌락을 사랑하기를 하나님 사랑하는 것보다 더하며 …… 이같은 자들에게서 네가 돌아서라 …… 그들도 진리를 대적하니 이 사람들은 그 마음이 부패한 자요 믿음에 관하여는 버림

받은 자들이라

(행4:29-31) 주여 이제도 그들의 위협함을 굽어보시옵고 또 종들로 하여금 담대히 하나님의 말씀을 전하게 하여 주시오며 손을 내밀어 병을 낫게 하시옵고 표적과 기사가 거룩한 종 예수의 이름으로 이루어지게 하옵소서 하더라 빌기를 다하매 모인 곳이 진동하더니 무리가 다 성령이 충만하여 담대히 하나님의 말씀을 전하니라

지혜를 얻는 것이 금을 얻는 것보다 얼마나 나은고

명철을 얻는 것이 은을 얻는 것보다 더욱 나으니라

_잠 16:16

제2장

성령의 권능을
갑절로 받는 지혜

제2장

성령의 권능을 갑절로 받는 지혜

하나님께서 성령의 권능을 각 사람에게 부어 주시는 방법은 한 번에 다 부어 주시는가 하면, 대개의 사람들에게는 10년에서 30년 정도의 장기간에 걸쳐서 다양한 은사들을 부어 주기도 하신다. 필자의 경우는 25세 때 〈방언 은사〉를 부어 주시면서 병든 몸의 치유와 함께 영안도 밝혀 주셨는데 이때로부터 목사가 된지 15년이 지난 45세까지 20년간에 걸쳐 다양한 능력(은사)들을 부어 주셨다. 그러나 본서를 읽게 되면 이러한 긴 세월들이 확 줄어들되 1/10 이하로도 줄어들기도 할 것이다. 이는 여러 목사님들이 본서를 통해서와 필자가 인도하는 '제자훈련'을 통해 너무도 쉽게 능력을 받고 기뻐서 내게 전하여준 증언들이다. 이에 어떤 목사님은 필자와 같은 권능 받기를 사모하여 매주 한 번씩 만나서 두 시간 동안 6개월간 가르치고 기도해 드리자, 거의 필자의 수준에 이를 정도로 신령하고 강하여졌다. 이에 "목사님을 통해 성령의 권능을 받는 것이 저 혼자서 철야 산상기도 100일 하는 것보다 훨씬 더 빠르고도 다양한 은사들을 받고 안전합니다." 하며 고마워하였다.

제1단계 – 버릴 것을 버리자

　받은 성령의 권능을 갑절로 받고 싶다면 본 장에 기록된 7단계를 따라 노력함은 대단히 지혜로운 일이 될 것이다. 이는 대부분의 사람들이 이러한 7단계의 과정을 거치면서 성령의 권능을 받기 때문이다.

　어떤 밀림 지역에 사는 한 미개인이 활과 창만 사용하다가 자신을 위협하는 짐승들을 보다 더 쉽게 잡을 수 있는 한 자루의 총을 선물로 받아서 사용하고자 한다면 그는 먼저 그때까지 자신의 손에 움켜쥐고 있던 돌멩이나 창과 활을 땅에 내려놓고 총을 쏘는 것부터 배워야 할 것이다. 이처럼 하나님께로부터 신령한 은사들을 받아서 보다 더 능력 있는 종들이 되어 복음 전파에 이바지하려고 하시는 분들은 자신이 원하는 은사를 받아서 좋은 열매를 맺기에 거침이 되는 모든 것들을 하나씩 하나씩 그 손에서 내려놓는 일부터 해야 할 것이다.

　성경에는 하나님께로부터 큰 권능을 받아 많은 능력을 행하고서도 하나님께 버림받게 될 사람이 있게 되되 그 수가 적은 수가 아닌

'많은 사람'이 될 것을 미리 예고해 놓고 있다.

(마7:21~23) 나더러 주여 주여 하는 자마다 다 천국에 들어갈 것이 아니요 다만 하늘에 계신 내 아버지의 뜻대로 행하는 자라야 들어가리라 그 날에 많은 사람이 나더러 이르되 주여 주여 우리가 주의 이름으로 선지자 노릇 하며 주의 이름으로 귀신을 쫓아 내며 주의 이름으로 많은 권능을 행하지 아니하였나이까 하리니 그 때에 내가 그들에게 밝히 말하되 내가 너희를 도무지 알지 못하니 불법을 행하는 자들아 내게서 떠나가라 하리라

하나님께로부터 큰 능력을 받아서 행하는 일은 결코 쉬운 일이 아니다. 이러한데도 왜 이러한 불행한 일이 생겨나게 될까?

위의 말씀에 기록된 대로 훗날 주님의 책망을 받고 주께서 '나는 너희를 알지 못한다.' 함을 받아 쫓겨나게 될 사람들, 그들은 하나같이 자신이 하나님께 받은 능력(은사)들을 행하되 '불법을 행하는 자들'로 주님의 정죄를 받게 된다. 그것은 그들이 원하는 능력을 받기 이전에 먼저 버려야 할 사욕들을 버리지 않은 채로 하나님의 능력을 받아서 행하였거나 그들이 원하는 은사들을 받은 후에 이미 오래전에 던져 버렸던 것들 곧 하나님의 말씀과 위배 되는 다른 무엇들을 다시 취하기 때문이다.

이러므로 하나님께로부터 큰 권능을 받아서 행하고자 하는 사람들은 먼저 하나님의 신령한 권능을 받고자 하는 목적의식부터 바르

게 갖추어야 한다. 이러한 일 후에 그 자신이 받고자 하는 은사들을 진심으로 사모하고 기도하면 좋은 결과를 얻게 될 것이다.

　이를 위해서 능력의 종 엘리사가 자신이 원하는 권능을 받기까지 그가 먼저 버렸던 것들은 무엇인지 알아보고 난 후 오늘날의 우리가 버려야 할 것들은 또한 어떠한 것들인지를 살펴보기 원한다. 이를 통해 우리가 능력을 받기까지 거침돌이 되는 장애물들을 최대한 제거해 나가도록 하자.

　예수께서 복음을 전하시는 중에 하루는 갈릴리에서 떠나 요단강 건너 유대 지경에 계실 때 한 부자 청년이 예수님께 나아와서 '자신이 무엇을 하여야 영생을 얻을 수 있겠는지' 여쭈었다. 그때 예수님은 그에게 '십계명을 지키라'는 말씀을 하신 후에 "네게 오히려 한 가지 부족한 것이 있으니 가서 네게 있는 것을 다 팔아 가난한 자들을 주라. 그리하면 하늘에서 보화가 네게 있으리라. 그리고 와서 나를 좇으라" 하셨다. 그러나 그 청년은 예수님의 이 말씀에 불순종하였다. 이러한 그는 생명의 주님을 만나서 아름다운 약속까지 받았으나 그 마음이 주의 말씀이 아닌 '재물'에 이끌림으로 기쁨이 아닌 '슬픈 기색'을 띠고 근심만 더한 채 예수님 곁을 떠나고 말았으며 영생에서도 멀어진 것 같다(막10:1~22).

　만약 그 청년이 그때 주님의 말씀에 순종하여 자신의 재물을 가난한 자들에게 다 나누어 주고 주님의 뒤를 따랐더라면 베드로 정도는 못되었을지라도 엄청난 능력을 행하였던 빌립 집사와도 같은 하늘의 보화를 무수하게 받아 행하였을 것 같다. 이러한 일은 예수님 당시뿐만 아니라, 오늘날도 계속되고 있는 흔한 일이다. 보다 더 큰 권능을 받기 위해 마땅히 먼저 버려야 할 것을 버리지 않는 이러한 일들로 인해 성령님은 오늘도 성도들 안에서 탄식하고 계신다.

오랜 세월을 군목으로 사역하다가 은퇴한 한 목사님이 자신이 받은 퇴직금을 양복 안 주머니에 넣고 일반목회를 하려고 교회를 개척할 상가건물을 얻기 위해 여러 곳을 찾아 다녔는데 마땅한 건물을 찾지 못하였다 한다. 이에 목사님께서 한 기도원으로 가서 기도하는데 두 번이나 어떤 사람의 손이 자신의 퇴직금이 들어있는 안주머니 속으로 '쑥~' 들어오더란다. 이에 깜짝 놀라서 그 손을 뿌리쳤는데 두 번째는 그 손을 자세히 보니 그 손바닥 중앙에는 예수께서 십자가에 못 박혀 죽으실 때와 같은 선명한 못 자욱이 있더란다. 이에 대한 필자의 생각은 이 목사님도 '부자 청년처럼 그 모든 것을 가난한 자들에게 나누어 줌으로서 돈을 의지하지 말고 오직 전능하시고 신실하신 주님만을 전적으로 의지하는 목회를 하라' 하신 것처럼 여겨진다. 이러하였더라면 아마도 성령의 큰 권능을 선물로 받아서 이로 인한 복된 목회가 펼쳐졌을 것이다.

오늘날의 저 유태인(이스라엘)들을 전도하기는 여간 힘든 일이 아니다. 너무 오래된 일인지라, 그 정확한 년도가 기억되지 않는다.

한 사람이 1974년 8월에 한 환상을 보고 6년간 아무에게도 말하지 않다가 1982년에 이스라엘에서 설교를 하던 중에 '유태인들이 소련에서의 출애굽이 있게 될 것'을 말하고는 이 일에 나섰다.

이분은 유태계 미국인으로 살던 스티브 라이틀(Steve. L / 책명 '제 2의 출애굽' 저자)이라는 목사로서 당시(소련이 무너지기 직전)의 소련에 거주하고 있던 많은 유태인들을 이스라엘로 집단 이주시켰다. 그는 주님께서 '너는 이 일을 하라'는 명령을 받았다. 그런데 이 일은 많은 지식과, 인력과, 엄청난 돈이 필요하였다. 그러나 이 스티브 라이틀 목사님은 예수님의 명령을 받은 즉시로 자신이 운영하던 주유소(많은 사람들이 대단히 부러워할 정도로 잘 되던 사업)를 단돈 한 푼도 안 받고 다른 사람에게 넘겨주되 주유소의 금고 안에 있는 현금까지도 가난한 사람들에게 통째로 다 내어주고 빈손으로 주님의 명령에 순복하셨다. 이러한 그는 유태인들이 소련의 어느 곳들에 숨어 사는지? 그들을 이스라엘로 이주시키려는 방법은 무엇인지도 전혀 몰랐으나 오직 주님의 명령에 순종하기로 하였다. 이러한 그는 전능하신 주님과 성령님의 도움을 받으면서 소련 내에 숨어 살고 있는 유태인들 하나하나를 성령님의 지시를 좇아 한 사람씩 찾아내어 그가 이스라엘로 가도록 설득시켰다. 이 일이 점점 더 활발하게 되고 소문이 나자, 마침내는 수많은 유태인들을 배와 비행기에 태워서 그들을 집단 이주시키면서 그들로 다 예수를 믿게 하는 일에 성공적으로 쓰임 받았다(이렇게 되기까지 그 육신이 너무 피곤한 때는 더러는 성령님의 인도를 받지 못하고 유태인들을 찾으러 다닌 날들은 다 허탕만 쳤었다 한다.

스티브 라이틀 목사님이 행한 이 이일은 ① 너무도 위험했고, ② 많은 정보(지식)와, ③ 엄청난 재물과, ④ 많은 인력이 필요하였다. 그러나 그는 예수님께서 '너의 모든 재물을 다 가난한 자들에게 나누어 주고 너는 나를 따르라'는 말씀에 가감 없이 순종함으로 하나님의 도우심을 받아 이 일을 행하였다 한다.

하나님께서는 이러한 그를 통해 소련 내에 있는 수많은 유태인들을 찾아내게 해주셨고, 그들로 다 예수를 구주로 믿게 하였으며, 이러한 그들(당시에 한 사람당 우리나라 돈으로 500만원이 든 것 같다)을 이스라엘로 집단 이주시키기까지 한 것이다. 이에 대한 자세한 내용은 유튜브에 '스티브 라이틀'을 검색해 보면 상세하게 알 수 있을 것이다.

이처럼 엘리사도 하나님께서 자신을 부르실 때 먼저 버려야 할 것들을 과감하게 버렸다. 이로 말미암아 오늘날 우리가 '불의 사자'라고 일컫는 자신의 스승 엘리야보다 갑절이나 크고 강한 권능까지도 받았다. 그렇다면, 엘리사가 자신이 원한 권능을 받기까지 던져 버렸던 것들은 무엇인가? 이제 그것을 알아보도록 하자.

(1) 엘리사가 버린 것들

(왕상19:19-21) 엘리야가 거기서 떠나 사밧의 아들 엘리사를 만나니

그가 열두 겨릿소를 앞세우고 밭을 가는데 자기는 열두째 겨릿소와 함께 있더라 엘리야가 그리로 건너가서 겉옷을 그의 위에 던졌더니 그가 소를 버리고 엘리야에게로 달려가서 이르되 청하건대 나를 내 부모와 입맞추게 하소서 그리한 후에 내가 당신을 따르리이다 엘리야가 그에게 이르되 <u>돌아가라 내가 네게 어떻게 행하였느냐 하니라 엘리사가 그를 떠나 돌아가서 한 겨릿소를 가져다가 잡고 소의 기구를 불살라 그 고기를 삶아 백성에게 주어 먹게 하고 일어나 엘리야를 따르며 수종 들었더라</u>

위의 말씀은 엘리사가 자신이 원하는 권능의 종이 되기까지 자신에게 장애물이 되는 것들을 어떻게 버렸는지를 잘 증거 해주는 좋은 기록이다.

엘리사는 후일 자신의 스승이 된 엘리야를 통해 '너는 이스라엘의 선지자가 되라'는 소명을 받았다. 여기서 엘리야가 자신의 겉옷을 벗어서 밭을 갈고 있는 엘리사의 머리 위로 던지는 행위는 '너는 나의 직무를 대신하라'는 매우 상징적이고도 효과적인 전달 방식이다.

이를 본 엘리사는 엘리야의 뜻을 알아차리고는 즉시 그에게로 가서 '내 부모님과 작별의 입맞춤(인사)을 하고 와서 당신을 따르게 해주십사' 부탁했다. 그러나 이러한 그의 부탁은 엘리야로부터 책망을 들었다. 그 이유는 다음과 같은 성경적인 이유에서다.

하나님의 부름(소명)을 받은 이상 마땅히 버릴 것을 먼저 버리지 않은 가운데 자신에게 나아오는 엘리사의 말에 "돌아가라 내가 네게 어떻게 행하였느냐?"고 꾸짖는 엘리야의 말은 다음과 같은 예수님의 말씀을 연상케 한다.

예수님께서 복음을 전하실 때 은혜를 받은 많은 사람들 중에는 주님의 부르심을 받은 사람들은 곧 자신의 모든 일을 버리고 오직 예수님만 따라 다니며 주의 일에 그 일생을 헌신하고자 한 사람들이 여럿 있었다. 그러나 그들 중 어떤 이들은 '내가 주님을 따르리이다마는 나로 먼저 가서 내 부친을 장사하게 허락하옵소서' 또는 '나로 먼저 내 가족과 작별인사를 나눌 시간을 주소서'라는 부탁의 말씀을 드리는 자들도 있었다. 이에 대해 예수님은 그들의 부탁을 들어주지 아니하시고는 다음과 같은 말씀을 하셨다. "손에 쟁기를 잡고 뒤를 돌아보는 자는 하나님의 나라에 합당치 아니하니라"(눅 9:62)

이처럼 엘리야도 '자신의 부모님과 먼저 작별인사부터 나눈 뒤에야 당신을 따르겠다.'는 엘리사의 말에 대해 책망을 한 것이다. 엘리사에게 이 책망을 받은 엘리사는 그 부모님을 향해 가려던 발걸음을 돌이켜 엘리야를 좇아가되 그 부모님께 작별인사도 없이 그 즉시로 소 한 겨리(두 마리)를 잡아 엘리야를 대접하고 그 이웃 사람들에게 나누어 주고 곧장 선지자의 길로 들어섰다. 이러한 엘리사의 단호한 행동을 보고 난 엘리야는 그를 자신의 제자로 삼아 양육하였다.

우리는 이 장면에서 능력의 종 엘리사는 자신이 원하는 권능의 종이 되기까지 거침이 되는 모든 것들을 버리되, 첫째는 그의 이전 직업(부농의 아들)을 버렸음을 알 수 있다. 그리고 그는 조금 전까지도 소중하던 소 두 마리를 잡고 그 기구를 불살라서 백성들에게 주어 먹게 하였다. 이러한 엘리사는 더 이상 농부가 아닌 하나님의 '소명을 받은 선지생도(하나님의 종)'로서의 선포식을 거행한 것이다. 이처럼 엘리사는 자기 부모에게 작별인사를 할 시간조차 갖지 않았을 정도로 그 가족까지도 뒤로 하고 먼저 하나님의 뜻을 좇았다는 것이다. 하나님의 소명을 받아 놓고서도 아직도 옛 직업을 버리지 못하고 머뭇거리는 사람들은 더 이상의 큰 능력을 받기 어렵다.

자기의 것을 버린 엘리사의 이러한 두 가지의 행동은 예수께서 그 제자들을 부르실 때 그 부름을 받은 제자들이 취한 행동과도 같다.

예수님께서 베드로와 그 동생 안드레를 제자 삼기 위해 불렀을 때 두 사람은 바다에서 그물을 던지며 고기잡이를 하고 있는 중에 있었다. 그러나 주님의 부름을 받는 즉시로 곧 그물을 버려두고 예수님을 좇아갔다. 세베데의 두 아들 야고보와 요한 또한 주님의 부름을 받는 즉시로 그 깁고 있던 그물을 배와 그 아비와 함께 버려두고 즉시로 예수님을 따라갔다(막1:16~20).

세리 마태도 세관에서 일을 하고 있는 중에 주님의 부름을 받았는데 이 또한 그 자신이 맡고 있던 중요한 업무의 인수인계도 없이 곧장 그 가족들까지도 버려두고 예수님을 좇아갔다(마9:9).

이러한 제자들과 엘리사의 행동은 그들의 가족들이 소중한 존재가 아니라는 것이 아니다. 그들보다 '하나님의 복음 사역에 힘쓰는 일'이 그 가족들보다 훨씬 더 중요한 일이었기에 하나님도 이것을 더 원하셨던 것이다. 이에 부름을 받은 그들은 자기 가족들과의 작별인사도 뒤로 한 채로 먼저 예수님의 뒤를 따라간 것이다. 이 외에도 엘리사는 열두 겨리(24마리 소)나 되는 많은 소로 경작해야 하는 자신의 큰 '물질적 부요'와 그 물질적 풍성함으로 인해 취할 수 있는 자신의 ① 경제적인 안정과, ② 편안하고 복된 생활과, ③ 보랏빛 장래까지도 버리고, ④ 하나님의 뜻을 좇아 고난의 가시밭길을 향해 나아갔다. 이러하였기에 그는 엘리야 시대에 있던 150여 명의 다른 선지생도들 가운데서도 더욱 하나님의 큰 은총을 받을 수 있었다. 이러한 엘리사는 마침내 자신이 사모하고 간구하던 큰 권능을 받아서 국가에도 엄청난 유익을 끼치면서 살아갈 수 있었다. 이러한 그는 스승 엘리야보다도 훨씬 많은 유익을 그가 속한 국가와 이웃에게 베풀어 주는 강한 영권을 받은 자요, 능력 있는 삶을 살다가 하나님의 품에 안겼다.

하나님께서 이러한 엘리사를 얼마나 기뻐하셨든지 그가 죽을병이 들어 침상에 누웠을 때 이스라엘 왕 요아스가 찾아와서 눈물을 흘리며 그에게 "내 아버지여 내 아버지여 이스라엘의 병거와 마병이여(왕하13:14)" 라고 하며 울게 하셨다. 이뿐만 아니라, 하나님은 병든 엘리사로 하여금 이렇게 우는 요아스 왕에게 안찰케 하시고 요아스 왕으로 하여금 아람 사람들이 점령하고 있는 지역(트렌스요르단)을 향해 활을 쏘게 하고 엘리사로 축복하게 하셨다. 이 결과로 이스라엘은 아람을 세 번을 쳐서 연속 이겼고, 요아스 왕의 부친 때에 [아람 나라]에 빼앗겼던 땅을 되찾을 수 있었다. 이처럼 하나님은 병들어 죽어가는 엘리사의 말 한마디도 땅에 떨어지지 않게 하셨을 정도로 그를 지극히 사랑해 주시며 그와 함께 해주셨다. 이러므로 하나님의 큰 권능을 받은 종이 병들어 누울 때는 그분들에 대해 함부로 이러저러한 정죄성의 말을 하지 않는 것이 좋다.

엘리사가 죽을 병이 들어 자리에 누워서 일어나지 못하자, 당시의 어떤 이들은 '엘리사가 남모르는 어떤 큰 죄를 지었기에 저렇듯 고통스런 말로를 맞는 것이 아니겠는가?'라는 말을 했을지도 모른다. 그러나 하나님은 얼마나 그를 기뻐하셨는지 그가 병들어 침상에 누운 채로 안찰해 주는 기도에도 기쁨으로 응답해 주셨다. 이를 통해 이스라엘로 아람을 세 번씩이나 쳐서 이기게 해주셨다. 또한 그가 죽어 장사 지낸 후에도 그의 이름을 영광스럽게 해주셨다. 그것은 [모압] 사람들이 이스라엘을 쳐들어 왔을 때 이스라엘의 한 죽은 자를 장사 지내던 사람들이 그 도적 떼를 보고는 다급한 나머지 그 시체를 엘리사의 묘실에 던졌는데 그 시체가 엘리사의 뼈에 닿자, 곧 회생하여 일어서게 하신 일이다. 하나님은 이처럼 그가 죽은 후에도 엘리사의 이름을 영화롭게 해주셨고, 그의 일생을 통해 큰 영광을 받으셨다(왕하13:14~21).

하나님의 큰 권능을 받기 원하는 종들이여, 엘리사처럼 당신 자신과 세상을 버리고, 오직 주님만을 따르라. 당신이 자신의 마음을 비우고 불타 없어질 이 세상의 것들을 버리고 전심으로 하나님을 의지하고 구하는 만큼 하나님은 당신을 보다 더 가까이 하시면서 확실한 권능을 부어 주실 것이다. "할렐루야!"

(대하16:9) 여호와의 눈은 온 땅을 두루 감찰하사 전심으로 자기에게 향하는 자들을 위하여 능력을 베푸시나니 ......

(2) 우리가 버려야 할 것들

앞에서 살펴본 바와 같이 버릴 것을 잘 버린 엘리사는 '불의 사자'라 불리우는 엘리야보다도 갑절이나 더 크고 많으며 강한 권능들(신령한 은사들)을 하나님께 받았다. 그렇다면, 오늘날 21세기 문명을 살아가는 우리들이 보다 더 큰 하나님의 권능을 받기 위해서 버려야 할 것들은 무엇인지를 알아보자.

첫째, 좋지 못한 성품들을 던져버려야 한다.

(마11:28~30) 수고하고 무거운 짐 진 자들아 다 내게로 오라 내가 너희를 쉬게 하리라 나는 마음이 온유하고 겸손하니 나의 멍에를 메고 내게 배우라 그리하면 너희 마음이 쉼을 얻으리니 이는 내 멍에는 쉽고 내 짐은 가벼움이라 하시니라

우리 눈에 보이는 사람의 얼굴 모습이 제각기 다른 것보다 더 다양한 모습들은 눈에 보이지 않는 '각 사람 속의 성품'들이다. 각 사람 속에 깃들어있거나 길들여져 있는 성품은 우리 육신의 눈으로는 보이지 않으나 심령을 감찰하시는 하나님의 눈앞에서는 너무도 선명하게 드러나게 된다.

그 육체 속에 하나님의 속성을 그대로 담은 채로 이 땅에 오셔서 복음을 전파하시던 예수님은 당시의 사람들을 몇 가지 짐승으로 비유해서 그들을 지칭하기도 하셨다. 그 중에 우리가 제일 잘 아는 바로는 교회 안에 있는 '양과 염소'가 이러한 실례 중의 하나이다.

하나님의 아들 예수님의 눈에는 그 백성들이 하나님을 섬긴다고 하나 ① 어떤 이는 순한 양의 모습으로 비춰졌고, ② 어떤 이는 고집이 세고 사나운 뿔을 가진 염소의 모습으로 비춰졌으며, ③ 어떤 이들은 간교한 뱀과 독사(마23:33)로도 그 눈에 비춰지기도 했다. 이 외에도, ④ 어떤 이들은 그가 하나님의 종으로서 양을 먹이는 목자라 하나 실제로는 양의 탈을 쓴 '노략질하는 이리'로 보였으며(마7:15), ⑤ 헤롯과 같은 정치인은 교활한 여우와도 같이 여기셨다. 이에 자신을 찾아 죽이려 하는 헤롯을 향해 "저 여우에게 이르되 오늘과 내일 내가 귀신을 쫓아내며 병을 낫게 하다가 제 삼일에는 완전하여지리라 하라"고 말씀하기도 하셨다(눅13:32).

성도의 성품 속에서 제거해야 할 못된 성품들, 그것은 하나님께서 합당치 않게 여기시는 '짐승과도 같은 성품'들로서 이는 아담의 타락 후에 마귀가 인간의 영혼 속에 심어준 온갖 죄성들이기도 하다.

필자는 이 책을 읽고 기록된 대로 절반만이라도 믿고 가감 없이 순종하는 사람들에게는 하나님께서 그에게 큰 권능을 부어 주시되 그가 이전에 받은 능력 위에 갑절의 권능을 부어 주실 것을 믿는다. 그러나 마귀는 본서를 읽는 성도들을 방해하려고 독자들로 진리에서 빗나가게 하거나 각자의 잘못된 성품들을 통해 끊임없이 방해 공작을 펴나갈 것이다. 이러한 마귀의 방해 공작은 우리가 성령의 더 큰 능력을 받으려 하는 일뿐만 아니라, 성도들이 그 사모하는 것들이나 재물의 복을 받으려 하는 좋은 일에도 범사에 '훼방꾼'으로 나설 것이다. 그러므로 성령의 보다 더 큰 권능을 받으려 하는 사람이라면 그 개인이 성품적으로나, 가정적으로나, 그 무엇으로도 마귀에게 훼방할 거리를 조금도 주지 않기를 바란다(딤전5:14). 그러나 간혹 어떤 이들은 자신들의 거칠고 못된 성품들이 그대로 있는 중에서도 성령의 권능을 강하게 받기도 한다(이에 속한 사람들은 하나님의 은총을 받을 만한 어떤 큰 선행이나 헌신이나 많은 기도가 있는 사람들이 대부분이다). 하지만, 이러한 이들이 명심해야 할 것은 이러한 일들에 대한 분명한 회개함이다.

　21세기를 살아가는 우리들이 보다 더 큰 능력을 받으려 하는데 있어서 큰 장애물은 '겸손치 못하는 교만'과 '온유치 못하는 거친 성품'이다. 이에 대해서는 필자의 생생한 체험을 기록함으로서 나의 주장들에 대한 이해를 도와 드리기를 원한다.

▣ 제주도에서 받은 〈헌금 계시 은사〉

필자가 하루는 '제주지역 목회자 세미나'를 인도하러 제주도의 한 교회에 가 있을 때였다. 나는 이를 위해 나와 같이 강사로 서게 될 다른 두 분 목사님과 함께 부산에서 비행기를 탔다. 그런데 우리가 탄 비행기 안에는 부산지역의 모 교단 노회 목사님들도 우리 뒷좌석에 타셨는데 그분들의 하는 이야기를 들어보니까 그 목사님들은 제주도에 있는 한 교회를 폐쇄하기 위해서 가는 중이었다.

그 이유는 그분들이 속한 총회에서 제주도에 있는 모 교회를 약속한 기간 동안 매달 도와주었는데 그 교회가 이 약정기간 동안 총회가 정해준 정도로 부흥하지 못하였기 때문이라고 하였다. 이렇듯 우리가 탄 비행기에는 제주지역의 목회자들이 성령의 권능을 받아서 영혼 구령 사업에 힘쓰도록 도와 드리기 위해 가는 우리가 있는가 하면, 사역하고 있는 교회의 문이 닫히더라도 그 교회에 지원해 준 전세금과 피아노 등의 성구들을 압수하러 가는 분들도 있었다.

우리가 탄 비행기가 제주 공항에 도착하자, 이분들을 마중하러 나오신 몇 분 목사님들이 계셨는데 그 중의 한 분이 우리가 인도하는 '제주지역 목회자 세미나'에 참석하셨는데 그 목사님은 비행기 안에서 만난 목사님들에게 성전 전세금과 관련된 성구들을 빼앗기게 된 목사님이셨다. 이에 우리는 제주도의 이러한 영적 현실이 무척이나 안타까워서 모인 목사님들과 전도사님들에게 전심을 다해 메시지를 전하였다.

우리가 인도하려 한 세미나의 주된 목표는 두 가지였다. 이 둘 중 한 가지는 제주지역 목사님들을 말씀으로 주님의 제자로 삼으려는 것이었고, 다른 한 가지는 그들도 성령의 권능을 강하게 받게 하여 성령의 능력이 충만한 종들로 제자 삼으려는 것이었다. 그런데 어제 첫날 저녁부터 이튿째 낮 집회까지 강사로 나선 목사님이 이튿째 낮까지 무척 힘들어 하셨다.

이는 제주지역을 덮고 있는 어둠의 세력을 이기지 못함과 그 세미나에 참석하신 목사님들이 우리가 전하는 세미나의 말씀들에 대해 마음 문을 활짝 열지 않고서 반신반의하면서 그저 말씀을 듣기만 하는 정도에 머물러 있었기 때문이었다. 이러한 제주지역 목사님들의 뒤에는 수십에 달하는 귀신들이 목사님들의 뒤에 한 놈씩 서서 우리가 전하는 말을 믿지 못하게 하면서 계속 의심을 주고 있는 모습을 영안을 통해 보여주셨다. 이러한 귀신들은 모인 목사님들에게 "방언기도 하던 시대는 초대교회 시대로 끝났다. 오늘날 무슨 〈방언 은사〉와, 〈예언 은사〉, 〈신유 은사〉 등을 받아서 목회를 하라고 하느냐? 우리는 신학교에서 배울 때 이렇게 배우지 않았다!" 면서 마음 문들을 닫고 우리가 전하는 말씀들을 믿지 못하게 하였다. 이러한 영적 상황에서 집회 이튿째인 그날 밤부터 다음날 밤까지는 내가 강사로 나서야 했는데 집회를 방해하는 이 귀신들을 물리쳐서 영적 분위기를 쇄신해야 만이 이 세미나를 성공적으로 인도할 수 있을 것 같았다. 이를 위해서는 우리가 전하는 '성령의 능력을 받으라'는 말을 반신반의하면서 듣고만 있는 제주지역 목사님들이 마음에 품고 있는 의심들을 먼저 떨쳐내 주어야 했다. 이를 위해서는 집회를 방해하는 마귀의 세력들을 쫓아내야 만이 은혜와 진리가 충만한 세미나로 인도할 수 있겠는데 이 일이 무척 힘들었다. 이를 위해 나는 낮 예배 후 나 혼자 성전에 앉아서 하나님께 "제게도 〈헌금 계시 은사〉를 주십사"고 간구하였다. 이러한 이유는 집회에 참석한 목사님들이 시간마다 헌금들을 하셨기 때문에 그 바치시는 헌금들을 축복기도 할 때 목사님들에게 필요한 성령의 계시나, 예언들을 받아서 드리면 '하나님께서 우리와 함께하고 계신다.'는 것을 깨닫고 목사님들이 마음의 문을 열고 우리가 전하는 말씀들을 듣게 될 것 같았기 때문이었다. 이러하면 목사님들이 우리를 향한 의심들을 스스로 떨치실 수 있을 것 같았고, 그동안 목사님들의 배후에서 우리가 전하는 말씀들을 믿지 못하도록 방해하고 있는 흑암의 세력들도 다 제압할 수 있을 것 같았다. '이를 위해 내가 〈헌금계시 은사〉를 지금 제게도 주십사'고 힘써 기도해도 하나님께서는 주실 것 같기도 하면서도 안 주셨다. 이에 '이러다가는 저녁 집회 시간에 쫓겨서 안 되겠다!' 싶어서 영월에 있는 우리 교회 초등학교 3학년 휴대폰으로 여아에게 전화를 했다.

"보라야, 너 지금 예수님 만나 뵙고 내가 시키는 기도의 응답을 받아 올 수 있도록 지금부터 기도해서 빨리 성령의 재 충만함을 받아라. 15분 후에 다시 전화할게." 이 말을 하고 전화를 끊은 나는 우리 교회 아이가 15분 내에 성령으로 재 충만함을 받도록 기도로 도와준 후에 다시 전화를 걸었다.

"보라야, 너 지금 네가 입신에 들어가도록 기도해 줄테니까, 예수님께로 가서 우리 목사님이 〈헌금 계시 은사〉를 주십사고 애타게 기도하는데 왜 주실 듯 하면서도 안 주시는지 여쭤보고 예수님께서 내게 무슨 말씀 주시는 대로 곧장 내게 전화해라" 하고는 그동안 〈입신 은사〉로 잘 훈련시켜 놓은 초등학교 4학년 여아가 입신에 들어가서 예수님을 뵙고 내 기도의 응답을 받아 오도록 전화로 기도를 해주었다.

이 아이는 영계가 활짝 열렸는데 눈을 뜨고 운동장에서 다른 아이들과 줄넘기를 하면서도 자기 친구들이나 주위 사람들에게 하나님께서 붙여주신 천사들을 보면서 영으로 대화하였고, 이 아이가 눈을 감고 기도하면 사람들 속에 있는 귀신들을 훤히 다 보면서 영으로 그 귀신들과도 대화를 하였다. 그리고 어른들이 하는 방언기도들을 통역해 주기도 하였고, 예언해 주기도 하였는데, 나는 이 아이 만큼 ① 영안이 활짝 열렸고, ② 영의 귀가 밝고, ③ 예언과, ④ 방언 통역이 정확한 아이를 보지 못하였다. 또한 이 아이가 기도해 주는 사람은 교회 전도사나, 사모를 비롯한 누구든지 그가 소멸한 은사가 10년도 더 되었다 할지라도 그 즉시 모든 은사들이 회복되기도 하였다.

이 아이는 그동안 하나님의 은혜로 온전한 입신에 들어가도록 내가 말씀과 성령으로 양육한 사람들 중에서 두 번째로 빠른 시간 안에 입신에 들어갔다가 나오는 아이였다. 이 아이는 3분이면 천국으로 가서 예수님을 뵙고 기도 응답을 받아서 올 정도로 극에 달하는 입신의 경지에 이른 아이였다(받은 〈입신 은사〉가 최고도로 발전하도록 인도해 주면 이렇게도 쓰임 받을 수 있다. 하지만 이러한 은혜는 영적 고차원에 이르지 않고서는 불가능하다).

이 아이는 내게 있어서 좋은 영적인 비서와도 같고, 예수님의 계시를 받아서 내게 전해주는 영적인 우체부와도 같았다

전화를 한지 3분여가 되었을 때 강원도에 있는 아이에게서 전화가 왔다. "목사님, 예수님께서 딱 한 마디만 말씀해 주셨어요. 그 말씀은요, '내가 주고 싶어도 못 준다.' 였어요." 이 말을 들은 나는 내게 이러한 말씀을 하시는 예수님의 심정을 즉시 깨달을 수 있었다. 이에 나는 곧장 하나님께 다음과 같은 서원 기도를 드렸다.

"하나님, ① 제 성격이 직선적이고, 강해서 성령께서 주시는 말씀을 액면 그대로 전할 것 같고, ② 그렇게 되면 교회에 덕을 세우지 못할 것 같고, ③ 헌금한 사람들의 마음에 상처를 줄 것 같아서 안심이 못되어 주고 싶어도 못주시는 거죠? 알겠습니다. ④ 이 은사를 주시면 함부로 입을 열지 않겠습니다. 공개적인 자리에서는 말해서는 안 되겠다 싶은 말은 안 하겠습니다. ⑤ 이에 속한 말씀은 개인적으로만 말해 주든지, ⑥ 죽는 날까지 저 혼자만 알고 그를 위해 기도해 주겠습니다. ⑦ 이에 이 은사를 통해서도 교회의 덕을 세

우도록 이 일에 신중하도록 힘쓰겠습니다. 제가 지금 약속을 드리오니 제게 이 〈헌금 계시 은사〉를 꼭 주시옵소서.”

　　나단 선지자는 다윗이 밧세바와 동침한 죄를 책망할 때 직설적인 방법을 택하지 않고, 부드럽게 돌려서 그가 어떠한 죄를 범하였는지 그만 알아듣도록 말하였다. 그래도 다윗이 하나님의 뜻을 알아듣지 못하자 다윗이 범한 죄에 대해 직설적으로 말하였다(삼하 12:1-14). 이같이 성령께서 주시는 하나님의 뜻을 덕스럽게 전하려면 성령께서 주시는 메시지를 지혜롭게 전하되 더러는 그 사람만 알아 들을수 있도록 우회적으로나, 비유적(은유적)으로도 전할 수 있어야 한다.

　　몇 시간 후 이날 밤 예배 때 내 차례가 되어 강대상에 섰다. 강대상 위에는 여러 목사님들이 바친 헌금 봉투들이 한 줄로 쌓여 있는데 그 맨 윗 봉투는 이 집회에 참석하려고 부산에서 온 한 전도사님의 소원이 적혀 있었다. 그런데 이게 어떻게 된 일인가? 이 전도사가 쓴 글은 볼펜으로 작은 글씨로 횡으로 기록되어 있는데 헌금 봉투 중앙으로 굵고, 길게 쓴 먹글씨가 또렷하게 씌어 있었다.

　　이 먹글씨로 쓴 내용을 보는 순간 나는 ‘이 글은 사람이 쓴 것이 아니다! 성령께서 주시는 계시’임을 즉시 알아차리고는 설교를 하는 일보다 바쳐진 헌금 축복기도를 먼저 해드리면서 각 봉투에 먹글씨로 씌어진 내용들을 읽어 드렸다. 그러자 삽시간에 성전에는 하나님을 크게 기뻐하는 사람들과 눈물을 흘리면서 통회하는 두 부류의 사람들로 변하면서 은혜가 충만해졌다. 이로 인해 그동안 너무도 딱딱했던 세미나가 기쁨이 충만한 영적인 잔치 분위기로 돌변해버렸다.

부산에서 온 전도사님이 바친 헌금 봉투, 곧 첫 번째 계시(먹글씨로 쓰진 내용)는 "너, 왜 이렇게까지나 사람을 미워하니? 네가 이러한 마음을 품은 중에 바치는 예물은 하나님께서 받지 않으신다. 지금 회개하던지 아니면 바친 헌금 지금 돌려줄 테니 도로 가져가라"였다. 내가 헌금 봉투에 씌어진 대로 읽어주었더니, 부산에서 온 전도사가 갑자기 '엉! 엉!' 울면서 "하나님, 제가 잘못했습니다. 지금 이 순간부터 회개하겠습니다." 했다. 이에 내가 그 이유를 묻자, 다음과 같이 말했다.

"목사님, 이 '능력세미나'에 참석하는 사람들은 성령의 권능을 강하게 받는다는 말을 오래전에 들었습니다. 그러나 저는 '부산지역 목회자 세미나'에 참석하지 못하였습니다. 그러나 이 '제주지역 목회자 세미나'는 반드시 참석하려고 마음을 굳게 먹고, 이 집회가 열리기를 사모하면서 몇 달을 기다렸습니다. 그런데 불신자로서 너무도 사악한 제 형수가 보름 전부터 제게 너무나도 억울한 누명을 씌우고 저를 얼마나 괴롭히던지 '내가 언제 그랬냐?'며 칼로 그 배를 찔러서 죽이고 싶었습니다. 그러나 '이는 마귀가 나로 이번 '제주지역 목회자 세미나'에 참석하지 못하도록 방해하는 것일지 모른다. 이러므로 먼저 제주 집회에 참석한 후에 그래도 내가 원하는 성령의 능력을 강하게 받지 못하면, 이는 너 때문이다는 생각으로 집에 돌아와서 형수를 죽여 버리자' 생각하였습니다. 이에 부엌칼을 시퍼렇게 갈아서 신문지에 싸서 아무도 모르게 제 방에 숨겨놓고 왔습니다. 이러한데도 여기서도 형수 생각만 하면 자꾸만 화가 치밀어 올랐습니다. 이같이 형수를 미워한 죄를 지금 회개하겠습니다. 하나님 용서해 주십시오. <u>으흐흐흑</u>"

이 전도사가 '엉엉' 울면서 이 말을 하자, 이 전도사를 보는 목사님들의 눈이 휘둥그레졌다. 이렇게 회개한 전도사님은 이 집회 때 그동안 자신이 사모했던 성령의 권능을 강하게 받고, 부산으로 돌아갔다. 이어 두 번째 봉투에 먹글씨로 적힌 내용을 읽어 드렸는데 이분들은 이 세미나에 참석키 위해 부산에서 오신 목사님 부부였다. 그런데 내가 들려 드리는 계시의 말을 듣고는 너무 기뻐서 목사님 부부가 앉아 있던 자리에서 벌떡 일어나더니, 서로의 손을 잡고 손바닥으로 하이파이브를 하면서 큰 소리로 "야! 우리, 드디어 기도 응답받았다!" 말했다.

이 목사님 부부는 내가 처음 보는 목사님 부부여서 나는 이분들의 사정을 전혀 알지 못하였다. 이때 이 목사님 부부가 바친 헌금 봉투에는 다음과 같은 먹글씨가 적혀 있었다.

"너희가 성전을 옮기려 하는데 두 군데를 놓고 기도 중이구나! 그중 한 군데는 장소는 넓고 깨끗한데 너희 교회에서 거리가 멀면서 성전 월세가 부담이 되고, 다른 한군데는 가까운 아파트 내 상가

인데 장소가 약간 좁아서 망설이고 있구나! 너희는 이 아파트 상가 내에 있는 곳으로 교회를 옮기라. 그리하면 교회가 빠른 속도로 부흥될 것이다. 이에 성전에 성도들이 가득 차게 되면 너희는 그때 이곳에서 넓은 곳으로 성전을 옮기도록 하라. 이때는 성도들도 많고, 교회 재정도 풍족할 것인즉 교회를 이전하는 일에 아무런 무리가 없게 될 것이다."

강대상 위에 바쳐진 헌금들에 이러한 성령의 계시들이 이어지자, 아직 헌금을 못하신 목사님들이 약속이나 한 듯이 우르르 다 자리에서 일어나서 정성껏 헌금을 하셨고, 모든 분들에게 성령께서 필요한 예언과 계시들을 풍성하게 주셨다. 그러자 그동안 아주 힘들던 집회는 순식간에 축제의 분위기로 완전히 바뀌었다.

상황이 이렇게 은혜로운 분위기로 반전되자, 어제부터 목사님들 뒤에 한 놈씩 서 있던 약 50놈의 귀신들이 한군데로 모여들더니 "이제 틀렸다! 이제는 우리가 어떤 방법으로도 저들에게 의심을 주어도 이 집회를 방해할 수 없게 되었다. 그러니 이곳을 떠나자." 하더니 50놈에 달하는 귀신들이 교회 밖으로 우르르 다 나가 버렸다. 그러자 집회의 분위기가 더더욱 밝아지고, 하나님께서 부어주시는 은혜가 차고 넘쳐나서 이 '제주지역 목회자 세미나'도 하나님의 은혜로 성공적으로 마칠 수 있었다. 이러므로 마귀 역사가 강할수록 더욱 강하고 다양한 성령의 능력, 신령한 은사를 받아 행함으로서 언제, 어디서든지 하나님의 영광을 발하시기를 바라는 바이다.

둘째, 탐심을 버려야 한다.

(골3:5~6) 그러므로 땅에 있는 지체를 죽이라 곧 음란과 부정과 사욕과 악한 정욕과 탐심이니 탐심은 우상 숭배니라 이것들로 말미암아 하나님의 진노가 임하느니라

(살전2:5) 너희도 알거니와 우리가 아무 때에도 아첨하는 말이나 탐심의 탈을 쓰지 아니한 것을 하나님이 증언하시느니라

(벧후2:3) 그들이 탐심으로써 지어낸 말을 가지고 너희로 이득을 삼으니 그들의 심판은 옛적부터 지체하지 아니하며 그들의 멸망은 잠들지 아니하느니라

성령의 은사는 우리의 뜻대로가 아닌 성령께서 원하시는 뜻대로 주신다. 그러나 우리는 성령께서 내게 어떠한 은사를 주기를 원하시는지 모른다. 신령한 은사 받기를 사모하며 기도하는 것은 좋다. 그러나 매우 안타까운 일 중에 하나는 어떤 사람들은 신령한 은사를 받아서 교회의 덕을 세우면서 연약한 자를 안위하고, 도와주며 죽어가는 영혼을 구원하려는 것보다는 자기의 욕심(물욕, 음욕, 명예욕 등)을 이루려는 마음이 훨씬 더 앞서 있는 것을 볼 때가 더러 있다는 것이다.

이러한 자들은 그가 받고자 하는 은사를 통한 목적의식부터 먼저 바로 가져야 한다. 그렇지 않으면 성령의 은사가 아닌 마귀의 미혹된 것(가짜 응답)을 받기 쉬우며, 하나님의 무응답만이 그에게 주

어지는 경우가 대부분이다. 설령 이러한 잘못된 탐심 가운데서 혹 그가 성령의 은사를 받았다 할지라도 그는 얼마 못가서 ① 그의 음욕이나, ② 물욕이나, ③ 명예욕으로 인해 크게 범죄하여 받은 은사를 소멸하게 되고 하나님의 엄중한 징벌을 받게 된다.

이때쯤 되면 이러한 사람들은 두 부류의 사람으로 나누어지는데 그중 한 부류는 자신의 죄를 인정하고 겸손히 하나님의 징벌을 받으며 회개한다. 그러나 다른 한 부류는 그 낯을 더욱 뻔뻔스럽게 하여 받은 은사가 이미 소멸 되었는데도 불구하고 그 받은 은사가 여전한 것처럼 위장하여 그 마음의 정욕을 따라서 거짓 예언하거나 하나님의 이름으로 거짓 것을 계시해 주거나, 안수하는 일을 그치지 않는다. 이에 속한 후자의 사람들은 그에게 허락되었던 영생까지도 취소되는 위험에까지 이를 수 있음을 깨달아 금식하면서라도 회개에 합당한 열매를 맺는 일에 결코 소홀하지 말아야 할 것이다(마7:21~23. 출32:30~33. 마13:49~50. 겔13:8~10, 17:23. 계20:15).

이러므로 하나님께로부터 더욱 큰 능력 받기를 원하는 이들은 자신이 사모하는 은사를 구하기 이전에 먼저 자신의 마음속에 있는 각양 탐심부터 떨쳐버려야 할 것이다.

필자가 아는 모 기도원원장은 평신도로 있을 때 사업을 크게 하다가 쫄딱 망한 뒤에야 신학을 공부하였으나 성령의 권능을 강하게 받지는 못하였다. 이러한 그는 홀로 산속으로 들어가서 7일간을 금식하면서 성령의 권능 받기를 사모하였다. 이에 작정기도 마지막

날 기도할 때 하늘에서 한 그릇이 내려오는데 그 그릇 안에는 자신이 좋아하는 인절미가 가득 들어있었다. 그런데 인절미가 가득 들어있는 그릇에 더러운 오물들이 잔뜩 묻혀 있어서 그 속에 든 떡을 먹고 싶은 생각이 사라졌다. 이러한 더러운 그릇을 보고 있을 때 음성이 들리는데 '네 속이 이처럼 더러운데 내가 어떻게 네가 원하는 은사들을 줄 수 있겠느냐?' 하셨단다.

이 음성을 들은 그는 그 후 먼저 자신의 마음 중심부터 성결하게 비운 뒤에 사모하는 은사를 받을 수 있었다 한다.

성령님은 우리가 느낄 수 있는 '기본적인 양심에 관한 일'에까지는 좀처럼 말씀하시지 않는다는 사실을 명심해야 한다. 필자의 저서 중 〈하나님의 법〉에서 양심의 법에 대해 언급해 놓은 것처럼 '양심은 하나님께서 우리 인간에게 주신 가장 최초의 법'으로서 이 양심은 언제든지 더렵혀 질 수 있다. 그러나 구원의 은혜를 받기까지 한 사람이 재차 그 양심을 더렵혀서 하나님의 교회(대부분의 사람들이 교회를 통해 진리를 깨닫고 구원을 받음)를 괴롭게 하면 그의 영혼은 사망에 이르기 쉬움도 잊지 말아야 한다. 이러므로 착한 양심을 가져야 한다. 하나님의 말씀으로 깨끗케 되어진 양심 속에는 어떠한 탐심도 그 속에 머물 수 없다.

(딤전1:19~20) 믿음과 착한 양심을 가지라 어떤 이들은 이 양심을 버렸고 그 믿음에 관하여는 파선하였느니라 그 가운데 후메내오와 알렉산더

가 있으니 내가 사탄에게 내준 것은 그들로 훈계를 받아 신성을 모독하지 못하게 하려 함이라

셋째, 죄악 된 생활을 던져버려야 한다.

(사55:6-7) 너희는 여호와를 만날 만한 때에 찾으라 가까이 계실 때에 그를 부르라 악인은 그의 길을, 불의한 자는 그의 생각을 버리고 여호와께로 돌아오라 그리하면 그가 긍휼히 여기시리라 우리 하나님께로 돌아오라 그가 너그럽게 용서하시리라

성령의 권능을 맛보고 이에 더 큰 능력을 받으려 수년간을 애써도 그가 원하는 능력을 받지 못하는 사람들을 보게 되는데, 이러한 사람들에게서 발견하게 되는 안타까운 일 중의 하나는 그들이 기도하는 일에는 열심이나 자신의 죄를 회개하는 일은 소홀히 하는 모습이다.

어떤 이들은 흔히 생각하기를 하나님께 더 큰 능력을 받으면 자신에게 주어지는 평안도 더해지리라 생각한다. 그래서 자신의 죄로 인해 고통 하는 생활을 돌아보고 회개하려 하기보다는 더욱 기도에 힘쓴다. 그가 바라는 대로 더 큰 능력을 받을 때 그의 영혼이나 삶에 평안도 더해지는 일이 없을 수는 없겠으나 이러한 생각은 대부분 잘못된 생각이다.

하나님은 성도의 인격적 성숙이나 신앙적 성숙 또는 그의 영력

이 더해 갈수록 그에게 이전보다 더 큰 고난이나 시험을 허락하신다는 사실을 잊지 말아야 한다. 이는 하나님께서 그 사람을 사랑하셔서 그로 하여금 더욱 온전한 사람이 되게 하셔서 자신의 영광스런 그릇으로 만들어 사용하기 위해서이다.

예를 들자면, 그 신앙의 무게가 플라이급 선수 정도의 무게라면 하나님은 결코 그 이상의 무게를 가진 시험이나 그가 이길 수 없는 고난이나 고통을 허락하지 않으신다(고전10:13). 그러나 그의 신앙적 성숙함이나 무게가 더해 갈수록 더욱 크고 무거운 시험을 허락하신다.

4000년 구약시대 동안 3대 의인 중에 한 사람으로 든 욥이 당한 시험을 생각해 보면 이에 대한 이해가 한결 쉬워지리라 생각된다. 이러므로 조그마한 일에도 참지 못해서 혈기를 부려 그 받은 은혜(구원의 기쁨이나 여러 신령한 은사 등)를 얼마 못가서 소멸해버리는 사람은 그가 당해 본 이전의 시험보다도 ① 더 섭섭하거나, ② 억울하거나, ③ 고통스런 시험을 받으면 참다못해 더 많은 혈기를 부리다가 그 받은 능력을 소멸하고 만다. 그러나 이러한 와중에도 그가 받은 능력들을 소멸하지 않는 경우도 간혹 있다. 이에 속한 사람은 그의 혈기어린 성품이 온유한 성품으로 변화되기까지 수십 년간이라도 많은 어려움에 처하게 된다는 사실을 잊지 말아야 할 것이다. 이러므로 우리에게 있는 죄에 속한 것들을 속히 던져버려야 한다. 이러할 때 성령의 권능은 우리 앞에 한층 더 가까이 다가올 것이다.

필자는 부흥성회를 인도하는 가운데 낙태함으로 인하여 살인죄가 그들 앞을 가리워서 성령의 충만함을 받지 못하는 모습을 많이 보아왔고, 이러한 일들은 지금도 끊임없이 목격하게 된다. 그러할 때마다 나는 그들이 신속히 죄 사함을 받을 수 있도록 성경을 가르쳐 드리는데 그 말씀대로 순종하는 이들이 성령의 충만한 은혜를 받는 모습들을 많이 보아왔다. 이뿐만 아니다.

1994년 1월 첫 주간에 전남 광양시의 한 교회에서 가진 집회에서는 한 자매님이 자신이 이전에 지었던 낙태죄를 눈물로 자복하면서 회개할 때에 그동안 사시(두 눈동자가 양쪽 바깥으로 몰린 채로 위로 치켜져 올라가 있었음)가 되어진 그녀의 어린 딸의 눈동자까지도 제자리로 바로 돌아와서 눈물로 감사의 간증을 하는 여집사도 있었다.

자신의 독생자까지도 우리를 위해 아끼지 않고 내어주신 하나님은 우리에게 좋은 것이라면 이 세상의 모든 것까지라도 다 우리에게 주기를 원하신다(롬8:32). 그러므로 죄악을 버리고 우리의 삶을 정결케 하자.

(사1:15) 너희가 손을 펼 때에 내가 내 눈을 너희에게서 가리고 너희가 많이 기도할지라도 내가 듣지 아니하리니 이는 너희의 손에 피가 가득함이라

(사59:1~3) 여호와의 손이 짧아 구원하지 못하심도 아니요 귀가 둔하여 듣지 못하심도 아니라 오직 너희 죄악이 너희와 너희 하나님 사이를 갈

라 놓았고 너희 죄가 그의 얼굴을 가리어서 너희에게서 듣지 않으시게 함이니라 이는 너희 손이 피에, 너희 손가락이 죄악에 더러워졌으며 너희 입술은 거짓을 말하며 너희 혀는 악독을 냄이라

버릴 것들을 버림으로써 보다 더 큰 능력을 속히 받으려면 못난 내게도 '영생'이라는 엄청난 은혜를 주신 하나님을 향한 순수한 열정을 품어야 한다. 나아가 천하보다 귀한 사람들의 영혼을 구원함에 있어서 너무나도 요긴한 '하나님의 권능' 또는 '성령의 여러 신령한 은사들에 대한 심도 있는 바른 가치관'을 가지고 끝까지 사모하고 간구해야 한다.

심령을 감찰하시는 하나님께서는 우리가 우리 자신의 마음을 비운 만큼 성령의 권능을 더하여 주기를 오늘도 원하고 기다리고 계신다.

제2단계 - 작은 일에도 충성하자

(1) 지극히 작은 일에도 충성하기로 소문났던 엘리사

(왕하3:9~12) 이스라엘 왕과 유다 왕과 에돔 왕이 가더니 길을 둘러 간 지 칠 일에 군사와 따라가는 가축을 먹일 물이 없는지라 이스라엘 왕이 이르되 슬프다 여호와께서 이 세 왕을 불러 모아 모압의 손에 넘기려

하시는도다 하니 여호사밧이 이르되 우리가 여호와께 물을 만한 여호와의 선지자가 여기 없느냐 하는지라 이스라엘 왕의 신하들 중의 한 사람이 대답하여 이르되 전에 엘리야의 손에 물을 붓던 사밧의 아들 엘리사가 여기 있나이다 하니 여호사밧이 이르되 여호와의 말씀이 그에게 있도다 하는지라 이에 이스라엘 왕과 여호사밧과 에돔 왕이 그에게로 내려가니라

위에 기록된 말씀의 내용은 이스라엘의 통치하에서 공세를 바치던 [모압] 왕이 [이스라엘] 아합 왕이 죽고 그 아들 여호람이 왕위에 오르자 [모압]이 이스라엘을 배반하여 그동안 바쳐오던 공세를 거부하며 이스라엘의 수하에서 떠났을 때의 일이다. 이에 이스라엘의 여호람 왕이 [유다]와 [에돔] 왕으로 더불어 [모압]을 치러 갈 때 있었던 한 사건의 기록이다.

그러나 세 연합군은 사막에서 행한 지 칠일 째 되는 날에 정확히 무슨 이유 때문인지는 몰라도 군사들과 생축들이 마실 물이 다 떨어져 버렸다. 이러한 그들은 심한 목마름에 허덕이게 되었다(아마도 사막에서 길을 잃은 모양이었던 것으로 추정된다. 사막에서 갑자기 부는 돌풍은 태산과도 같은 모래라도 삽시간에 이곳에서 저곳으로 옮겨 놓기에 이런 때는 길을 잃기 쉽다). 그때였다. 하나님을 향한 신앙이 있었던 유다의 여호사밧 왕이 이스라엘 왕의 신복들에게 '여기 이러한 곤경을 헤쳐 나갈 수 있는 하나님의 계시를 받아

서 우리에게 전해 줄 만한 여호와의 선지자가 없느냐?'고 물었다. 이에 이스라엘 왕의 신복 중 한 사람이 '그러한 선지자가 있다'면서 엘리사가 그 근처에 있음을 고했다. 그런데 여기서 우리가 자세히 살펴보아야 할 말씀의 내용이 있는데 그것은 능력의 종 엘리사를 소개하는 이 신복이 말한 내용이다.

그는 당대 제일의 능력의 종 엘리사를 유다 왕에게 소개하되 '이전에 능력의 종 엘리야보다도 갑절이나 더 큰 능력을 받은 엘리사라는 하나님의 종이 바로 이 근처에 살고 있습니다.'라고 말하지 않았다. 그는 단지 "전에 엘리야의 손에 물을 붓던 사밧의 아들 엘리사가 여기 있나이다."라고만 고했다.

성경의 저자이신 성령께서도 엘리사에 대해서 너무도 초라하게 말한 듯한 이 한 신복의 말만을 왜 성경에 그대로 기록케 하셨을까? 이 신복이 엘리사에 대한 이런 말을 할 때 그 옆에 있던 다른 신복들이 입이 마르도록 엘리사가 받은 엄청난 권능에 대해서 여러 가지로 말할 수 있었을 것인데도 말이다.

이때의 엘리사는 이미 그 스승이었던 엘리야보다도 갑절의 권능을 받아 행하였다. ① 이에 자기도 그 스승처럼 요단강을 갈라보기도 했었고, ② 여리고 성의 병든 물까지도 고쳤으며, ③ 자신을 향해 대머리라고 조롱하던 아이들을 저주하자, 암곰 둘이 나아와서 아이들 42명을 찢어 죽인 일이 있은 뒤의 일이다(왕하2:19~24).

이러한데도 왜 성경은 엘리사가 받은 그 큰 권능에 대해 언급하기보다는 그가 스승이 손을 씻을 때 그 손에 물을 부어 주던 '지극히 작은 일'을 기록해 놓고 있는 것일까? 그것은 바로 여기에 엘리사가 성령의 권능을 강하게 받은 '신령한 비밀'이 숨겨져 있기 때문이다.

성경이 굳이 이 작은 일을 기록해 놓은 것은 엘리사는 평소에도 자기 스승 엘리야가 손을 씻을 때 그 손에 물을 부어 드리는 '지극히 작은 일에도 충성했던 자'이었음을 말해주려 함에 있다. 지극히 작은 일에도 충성한 그에게 하나님께서는 엘리야보다도 갑절이나 더 큰 권능을 부어주셨던 것이다.

성경은 '지극히 작은 일에 불의한 자는 큰일에도 불의하고 지극히 작은 일에 충성된 자는 큰일에도 충성될 것'을 말하고 있다.

어떤 교회에서 해가 바뀔 때 목사님께서 10명의 구역장을 새로이 임명했는데 그중에 3명은 그 이전 해에 받은 직분에 충실하지 않았다고 생각해 보자. 이러한데도 그가 '목사님 나는 구역장이 아닌 조장직을 맡겨 주세요. 그러면 충성할 수 있을 것 같습니다'라고 말할 때 목사는 작은 구역장직에도 이 핑계 저 핑계 대면서 불충한 그에게 조장직을 맡길 수 있겠는가? 이처럼 어떤 사람이 그 받은 능력보다도 갑절이나 더 큰 능력을 받길 원하여 간구할 때 하나님께서는 그의 간구하는 기도 보다도 그에게 맡기신 '신령한 은사적 능력' 또는 '여러 재능'(달란트)을 가지고 그에게 맡긴 여러 작은 일에 얼마나 충성되었는지를 먼저 살펴보실 때가 있다. 그 후에 그가 이에 합당할 때만이 그에게 갑절의 권능을 주실 때가 많으시다.

(눅16:10) 지극히 작은 것에 충성된 자는 큰 것에도 충성되고 지극히 작은 것에 불의한 자는 큰 것에도 불의하니라

(눅19:15~17) 귀인이 왕위를 받아가지고 돌아와서 은화를 준 종들이 각각 어떻게 장사하였는지를 알고자 하여 그들을 부르니 그 첫째가 나아와 이르되 주인이여 당신의 한 므나로 열 므나를 남겼나이다 주인이 이르되 잘하였다 착한 종이여 네가 지극히 작은 것에 충성하였으니 열 고을 권세를 차지하라 하고

(2) 더 큰 능력을 받기 위해 충성해야 할 작은 일들

우리는 앞에서 엘리사의 충성됨이 그 스승 엘리야가 손을 씻으려 할 때마다 그 손에 물을 부어주는 지극히 작은 일에도 충성되었음을 살펴보았다. 이렇듯 지극히 작은 일에도 충성했던 그에 대한 소문은 그가 그 스승보다도 갑절이나 더 큰 권능을 받았음에도 불구하고 그는 '그 스승 엘리야의 손에 물을 부어 주는 지극히 작은 일에도 충성했던 엘리사'로서의 소문이 그 나라 왕궁의 한 병사에게까지 들렸을 정도였다.

그러므로 지극히 작은 일에까지도 충성한다는 것은 대단히 중요한 일이다. 그렇다면, 오늘날의 우리가 충성해야 할 지극히 작은 일들에는 어떠한 일들이 있을까? 이에 대해서는 여러 가지 일들이 있겠으나 아래의 세 가지로만 구분해 보고자 한다.

첫째, 자신의 죄 사함을 받으려 하는 일에 충실해야 한다.

(행8:14~23) 예루살렘에 있는 사도들이 사마리아도 하나님의 말씀을 받았다 함을 듣고 베드로와 요한을 보내매 그들이 내려가서 그들을 위하여 성령 받기를 기도하니 이는 아직 한 사람에게도 성령 내리신 일이 없고 오직 주 예수의 이름으로 세례만 받을 뿐이더라 이에 두 사도가 그들에게 안수하매 성령을 받는지라 시몬이 사도들의 안수로 성령 받는 것을 보고 돈을 드려 이르되 이 권능을 내게도 주어 누구든지 내가 안수하는 사람은 성령을 받게 하여 주소서 하니 베드로가 이르되 네가 하나님의 선물을 돈 주고 살 줄로 생각하였으니 네 은과 네가 함께 망할지어다 하나님 앞에서 네 마음이 바르지 못하니 이 도에는 네가 관계도 없고 분깃될 것도 없느니라 그러므로 너의 이 악함을 회개하고 주께 기도하라 혹 마음에 품은 것을 사하여 주시리라 내가 보니 너는 악독이 가득하며 불의에 매인 바 되었도다 시몬이 대답하여 이르되 나를 위하여 주께 기도하여 말한 것이 하나도 내게 임하지 않게 하소서 하니라

위에 기록한 말씀에는 시몬이라는 한 사람이 베드로와 요한이 하나님께 받아서 행하는 그 놀라운 권능을 보고 자기도 그러한 권능을 받고 싶어 하였다. 그러나 그 마음이 바르지 못하였으므로 인해 그가 원한 성령의 권능을 받기는커녕 도리어 책망만 받았다.

오늘날도 하나님께 여러 신령한 은사들이나 큰 권능을 받기 원하나 끝내 받지 못하거나 시몬처럼 도리어 책망을 받기도 하는 사

람들이 있음을 종종 보게 된다. 이들 중 대부분의 사람들은 자기 자신이 지어온 죄 사함부터 받을 생각은 하지 않고, 그저 성령의 신령한 각양 은사(은혜)들을 받으려고 하는 사람들이다. 이러므로 하나님의 신령한 권능을 받기 원하는 사람들은 자신의 죄 사함부터 주의 보혈로 깨끗하게 사함받으려 하는 일에 충성되어야 할 것이다.

(행2:37~39) 그들이 이 말을 듣고 마음에 찔려 베드로와 다른 사도들에게 물어 이르되 형제들아 우리가 어찌할꼬 하거늘 베드로가 이르되 너희가 회개하여 각각 예수 그리스도의 이름으로 세례를 받고 죄 사함을 받으라 그리하면 성령의 선물을 받으리니 이 약속은 너희와 너희 자녀와 모든 먼 데 사람 곧 주 우리 하나님이 얼마든지 부르시는 자들에게 하신 것이라 하고

(행3:19) 그러므로 너희가 회개하고 돌이켜 너희 죄 없이 함을 받으라 이같이 하면 새롭게 되는 날이 주 앞으로부터 이를 것이요

(잠1:23) 나의 책망을 듣고 돌이키라 보라 내가 나의 영을 너희에게 부어 주며 내 말을 너희에게 보이리라

"나의 책망을 듣고 돌이키라 보라 내가 나의 신을 너희에게 부어 주며 나의 말을 너희에게 보이리라" (잠1:23).

둘째, 기도하는 일에 충성되어야 한다.

(마4:1~2) 그 때에 예수께서 성령에게 이끌리어 마귀에게 시험을 받으러 광야로 가사 사십 일을 밤낮으로 금식하신 후에 주리신지라
(히5:7) 그는 육체에 계실 때에 자기를 죽음에서 능히 구원하실 이에게 심한 통곡과 눈물로 간구와 소원을 올렸고 그의 경건하심으로 말미암아 들으심을 얻었느니라
(눅5:15-16) 예수의 소문이 더욱 퍼지매 수많은 무리가 말씀도 듣고 자기 병도 고침을 받고자 하여 모여 오되 예수는 물러가사 한적한 곳에서 기도하시니라

위의 말씀들은 예수께서 육신을 입고 이 땅에 오셔서 그의 사명을 감당하시기까지 기도하는 일에 얼마나 철저하셨는지에 대해 기록해 놓은 좋은 말씀들이다. 예수님은 자신에 대한 소문이 널리 퍼져서 허다한 무리가 말씀도 듣고 자기 병도 고침 받기 위해 나아왔으나 그들을 떠나 한적한 곳에서 기도하는 것을 더 중요시 하셨다. 이처럼 기도는 설교나, 심방이나, 교육이나, 교회 행정보다도 제일로 중요시 해야 한다. 아무 죄 없이 이 땅에 오신 하나님의 아들 예수님께서도 이같이 기도하는 일에 전심전력하셨다.

우리네 한국교회에는 현재 6백여만 명의 성도들과 6만여 명에 달하는 목사님들이 있다. 이중 종들은 성령의 권능이 충만하나 어떤 종들은 성령의 권능이라고는 전혀 찾아 볼 수 없을 정도로 그

영혼의 황폐함이 너무도 심한 목사들도 있다. 그러나 이러한 큰 차이를 보이게 되는 대부분의 이유(다는 아니다.)는 그가 하나님께 얼마나 전심으로 기도를 많이 하느냐? 아니 하느냐? 차이가 있을 뿐이다.

"많은 기도 많은 능력, 적은 기도 적은 능력"이라는 어떤 분의 말이 실감 날 정도로 성령의 권능이 충만한 분들은 하나같이 매일 기도하는 일을 가장 중요시 여기고 기도에 많은 시간을 쏟는 분들이다. 그러나 그 속에 성령의 권능이 충만하기는커녕 그 자신의 영혼조차 황폐하기 그지없는 이들은 99% 기도에 게을리 하는 자들이라고 보아도 틀리지 않는 말이 될 것이다.

오래전에 부산에서 사역하시던 한 목사님께서 산중에서 21일간을 금식하면서 깊은 기도를 하는데 하루는 그에게 예수님께서 나타나셔서 일곱 가지의 질문을 하시면서 그 묻는 것마다 대답해보라고 하시더란다. 이에 대답하였으나 다 틀렸다 한다. 이중 한 가지는 "너는 이 세상에서 가장 교만한 자들이 누군지 아느냐?"라는 질문이셨다. 이에 대해 목사님이 틀린 대답을 하자, 예수님께서는 "아니다! 이 세상에서 가장 교만한 자는 기도하지 않는 자들이다. 너는 기도하되 날마다 오늘처럼 깊은 기도 하라"고 하시더란다.

예수님의 기도는 전심을 기울인 기도이셨고, 심한 통곡과 눈물로 간구하신 기도였다. 예수님은 앞서 기록해 놓은 기도 외에도 '산상 철야기도'에도 힘을 쓰셨으며(눅6:12), 기도의 습관이 그 몸에 베이도록 기도하셨다(눅22:39).

기도는 골방에서 은밀하게 작은 소리로도 많이 기도할 수도 있다. 그러나 특별히 하나님의 큰 권능을 받아서 하나님의 복음 사역에 힘쓰고자 하는 사람들은 매주 한두 번쯤은 큰 소리로 장시간 부르짖어 간구하는 것이 좋다. 작은 소리로 기도해도 깊은 기도의 경지에 들어가기까지는 그 기도하는 대부분의 시간을 전심을 다해서 기도해야 하며 이에는 대개 수십 년간의 많은 기도훈련이 필요하다.

하나님의 강한 권능을 받기 원하는 이들이여! 전심으로 부르짖어 기도하라. 전심으로 부르짖고 간구하는 일에 충성되는 자에게는 아래와 같은 든든한 약속들이 많이 보장되어 있다.

(렘29:12~13) 너희가 내게 부르짖으며 내게 와서 기도하면 내가 너희들의 기도를 들을 것이요 너희가 온 마음으로 나를 구하면 나를 찾을 것이요 나를 만나리라

(렘33:2~3) 일을 행하시는 여호와, 그것을 만들며 성취하시는 여호와, 그의 이름을 여호와라 하는 이가 이와 같이 이르시도다 너는 내게 부르짖으라 내가 네게 응답하겠고 네가 알지 못하는 크고 은밀한 일을 네게 보이리라

(대하16:9) 여호와의 눈은 온 땅을 두루 감찰하사 전심으로 자기에게 향하는 자들을 위하여 능력을 베푸시나니 ……

셋째, 사랑하는 일에 충성해야 한다.

(고전13:1~3) 내가 사람의 방언과 천사의 말을 할지라도 사랑이 없으면 소리 나는 구리와 울리는 꽹과리가 되고 내가 예언하는 능력이 있어 모든 비밀과 모든 지식을 알고 또 산을 옮길 만한 모든 믿음이 있을지라도 사랑이 없으면 내가 아무 것도 아니요 내가 내게 있는 모든 것으로 구제하고 또 내 몸을 불사르게 내줄지라도 사랑이 없으면 내게 아무 유익이 없느니라

하나님의 은혜의 섭리를 따라 예수 그리스도의 피 공로를 힘입어 구원함을 받은 성도들이 ① 자신의 죄 사함을 받으려 하는 일과, ② 기도하는 일과, ③ 하나님과 그 이웃을 사랑하고자 하는 일은 결코 큰일은 아닌 것같이 보인다. 그러나 기도하는 일과 사랑하는 일은 대단히 쉬우면서도 무척 힘든 일 중의 하나이다. 그래도 우리는 이러한 작은 일들에 충성해야 한다.

앞에 기록된 말씀대로 그 속에 '진정한 사랑'이 없으면 그가 하나님께 기도하여 신령한 은사나 능력을 많이 받아서 행한다 할지라도 그는 아무것도 아닌 존재처럼 허망한 사람이 되고 만다. 사랑은 이와 같이 어떤 능력을 받아서 행하는 것보다도 훨씬 더 소중하다.

[고린도전서] 14장 1절은 성령의 은사들에 대해 기록한 장인데 그 첫 절에는 '사랑을 따라 구하라'고 기록되어 있다. 이 말은 성도들이 여러 가지 신령한 은사들을 구할 때 '사랑을 따라 구하라, 그

리하면 주시겠다.'는 말과도 어울리는 말이다. '하나님은 사랑이시다' 그러므로 '사랑 안에 거하는 자'는 하나님도 그 속에 거하신다(요일4:7,16). 이러므로 병들어 고통하는 자를 좀 더 사랑해 줄 수 있기 위하여 〈신유 은사〉를 구하며, 무지한 자를 좀 더 잘 깨우쳐 드릴 수 있기를 원하여서 〈말씀의 은사〉를 간구해 보라. 하나님께서 그에게 놀라운 〈신유의 은사〉와 '학자의 혀'를 주실 것이다(사 50:4).

필자가 27세 때의 일이다. 당시의 나는 주일학교 교사의 직분을 맡고 있으면서 한 직장에 다니고 있었다. 그런데 하루는 내가 새벽 기도를 다니는 내 집 근처에 있는 [구서 순복음교회]를 담임하시는 여전도사님이 나를 찾아 오셔서는 자신이 담임하고 있는 교회에서 두 달 후면 여전도회 헌신예배를 드리려 하는데 그때 나보고 설교를 해달라는 것이었다.

나는 전도사님의 청을 거절했다. 당연히 그럴 것이 그때 나는 전도사도 신학생도 아닌 유초등부 교사에 지나지 않았기 때문이요, 또 어른들 앞에서의 설교는 단 한 번도 해본 적이 없었고, 또 어른들에게 설교를 할 수 있는 어떤 성령의 은사나 신학적 지식이나 담대함 같은 아무것도 없었기 때문이었다. 그러나 그 전도사님의 간청은 수일간 연속되는 끈질긴 부탁이셔서 끝내는 '그렇다면, 저를 위해 간절히 기도해 주십시오.' 하고는 전도사님의 청을 허락하고 말았다. 이 후 나는 기도하는 일과 성경을 뒤적이는 일에 더욱 힘썼다. 그러나 그렇게 열흘을 보내도 어떤 설교를 해야 좋을는지 설교 제목조차 잡지를 못했다. 이러한 나는 고민 끝에 이 설교 한편을 잘 작성하여 전함으로서 이 가난한 개척교회에 작은 유익이 되기를 바라고 다니던 직장을 그만두고 아무도 찾아가지 않는 꽤 깊은 산속에 있는 작은 기도원으로 들어갔다.

그 기도원에는 그때까지 교회를 다섯 개나 개척하여 세우신 연세 많으신 한 여자 목사님 한 분만이 몸이 불편한 채로 기도하는 일에만 힘쓰고 계셨다. 나는 그 여 목사님께 부탁을 드렸다.

"목사님 당분간 이 기도원에서 먹고 자게만 해주세요. 그러면 제가 기도원 마당에 난 풀들도 다 뽑고요, 저 변소에 쌓여있는 변도 다 퍼내드릴게요."

그러자, 그 여자 목사님은 몇 시간 생각 끝에 나를 받아주셨다. 그때는 왜 내가 직장까지 그만두고 약 42일 후에 있게 될 이웃교회 여전도회 헌신예배 때 전할 한 편의 설교 준비를 하려고 그러한 작정기도에 들어갔는지 내 자신도 이해가 가질 않았다. 그러나 지금 생각해 보니 그 일은 하나님께서 나를 사랑하셔서 그곳으로 불러 주셨던 것임을 확신한다.

필자가 그곳에 있는 동안 그 목사님은 '나는 어릴 때부터 기도하는 일에는 악착같았다.'면서 자신의 지난날의 이야기들을 많이 들려주셨다. 그 목사님의 기도하는 열정이 어느 정도였느냐 하면, 지금은 돌아가신 고 최자실 목사님과 현신애 권사님이 집에도 안 가시고 한 겨울철에 서울의 삼각산 동굴에서 40일 금식기도를 하실 때 자신은 작은 소녀였는데도 불구하고, 그 두 분과 더불어 얼음을 깨뜨려서 마실 물을 대신해 가면서까지도 두 분이 기도하는 만큼 자신도 40일 금식기도를 드리면서 함께 기도하였다고 하셨다.

기도원에 도착한 나는 답답한 나머지 '하나님 무슨 설교를 하기 원하십니까? 제게 속히 가르쳐 주옵소서'라고 기도하면 단지 '욥기서에 있는 말씀을 전하기를 원하신다.'는 감동만이 몇 번 계속되어 왔다. 이에 [욥기]를 펼쳐 보자, [욥기]는 모두 42장으로 되어있는 긴 책이었다. 이에 나는 그날부터 한심한 방법이라 생각되었지만, 매일 [욥기서]를 한 번씩 읽어가면서 '하나님, 욥기서 몇 장 몇 절 말씀을 전해야 할 것과 그 말씀을 어떻게 전해야 할지 설교 말씀을 주세요.' 하고 40일간을 기도하기로 마음을 먹었다. 그날부터 나는 [욥기]를 매일 일독을 하면서 열 번, 스무 번, 삼십 번을 읽어도 하나님께서는 '[욥기]에 있는 말씀을 전하라'는 감동 외에는 아무런 음성도 감동도 주시질 않았다.

그렇게 기도원에 온 지 이미 39일이 지나고 있었다. 이에 점점 답답함이 더해졌다. 그러나 나는 다음과 같은 생각으로 그 긴 나날들을 인내해 나갔다. '내가 나를 위해서 이 고생을 사서 하는 것이 아니다! 내가 준비하려는 이 설교 한 편으로 저 개척교회 성도님들이 은혜를 받게 하고 저 개척교회에 작은 유익이라도 주려는 것이다. 이러므로 끝까지 믿고 기도하고 인내하고 있으면 하나님께서 반드시 내가 전할 은혜로운 말씀을 주실 거야'라는 마음으로 내 마음을 다스렸다.

[욥기]를 40독 하던 마지막 날은 설교하기로 약속한 날이 이틀밖에 남지 않았다. '나는 이제라도 전화를 걸어서 설교 약속을 취소할까' 망설이기도 했었지만 '[욥기]를 한 번만이라도 더 읽어보자'라는 마음으로 [욥기서]를 40독을 마친 직후였다. 갑자기 '욥기 1장 6절부터 22절 말씀을 본문으로 삼고 〈의인 욥을 향하신 하나님의 책망들〉 주제로 설교하라'는 성령님의 강한 감동이 파도처럼 밀려 왔다. 그리고 이 말씀을 어떻게 전하라는 설교 제목과 말씀의 내용도 내 마음 판에 선명하게 와 닿았다.

　나는 급히 노트에 그 내용들을 써 내려가기 시작했다. 마침내 설교 준비를 마치고 나니 저녁 식사 때가 다 되어서 산속은 벌써 어둑어둑해지기 시작했다. 나는 다음 날 아침 식사 후에 그동안 따뜻한 밥을 지어주시며 여러 좋은 말씀들을 많이 들려주신 여목사님께 감사를 드리고 집으로 내려왔다. 그러한 다음날 저녁, 성령님께서 감동으로 내게 주신 말씀들을 전하기 시작했다. 얼마나 열정적으로 말씀을 전했든지, 그러나 얼마나 미련하게 오랫동안 말씀을 전했던지 내가 설교한 시간만 해도 한 시간 40분 동안을 설교하고 말았다. 그러나 성령의 은혜는 차고 넘쳤다. 설교 후에 잠시 기도를 한 후 눈을 떠보니 거의 온 성도들이 눈물을 흘리며 통곡하고 있었다.

　맨 앞자리에 앉아 있던 젊은 영어교사 부부에게서부터 여기저기 앉은 성도님들의 입에서 방언이 터져 나왔고, 성전 안은 회개의 눈물범벅이 되어있었다. 이러한 성도님들 중 어떤 분들은 기도 중에 장의자에서 떨어졌는지 성전 바닥에서 뒹굴면서 울고 있었다.

나는 설교 한편을 준비하기 위해 힘써 기도하고 준비하였을 뿐이다. 그러나 은혜에 풍성하신 하나님께서는 내게 이날 〈지식의 말씀 은사〉까지도 주시되 현재도 나를 아는 모든 목사님들이 부러워할 정도로 강력하게 부어 주셨던 것이다. 하나님께서 내게 주신 〈지식의 말씀 은사〉는 이러한 방법으로 부어 주셨다. 이러한 은혜를 통해서 나는 이제 미출판한 책 포함 90권이 넘는 책을 집필하였으며, 앞으로도 이 〈지식의 말씀 은사〉를 통한 수많은 열매들을 맺어갈 것이니 모든 영광을 하나님께 돌려 드리는 바이다.

나는 너무 부족하여 책을 집필할 수 있는 어떤 문학적 재능도 없다. 이러므로 오직 하나님만 의지한다. 아직도 여러모로 부족하기 그지없는 나의 체험담을 쓴 것은 벌레만도 못한 나를 드러내기 위함이 아니다. 성령께서 우리에게 주신 은사들을 자랑하는 일은 악한 일이며 심히 어리석은 일이다. 왜냐하면, 이러한 자랑은 그에게 주신 성령의 은사를 대단히 약화 시키거나 소멸시키는 미련한 일이 되기도 하기 때문이다.

하나님께서 우리에게 주신 것들을 자랑할 때면 우리 속에 계신 성령님께서는 탄식하신다. 그러나 간혹 성령님의 인도하심을 따라 자신에게 주어진 은혜(성령의 은사나 여러 복에 관한 것들)를 그 이웃의 영혼에게 덕을 끼치기 위해 말하는 것은 하나님의 영광을 드러내게 된다. 이러므로 필자의 경험담을 수록하는 이유는 이를 통해 하나님께 영광을 돌려 드리는 가운데 본서를 읽게 될 모든 분들이 보다 더 많은 성령의 능력들을 선물로 받는 일에 도움이 되기를 간절히 원하는 마음에서이다.

그러므로 사랑하는 여러분이여, 보잘 것 없는 내 자신을 부인하며 하나님의 교회와 내 이웃을 좀 더 잘 섬기고 보다 더 효과적으로 사랑할 수 있기 원하여 '사랑을 좇아 은사를 구하라' 그리하면 사랑의 하나님께서 머잖은 날에 당신이 생각했던 그 이상의 은사까지도 당신에게 부어 주시고 이러한 당신을 통해 하나님께서 영광을 받으실 것이다.

하나님께서는 이후 내게 10년 세월에 걸쳐 이 〈지식의 말씀 은사〉를 세 번에 걸쳐 갑절로 부어 주셨고, 이어 그 위에 또 갑절로 더욱 강하게 부어 주셨다. 이러므로 본서의 제목인 「갑절의 능력을 받는 지혜」라는 이 책의 내용들은 하나같이 어떤 책도 참조함 없이 오직 성령님의 가르침과 필자의 경험담을 성경 안에서 조명(照明)한 것들이다. 이러므로 오늘도 성령의 은혜와 권능을 받기 원하는 사람들은 어떤 큰일도 중요하겠지만 하나님께서 내게 명하신 작은 일들에 먼저 충성되기를 바라는 바이다. 이로 인해 나 자신의 죄로 말미암은 막힌 담을 헐자. 그리고 기도하는 일과 내 이웃을 내 몸같이 사랑하는 일에 더욱 힘쓰자. 이러할 때 우리가 사모하는 성령의 놀라운 권능이 우리에게 강하게 임하실 것이다.

제3단계 - 시험에 인정 받자

(1) 엘리사가 치른 세 가지 시험

(창22:1~2) 그 일 후에 하나님이 아브라함을 시험하시려고 그를 부르시되 아브라함아 하시니 그가 이르되 내가 여기 있나이다 여호와께서 이르시되 네 아들 네 사랑하는 독자 이삭을 데리고 모리아 땅으로 가서 내가 네게 일러 준 한 산 거기서 그를 번제로 드리라

(히11:17) 아브라함은 시험을 받을 때에 믿음으로 이삭을 드렸으니 그는 약속들을 받은 자로되 그 외아들을 드렸느니라

(요6:5~7) 예수께서 눈을 들어 큰 무리가 자기에게로 오는 것을 보시고 빌립에게 이르시되 우리가 어디서 떡을 사서 이 사람들을 먹이겠느냐 하시니 이렇게 말씀하심은 친히 어떻게 하실지를 아시고 빌립을 시험하고자 하심이라 빌립이 대답하되 각 사람으로 조금씩 받게 할지라도 이백 데나리온의 떡이 부족하리이다

(약1:2~4) 내 형제들아 너희가 여러 가지 시험을 당하거든 온전히 기쁘게 여기라 이는 너희 믿음의 시련이 인내를 만들어 내는 줄 너희가 앎이라 인내를 온전히 이루라 이는 너희로 온전하고 구비하여 조금도 부족함이 없게 하려 함이라

앞의 말씀들을 수록한 이유는 하나님은 우리를 시험(마귀가 유혹하는 시험이 아닌, 테스트하시는 시험)하시는 분이신 줄로 알아

서 엘리사처럼 시험을 치를 때 그 시험에서 '합격'이라는 판정을 받음으로써 각자가 원하는 하나님의 신령한 능력 받기를 원해서이다.

우리 한글 성경에는 '시험'이라는 말이 같은 하나의 단어로 기록되어 있지만 헬라원어를 보면 시험에는 두 가지 시험이 있음을 알수 있다. 그중 한 가지는 하나님께서 우리의 믿음과 마음 중심을 알아보신 후 복 주시기 위해 행하시는 '테스트의 시험' 곧 헬라어로 '페이라스모스(πειρασηοὶς)'의 시험이요, 다른 한 가지는 마귀가 성도를 유혹해서 범죄케 하여 망하게 하려고 시험하는 '페이라조 (πειράζω)'의 시험이다.

[야고보서] 1:13에 기록된 "사람이 시험을 받을 때에 내가 하나님께 시험을 받는다 하지 말지니 하나님은 악에게 시험을 받지도 아니하시고 친히 아무도 시험하지 아니 하시느니라"는 말씀의 시험은 하나님께서는 우리가 죄에 빠져 들도록 우리를 유혹하는 '페이라조(πειράζω)'의 시험은 하지 않으신다는 말씀이다. 이에 대해서는 13절 뒤에 연결된 14, 15절의 말씀이 이를 잘 대변해 준다.

이에 대한 말씀은 "오직 각 사람이 시험을 받는 것은 자기 욕심에 끌려 미혹됨이니 욕심이 잉태한즉 죄를 낳고 죄가 장성한즉 사망을 낳느니라"는 말씀이다. 하나님은 우리를 시험하신다. 그러나 그것은 우리가 그 테스트적 시험에 합격할 때 우리를 더욱 복되게 하셔서 우리를 통해 더 크고 많은 영광과 찬송을 받으시기 위함이다. 이에 대해서는 [신명기] 8장 16절 하반 절에 기록된 "이는 다 너를 낮추시며 너를 시험하사 마침내 네게 복을 주려 하심이었느니라."는 말씀이 이를 잘 대변해 준다.

'불의 사자'라 불리우는 엘리야보다도 갑절의 영감(권능)을 받은 '엘리사가 하나님의 시험을 받았다'는 문자적인 기록은 없다. 그러나 엘리사는 그가 원하는 권능을 받기까지는 자신의 스승이자, 하나님의 사자인 엘리야로부터 세 번씩이나 같은 맥락의 시험을 받았음이 성경에 기록되어 있다. 즉 그는 하나님의 사자인 엘리야를 통하여 하나님께서 그 백성을 시험하시는 '테스트의 시험' 곧 '페이라스모스(πειρασηοὶς)'의 시험을 세 번씩이나 받은 것이다.

자기 스승이 곧 회오리바람을 타고 하늘로 승천할 것이라는 사실을 잘 안 엘리사는 어찌하든지 그가 원하는 능력을 받기 위해 그 스승의 곁을 잠시도 떠나지 않고 꼭 붙어 다녔다. 이때 엘리사는 그 사랑하는 제자의 결심이 어떠한지를 알아보기 위해 "청컨대 너는 여기 머물라"는 같은 맥락의 시험을 세 번이나 계속했다. 이에 엘리사가 이 시험에 합격한 후에야 그는 그 제자가 자신이 하나님께 받은 능력보다 갑절이나 많은 권능을 받을 수 있는 방법을 가르쳐 주었다.

(왕하2:10) 이르되 <u>네가 어려운 일을 구하는도다 그러나 나를 네게서 데려가시는 것을 네가 보면 그 일이 네게 이루어지려니와 그렇지 아니하면 이루어지지 아니하리라</u> 하고

여기서 '나를 네게서 취하시는 것을 네가 보면 그 일이 네게 이루어지겠거니와 그렇지 않으면 네가 원하는 권능을 받지 못하리라'는 엘리야의 말에서 '무엇을 보아야 한다.'는 부분은 대단히 중요한 일이다. 이러므로 이에 대해서는 본장의 제5단계에서 집중적으로 다루기로 하겠다.

엘리사는 그가 원하는 갑절의 권능을 받기까지 세 번의 시험을 받았고, 그때마다 그는 그 테스트의 시험에서 합격점을 받아야만 했다. 그렇다면, 엘리사가 받은 세 가지 시험의 내용은 어떠한 것인가를 알아보자. 이에 대해서는 엘리사를 시험한 엘리야가 "청컨대 너는 여기 머물라" 한 그 세 곳의 지역 명칭들이 상징하는 의미를 통해 엘리사가 받은 시험의 성격이 어떠한 것이었는지를 알아보고 오늘날 우리의 교훈으로 삼고자 한다.

스승 엘리야가 그 제자 엘리사를 시험하여 "너는 여기서 머물라"고 말한 세 지역의 명칭은 ① 길갈과, ② 벧엘과, ③ 여리고다(왕하 2:1~2, 3~4,5~6). 그렇다면, 이제 이 세 지역의 이름에 담긴 시험의 내용들을 살펴보도록 하자.

우리가 잘 아는 대로 시험을 이기지 못하는 성도들에게서는 그보다 나은 어떤 무엇도 기대할 수 없다. 그러나 시험을 잘 이겨내는 사람의 신앙은 급속도로 발전해 가면서 재물의 복도 더 받는다. 이후자에 속한 사람이 바로 엘리사와 같은 사람이다.

첫째, '너는 여기 길갈에서 머물라'는 시험을 이긴 엘리사

(왕하2:1~2) 여호와께서 회오리 바람으로 엘리야를 하늘로 올리고자 하실 때에 엘리야가 엘리사와 더불어 길갈에서 나가더니 엘리야가 엘리사에게 이르되 청하건대 너는 여기 머물라 여호와께서 나를 벧엘로 보내시느니라 하니 엘리사가 이르되 여호와께서 살아 계심과 당신의 영혼이 살아 있음을 두고 맹세하노니 내가 당신을 떠나지 아니하겠나이다 하는지라 이에 두 사람이 벧엘로 내려가니

하나님께서는 사명을 다한 엘리야를 회오리바람으로 하늘로 올리고자 하실 때 엘리사는 그 스승 엘리야의 곁에 바짝 붙어서 스승과 같이 걷기 시작했다. 얼마나 걸어갔을까? 엘리야가 무슨 생각을 했는지 갑자기 "청컨대 너는 여기(길갈)에서 머물라" "나는 여호와께서 벧엘로 보내시니 벧엘로 가야겠다." 하였다.

엘리야가 엘리사를 향해 '너는 더 이상 나를 따라 오지 말고 여기 머물라'고 한 엘리야의 말은 엘리사의 간절함을 시험해 보기 위한 것이었다. 이는 엘리야 스스로 자신의 제자를 시험해 보기 위해서라기보다는 하나님께서 '엘리사의 간절함이 어떠한지 그를 시험해 보라'고 말씀하셨기 때문에 엘리야가 하나님의 명령(감동 또는 지시)에 순종했다고 보는 것이다.

그렇다면 '너는 여기 길갈에서 머물라'는 '길갈'이라는 지역의 명칭이 뜻하는 바는 무엇을 말하는 것인지를 알아보자. 이에 대해

서는 '길갈'이라는 지역의 명칭이 생겨난 유래부터 살펴봄이 좋을 것 같다.

[길갈]이라는 지역 명칭은 "여호와께서 여호수아에게 이르시되 내가 오늘날 애굽의 수치를 너희에게서 굴러가게 하였다"고 말씀하신 데서 기인(基因)되었다. 이에 기쁨이 넘친 이스라엘 백성들은 자신들이 머물고 있는 그곳을 [길갈]이라고 이름 지었다. 하나님께서는 그 백성들이 요단강을 건너게 하신 후에 왜? "내가 오늘날 애굽의 수치를 너희에게서 굴러가게 하셨다." 말씀하셨을까?

그것은 우리나라가 36년 동안 일본의 압제 아래서 온갖 설움과 수치를 당하였던 것같이 400년간의 기나긴 세월을 애굽의 학정 밑에서 고통 하던 이스라엘 백성들을 애굽에서 불러내었고, 이제는 그들에게 주마고 약속하신 축복의 땅 가나안의 첫 지경으로 그들을 인도하셨기 때문이다. 바로 여기가 엘리야가 그 제자 엘리사에게 "너는 여기 머물라" 말한 첫 번째 지역이다. 그렇다면 "너는 여기 길갈에서 머물라"고 말한 첫 번째 시험적 의미는 무엇일까?

그것은 '길갈(수치가 굴러가게 하다)'이라는 그 이름의 뜻이 말해주는 대로 '내가 너로 나의 후계자가 되게 하였으므로 그동안 '부농의 아들'이라는 복된 생활을 버리고 나를 좇아 이 일(선지생도로서의 길)에 나서서 연단 받느라고 ① 온갖 비난과, ② 가난과, ③ 고난과, ④ 오해를 받은 너의 모든 수치를 물러가게 하였으니 너는 이 정도쯤에서 머물고 이 외의 다른 은혜(신령한 권능)까지는 받으려

하지 말라'는 시험인 것이다.

이는 오늘날 목사로 기름 부음을 받는 데까지는 열심히 공부하고 연단 받고 기도에 힘쓰나 정작 기름 부음을 받은 목사가 되고 나면 하나님의 일에 대한 시험의 관문인 '길갈'에서 머물고 있는 여러 목사님들에 대한 비유로도 해석이 가능하다고 보여진다. 이러한 부류의 사람들은 목사의 임직을 마치고 나면 더 이상 자신을 깎고 다듬으려 하지 않거나 '성령의 큰 능력을 받으려 하는 일'에는 소극적이다.

그러나 엘리사는 '너는 여기 길갈 정도의 은혜를 받은 것으로 만족히 여기고 더 이상 나를 따라 오지 말라'는 그 스승의 말에 대해 자신의 단호한 의지를 표명했다. 그것은 '내가 원하는 권능을 받기까지 나는 절대로 당신 곁을 떠나지 않겠습니다.' 맹세로 하는 말이었다. 이러한 엘리사는 첫 번째 시험에서 합격점을 받았고, 이러한 그는 스승을 따라 두 번째 시험의 관문인 '벧엘'에 이르렀다.

둘째 '너는 여기 벧엘에서 머물라'는 시험을 이긴 엘리사

(왕하2:3~4) 벧엘에 있는 선지자의 제자들이 엘리사에게로 나아와 그에게 이르되 여호와께서 오늘 당신의 선생을 당신의 머리 위로 데려가실 줄을 아시나이까 하니 이르되 나도 또한 아노니 너희는 잠잠하라 하니라 엘리야가 그에게 이르되 엘리사야 청하건대 너는 여기 머물라 여호와께서 나를 여리고로 보내시느니라 엘리사가 이르되 여호와께서 살아 계심

과 당신의 영혼이 살아 있음을 두고 맹세하노니 내가 당신을 떠나지 아니하겠나이다 하니라 <u>그들이 여리고에 이르매</u>

    '불의 사자'라 일컫는 스승 엘리야보다도 갑절의 권능을 받아서 장차 외세의 침략에서 나라를 지켜나가며(왕하6:8~23), 백성들로 하나님만을 경외케 하는 가운데 후진들(선지 생도들)까지도 양성해 나가고자 마음먹은 엘리사의 결심은 대단히 강렬했다. 이러한 그는 '어떤 일이 있더라도 반드시 스승 엘리야보다도 갑절이나 큰 권능을 받고야 말겠다.'는 것이었다. 이러한 엘리사 앞에 또 하나의 시험이 주어졌다. 그것은 그 스승 엘리야를 통해 "너는 여기 벧엘에서 머물라"시는 하나님의 두 번째 시험이었다.

    그렇다면, 이 '벧엘'에 담긴 의미는 무엇이기에 하나님께서는 첫 번째 시험을 이겨낸 엘리사에게 이번에는 왜? 또 이 '벧엘에서 머물라'는 시험을 하셨을까? 이에 대한 해답을 얻기 위해서 '벧엘'이라는 지역의 명칭이 지니고 있는 의미를 알아보도록 하자. '벧엘'이란 '하나님의 집'이라는 뜻을 가진 한 지역의 이름이다. 그렇다면 '하나님의 집'이라는 의미가 무엇인지를 파악해 보면 '너는 여기 벧엘에서 머물라'고 한 두 번째 시험의 내용을 알 수 있다. 이를 위해서 주의 종이 하나님의 집인 성전에서 하는 일이 무엇인가를 알아 보자.

    '하나님의 집(벧엘)'에서 하는 일이란? 우리가 잘 아는 대로 하나님께 ① '예배(제사)하는 일'과 ② '기도하는 일'과 ③ '찬송하는 일'

과 ④ '말씀을 전하는 일' ⑤ '제자훈련'이 그 대부분이다. 이러한 '하나님의 집에서 머물라'시는 하나님의 두 번째 시험은 이러하다.

'첫 번째 시험 곧 네 모든 수치를 벗어나고도 끝까지 더 큰 은혜(능력)를 받겠노라고 따라오는 너 엘리사야, ① 이제 너는 이 모든 은혜(엘리야의 후계자가 됨으로써 모든 수치에서 벗어난 것) 위에 너는 내 집 곧 내 하나님의 집에서 말씀을 전하며, ② 나처럼 제자 훈련도 시키고, ③ 양 무리의 좋은 목자가 되라'는 것이다. 이러한 두 번째 시험은 첫 번째 시험과 별다를 것이 없다고 생각될 수 있으나 실상은 그렇지 않다.

엘리사를 향한 첫 번째 시험은 '내가 너의 모든 수치를 물러가게 해준 얕은 은혜의 바다 (비유컨대 발목 물만 잠기는 은혜의 정도)에서 머물라'는 것이었다. 그러나 이 두 번째 시험은 그래도 물러나지 않는 엘리사에게 하나님께서 그 종 엘리야를 통해 정식으로 하나님 집에서의 '모든 제반 사무를 그에게 다 맡기신 것'이다.

오늘날 이 정도의 허락만 받고서 하나님의 교회에서 일하는 주의 종들이 많이 있다. 오늘날과 같이 성령의 권능을 받기 좋은 세대에서는 하나님의 집에서 그저 말씀만 전하는 종의 차원에서 한발 더 나아가서 말씀으로 뿐만 아니라 '성령의 권능으로도 충만한 주의 종'들이 됨이 하나님 앞에서 갑절이나 더 바람직할 것이다.

예수님께서는 자신의 열두 제자들에게 뿐만 아니라, 70인 제자 들에게까지도 단 한 명도 남김없이 그의 권능을 부어 주시되 하나 님의 양 무리들을 괴롭게 하는 사탄의 세력들이 그들 앞에서 항복

할 수밖에 없을 정도의 놀라운 권능들을 부어주셨다.

(눅10:17~19) 칠십 인이 기뻐하며 돌아와 이르되 주여 주의 이름이면 귀신들도 우리에게 항복하더이다 예수께서 이르시되 사탄이 하늘로부터 번개 같이 떨어지는 것을 내가 보았노라 내가 너희에게 뱀과 전갈을 밟으며 원수의 모든 능력을 제어할 권능을 주었으니 너희를 해칠 자가 결코 없으리라 그러나 귀신들이 너희에게 항복하는 것으로 기뻐하지 말고 너희 이름이 하늘에 기록된 것으로 기뻐하라 하시니라

이러므로 오늘날 목사로서의 기름 부음을 받은 주의 종들은 양들을 가르치는 〈말씀의 은사〉정도에서만 머물면서 '오직 말씀'만 외치는 부족한 종들이 되지 말아야 할 것이다. 이를 위해 부지런히 기도하는 가운데 열 두 제자와 70인 제자들처럼 원수 마귀를 이기면서 질병과 귀신의 억압에서 고통받는 양들을 예수의 이름을 고쳐주며, 해방시켜 줄 수 있는 〈병 고치는 은사〉와 같은 다른 여러 권능들로도 충만한 주의 종들이 되도록 힘써 노력해야 할 것이다. 하나님께서도 이 일을 원하시되 구약시대 때부터 원하셨다(겔 34:2~4).

혹 어떤 이들은 '주의 종들이라고 해서 하나님께서 다 그러한 능력들을 주기를 원하실까?'라고 말할지 모르지만 적어도 하나님께서 신약시대에 와서는 그가 부르신 사역자(기름 부음을 받은 종들)에게는 단 한 사람도 남김없이 위의 권능들을 부어 주셨음을 성경

은 다음과 같이 증거하고 있다.

> (마10:1) 예수께서 그의 열두 제자를 부르사 더러운 귀신을 쫓아내며 모든 병과 모든 약한 것을 고치는 권능을 주시니라
> (대상16:10-111) 그의 성호를 자랑하라 여호와를 구하는 자마다 마음이 즐거울지로다 여호와와 그의 능력을 구할지어다 항상 그의 얼굴을 찾을지어다
> (막16:17~18)믿는 자들에게는 이런 표적이 따르리니 곧 그들이 내 이름으로 귀신을 쫓아내며 새 방언을 말하며 뱀을 집어올리며 무슨 독을 마실지라도 해를 받지 아니하며 병든 사람에게 손을 얹은즉 나으리라 하시더라

　엘리사는 자신에게 주신 직분이나 받은 사명만으로 만족하지 않고 그가 받은 직분과 사명을 능력있게 감당해 나갈 수 있는 신령한 능력 받기를 원하였다. 이러한 그는 이번에도 그 스승의 곁을 떨어져 나가지 않음으로 인해 그를 향하신 하나님의 두 번째 시험에도 합격하였다. 이러한 그에게 마지막 세 번째의 시험이 주어졌다. 그 것은 "너는 여기 여리고에서 머물라"는 하나님의 시험이었다.

　셋째, '너는 여기 여리고에서 머물라'는 시험을 이긴 엘리사

> (왕하2:4~6) 엘리야가 그에게 이르되 엘리사야 청하건대 너는 여기 머

물라 여호와께서 나를 여리고로 보내시느니라 엘리사가 이르되 여호와께서 살아 계심과 당신의 영혼이 살아 있음을 두고 맹세하노니 내가 당신을 떠나지 아니하겠나이다 하니라 …… 엘리야가 또 엘리사에게 이르되 청하건대 너는 여기 머물라 여호와께서 나를 요단으로 보내시느니라 하니 그가 이르되 여호와께서 살아 계심과 당신의 영혼이 살아 있음을 두고 맹세하노니 내가 당신을 떠나지 아니하겠나이다 하는지라 이에 두 사람이 가니라

엘리사가 받은 첫 번째 시험이 '그의 수치심에 대한 명예 회복'을 전제로 한 시험이었다면 그가 겪은 두 번째 시험은 '그에게 맡기신 직임에 대한 권유를 확증'해 주는 것을 전제로 한 시험이었다. 이에 비해 이 세 번째 시험은 그의 신앙적 인격 성숙을 요하는 시험이었다고 볼 수 있다.

왜냐하면, 그 스승 엘리야가 세 번째로 엘리사를 머물리려 한 곳은 '여리고'로서 그 뜻은 '향기'라는 뜻을 가지고 있기 때문이다.

그 나무에 그 열매라고나 할까? 엘리사도 그 괄괄한 성격 면에서는 그 스승 엘리야를 너무도 닮아 있었다. 자기 나라의 왕까지도 책망하며 그 누구의 낯도 보아주지 않는 강하고 대쪽 같은 성품은 엘리야를 빼닮아 있었다(왕상18:16~18; 왕하13:18~19). 그리고 이두 사람은 너무도 직선적이면서도 강했다. 그러나 이들에게도 결점이 있었다. 그것은 오늘날의 우리들도 갖추어야 할 신앙인격으로서의 중요한 덕목 중의 하나인 '온유함의 결여'였다.

성도로서의 중요한 덕목(德目) 중의 하나인 '온유함'은 이 두 사람에게서는 찾아보기 힘들었다. 이러한 이들은 하나님의 놀라운 권세(영권)을 받은 후에도 결국 자신들의 불같은 성격을 자제하지 못한 채 수십 명에 달하는 여러 사람들의 애매한 죽음을 부르기도 했다.

엘리야는 산꼭대기에 앉아서 왕의 심부름을 온 군인 102명이 하나님의 불에 타서 죽게 했고(왕하1:9-12), 그 수제자 엘리사는 권능을 받은 후 자신을 향해 대머리라고 조롱하는 철없는 아이들을 여호와의 이름으로 저주함으로써 42명의 아이들이 곰에게 찢겨 죽임을 당하도록 하였으며(왕하2:23-24), 그 제자 중 하나인 게하시는 문둥이가 되도록 저주하기도 했었다(왕하5:24-27).

하나님의 권능을 크게 받은 주의 종들의 마음을 고통하게 하거나 그들의 마음을 너무 상하게 하면 위와 같은 참상을 당하는 예가 많이 있다. 필자는 하나님의 권능을 강하게 받은 어떤 한 여종을 괴롭게 하던 두 주의 종들이 젊은 나이에도 불구하고 차례로 죽임을 당한 사실을 잘 알고 있다. 그러므로 주의 종들은 하나님의 권능을 크고 강하게 받는 일도 중요하지만, 하나님께서 자신에게 주신 영권(靈權)을 경솔히 사용하지 않도록 해야 한다. 혹 그가 엘리야나 엘리사처럼 정당한 듯한 이유로 사람을 저주한다면 하나님께서 그의 편에 서서 일해 주실 수는 있다. 그러나 그 일에 대해서는 자신 또한 반드시 어느 정도 하나님의 책망을 받거나 그 이웃 사람들의 원망을 들을 수 있다는 사실을 잊지 말아야 한다.

앞에서 언급한 바와 같이 엘리사는 그의 성품과 인격적인 미흡

함이 있어서 언제든지 그 성급함으로 인해 사고를 낼 가능성이 내재해있었다. 그래서 하나님께서는 이러한 그에게 "너는 여리고에서 머물라"는 시험을 주신 것 같다.

그렇다면, 이 '여리고'란 어떤 영적인 의미를 포함하고 있기에 하나님께서는 엘리사로 하여금 '너는 여기 머물라'는 시험을 치르게 하셨을까? '여리고'라는 지역 명칭이 뜻하는 '향기'란 오늘날 하나님 안에서 진리의 말씀과 성령의 거룩하게 하심을 통해 변화된 '그리스도의 향기' 즉 '예수님의 향기'를 말한다.

하나님의 살아계심과 그의 구속함을 받은 자들은 그들의 생각뿐만 아니라, 그들의 모든 성품까지도 변화를 받아서 겸손하고 온유해져야 한다. 특별히 하나님의 권능으로 충만하려는 이들은 더더욱 이러해야 한다. 이러할 때 하나님께서 주신 권능으로 죽어가는 영혼을 살리며 하나님 나라를 세우는 일에 힘쓰되 티나 주름 잡힌 것이 없이 보다 더 온전하게 쓰임 받을 수 있기 때문이다.

하나님께서는 자신의 부덕함에도 불구하고 그 스승보다도 갑절이나 되는 권능을 받고야 말겠다는 결심으로 끝까지 스승 엘리야를 집요하게 따라다니는 엘리사에게 '좋은 성품(인격)을 갖추라'는 말씀을 하고 싶으셨다. 그래서 그들을 여리고로 인도하셨고, 그 후에는 엘리사를 향해 '너는 여기 여리고에서 머물러라'는 시험을 주신 것이다. 이 시험은 엘리사로 하여금 '너는 어떤 큰 능력을 받는 일도 중요하지만, 좋은 인격을 갖추는 좋은 존경받는 목자가 되는 선에서 머물러라'는 시험이자, 교훈이기도 하셨다.

오늘날에도 이 정도 선에서 머물러서 '좋은 인격 목회'를 하시는 주의 종들이 많이 있다. 그러나 이러한 일은 하나님께 책망 받을 일이 아니다! 그들은 단지 성령의 외적 큰 권능은 받지 못하였지만, 그들의 인격만은 참으로 아름답게 갖출 수 있기 때문이다. 이러한 사람들에게서도 예수의 향기는 하나님의 영광이 될 만큼 넘쳐 날수 있기 때문이다.

(고후2:14-16) 항상 우리를 그리스도 안에서 이기게 하시고 우리로 말미암아 각처에서 그리스도를 아는 냄새를 나타내시는 하나님께 감사하노라 우리는 구원 받는 자들에게나 망하는 자들에게나 하나님 앞에서 그리스도의 향기니 이 사람에게는 사망으로부터 사망에 이르는 냄새요 저 사람에게는 생명으로부터 생명에 이르는 냄새라 누가 이 일을 감당하리요

오늘날 우리 주위에는 하나님의 어떤 신령한 능력들은 받지 못하였지만, 그분의 인격은 참으로 고매하신 주의 종들이 많이 있다. 하나님께서는 엘리사에게 이러한 인격적으로 존경을 받을 수 있는 선한 목자까지도 될 것을 요구하셨던 것이다. 그리고 이에 그가 자기 약점에 대한 찔림을 받고서 낙심함으로 물러가나 아니 가나를 시험해 보신 것이다. 이것이 바로 엘리사가 치른 마지막 세 번째의 시험이었다. 이러한 시험에도 엘리사는 물러나지 않았다.

하나님의 권능은 그 인격이 고매한 분들만이 받을 수 있도록 되

어있지는 않다. 성령의 신령한 은사들 대부분은 그 사람의 인격과 무관하게 부어주신다. 그러므로 하나님께서 우리에게 나의 약점을 지적하실 때 더욱 겸손한 마음을 가지되 자신이 원하는 권능을 받으려 하는 일에는 결코 주 앞에서 물러서지 말자.

마귀는 '하나님을 흉내 내는 원숭이' 같다. 그래서 더러는 하나님의 더 큰 권능을 받으려 하는 이들의 약점 또는 죄를 들추면서 '네가 네 자신의 부족함과 연약함과 죄인 됨을 잘 알지 않느냐?'며 일찌감치 그러한 뜻을 포기할 것을 종용하기도 한다. 그러나 이에 굴하지 말라.

엘리사를 보고 힘을 얻으라. 그가 하나님의 권능을 받은 후 그 이웃들뿐만 아니라, 자신이 속한 나라 이스라엘과 그 왕을 몇 번이나 패망의 위험에서 구하여 냈는가를 생각해 보라. 그리하면 당신의 소원에 성령의 뜨거운 소욕이 더욱 강하게 주어질 것이다. 엘리사가 행한 일들은 그 나라의 수십만 대군이 해내는 일보다도 훨씬 더 능력 있는 일이었다.

(왕하6:8~12) 그 때에 아람 왕이 이스라엘과 더불어 싸우며 그의 신복들과 의논하여 이르기를 우리가 아무데 아무데 진을 치리라 하였더니 하나님의 사람이 이스라엘 왕에게 보내 이르되 왕은 삼가 아무 곳으로 지나가지 마소서 아람 사람이 그 곳으로 나오나이다 하는지라 이스라엘 왕이 하나님의 사람이 자기에게 말하여 경계한 곳으로 사람을 보내 방비하기가 한두 번이 아닌지라 이러므로 아람 왕의 마음이 불안하여 그 신복

들을 불러 이르되 우리 중에 누가 이스라엘 왕과 내통하는 것을 내게 말하지 아니하느냐 하니 그 신복 중의 한 사람이 이르되 우리 주 왕이여 아니로소이다 오직 이스라엘 선지자 엘리사가 왕이 침실에서 하신 말씀을 이스라엘의 왕에게 고하나이다 하는지라

(왕하6:18, 21~22) 아람 사람이 엘리사에게 내려오매 엘리사가 여호와께 기도하여 이르되 원하건대 저 무리의 눈을 어둡게 하옵소서 하매 엘리사의 말대로 그들의 눈을 어둡게 하신지라. 이스라엘 왕이 그들을 보고 엘리사에게 이르되 내 아버지여 내가 치리이까 내가 치리이까 하니 대답하되 치지 마소서 칼과 활로 사로잡은 자인들 어찌 치리이까 떡과 물을 그들 앞에 두어 먹고 마시게 하고 그들의 주인에게로 돌려보내소서 하는지라

하나님의 갖가지 테스트의 시험('페이라스모스 : πειρασμοις')에서 합격함으로써 마침내 그 스승보다도 갑절의 권능을 받은 엘리사, 그는 실로 이스라엘의 거장이요, 백만 대군보다 더 나은 이스라엘의 큰 군대와 든든한 마병과 같았다.

이러므로 우리에게 다가오는 갖가지 시험들을 이겨내자! 그리하면 그 아들 이삭을 바쳐야 하는 시험을 이겨낸 아브라함에게 맹세로 약속하신 후 풍성한 복을 주셨던 하나님께서 우리에게도 성령의 큰 권능들을 부어 주실 것이다(창22:1-18).

(2) 갑절의 권능을 받을 때까지 맞게 되는 시험들

신앙생활을 하다 보면 이전에는 그 정도의 능력으로도 만족했으나 어느 정도의 세월이 지나면 '이제는 이 정도의 능력들로는 부족해서 안 되겠으니 하나님께 구해서 이보다도 갑절의 능력은 더 받아야 되겠다.'는 시점에 이를 때가 있다.

예를 들자면, 맨 처음에는 '나도 저 사람들처럼 성령의 충만한 은혜를 받는 가운데 〈방언 은사〉를 받았으면 더 바랄게 없겠다' 생각하던 성도라 할지라도 〈방언 은사〉를 받고 나면 처음 한동안은 좋아서 어쩔 줄 몰라 하다가도 그 스스로 생각하기를, '아니다. 이 뜻도 모르는 방언을 하는 정도에서는 만족할 수 없으니 적어도 〈방언 통역 은사〉까지는 받아야 되겠다.'는 생각을 가지고 이를 위해 하나님께 간구하게 되는 것과 같은 일 등이다.

그러나 이러한 그가 원하는 〈방언 통역 은사〉나 여러 신령한 은사를 통한 권능을 받으려 하는 데는 엘리사처럼 여러 가지 시험들을 만나게 되는데, 이러한 때면 많은 사람들이 그 스스로 주저앉고 마는 예가 많이 있다. 그렇다면, 오늘날의 우리들이 보다 더 큰 권능을 받으려 할 때 다가오는 시험들은 어떠한 것인지를 알아보면서 그 대비책을 구해 보도록 하자.

첫째, 내 자신의 결점들이 자꾸 드러나게 되는 시험들을 맞게 되기도 한다.

(벧전4:12~14) 사랑하는 자들아 너희를 연단하려고 오는 불 시험을 이상한 일 당하는 것 같이 이상히 여기지 말고 오히려 너희가 그리스도의 고난에 참여하는 것으로 즐거워하라 이는 그의 영광을 나타내실 때에 너희로 즐거워하고 기뻐하게 하려 함이라 너희가 그리스도의 이름으로 치욕을 당하면 복 있는 자로다 영광의 영 곧 하나님의 영이 너희 위에 계심이라

이 세상에 죄를 하나도 짓지 않으면서 살아가는 사람은 단 한 명도 있을 수 없다. 이러한 우리가 더 큰 권능을 받으려 할 때는 앞서 말한 것처럼 내 자신의 결점에 대한 찔림을 받게 되는 경우가 종종 있다. 이러한 때 어떻게 해야 된다는 것에 대해서는 엘리사의 경우를 들어 말씀드렸으므로 긴말은 하지 않으려 한다.

하나님은 인격적인 하나님이시다. 이러므로 하나님께서 우리의 가로막힌 죄나 잘못된 허물을 지적해 주실 때는 대부분 내 이웃 사람들까지도 나의 죄나 허물이 어떠한 것인지를 다 알도록 하시지는 않는다. 그러므로 더 큰 능력을 받으려고 하나님께 나아가는 일을 두려워하지 말아야 한다.

(요일4:18) 사랑 안에 두려움이 없고 온전한 사랑이 두려움을 내쫓나니

두려움에는 형벌이 있음이라 두려워하는 자는 사랑 안에서 온전히 이루지 못하였느니라

둘째, 나의 간절함이 어느 정도인지를 테스트하는 시험이 자주 온다.

위에 기록된 말씀은 바울이 [고린도 교회]가 헌금한 거액의 연보를 운반하는 일을 다른 몇 사람에게 맡기되 그 중에 한 사람으로 '디도'라는 사람도 들게 해주었다. 바울 사도가 이러하였던 이유는 디도는 하나님의 선한 일에 대한 그의 열정과 순수함이 어떠한지를 여러 번 시험해 본 후에 그 일을 맡긴 사람이니 아무런 염려가 되지 않았기 때문이었다(고후8:20-23).

엘리사에게 허락된 세 번의 시험은 하나같이 그가 그 원하는 권능을 받으려 하는 일에 그의 간절함이 어느 정도인지를 알아보기 위한 시험이었다 해도 과언이 아닐 것이다.

셋째, 나의 마음이 두려움에 잡히게 하려는 시험들이 오기도 한다.

(왕하2:5) 여리고에 있는 선지자의 제자들이 엘리사에게 나아와 이르되 여호와께서 오늘 당신의 선생을 당신의 머리 위로 데려가실 줄을 아시나이까 하니 엘리사가 이르되 나도 아노니 너희는 잠잠하라

위의 말씀은 '잠시 후면 회오리바람에 이끌려 하늘로 올라가게 될 스승 엘리야 곁에 있다가는 당신도 같이 딸려 올라갈 위험이 있으니 빨리 엘리야에게서 멀리 떨어지시오' 하였다. 이러한 말은 여리고 지방에 있는 선지 생도들 뿐만 아니라, 이 일 전에 벧엘에 있는 선지 생도들도 말 토씨 하나 달리하지 않고 엘리사에게 했었던 말이다. 이러한 그들의 말은 신앙적으로 보면 어떤 일에도 추호도 실수가 없으신 하나님께 대한 그들의 무지와 불신이었을 것이며, 그들도 엘리사와 같은 선지생도로서 보면 엘리사를 아끼는 마음으로 그에게 권고한 그들의 우정일 수도 있었겠다. 그러나 이들의 말을 영의 신령한 눈으로 살펴보면 이러한 그들의 말은 엘리사의 마음에 두려움을 불어 넣어서 그로 하여금 그 뜻한 바를 포기하도록 하려한 '마귀의 궤술'로 볼 수도 있다. 이에 오늘날 이와 비슷한 각종 두려움을 떨치지 못하여서 성령께서 명하시는 헌금을 하지 못하거나, 21일, 40일 등의 장기간의 금식기도를 드리지 못하는 분들도 있다. 이처럼 원수 마귀는 오늘날도 하나님의 신령한 은혜와 권능을 받으려 하는 수많은 사람들에게 갖가지 두려움이나 염려를 가져다줌으로써 그 일을 포기하도록 종용하고 있는데 그 방법들은 대충 아래의 몇 가지 방법과 같다.

   Ⓐ 마귀는 '너 멋모르고 능력 받기 위해 기도하다가는 악령을 받을 수 있으니 그런 기도는 하지 말라' 는 식의 두려움을 가져다 준다.

그러나 성도는 이런 때면 '구더기 무서워서 된장 못 담그랴?'는 담대한 마음을 가지고 기도하되 그 받고자 하는 능력에 대한 목적의식을 바르게 가짐으로써 욕심으로 구하지 않으면 된다. 성경은 "그러므로 너희 담대함을 버리지 말라 이것이 큰 상을 얻느니라."고 하셨다(히10:35).

⑧ '너 하나님의 능력을 강하게 받으면 다가오는 시험도 강하게 올 텐데 너같이 약한 사람이 그 강한 시험들을 어떻게 다 감당할래? 그러니 너는 이 정도쯤에서 머물라'며 그 마음에 미래에 대한 두려움을 가져다주기도 한다.

이런 때의 성도는 '시험이 오면 나 혼자서 이기냐? 약속된 말씀 붙들고 기도할 때 성령님께서 도와주심으로 이길 수 있지, 또한 하나님은 감당치 못할 시험 당함은 허락지 않으신다.'라면서 그 담대함을 버리지 말아야 한다. 그가 치루어야 할 시험은 그 자리에 머물러 있어도 시험을 치르게 되고, 그가 더 큰 능력을 받아도 그가 받을 시험은 반드시 치루고 넘어가게 되어 있다.

(고전10:13) 사람이 감당할 시험 밖에는 너희가 당한 것이 없나니 오직 하나님은 미쁘사 너희가 감당하지 못할 시험 당함을 허락하지 아니하시고 시험 당할 즈음에 또한 피할 길을 내사 너희로 능히 감당하게 하시느니라

© '무응답' 또는 '거절'이라는 형태의 시험이 오기도 한다.

이에 대해서는 필자의 부끄러웠던 옛 체험담을 통하여 이해를 도와 드리고자 한다. 청년 때의 일이다. 그 때의 나는 얼마나 혈기가 많았었는지 모른다. 그래서 '의협심'이라는 핑계 아래 조그마한 불의만 보아도 그 일에 대한 질책을 퍼부어 댔다. 그러던 나는 그만 하나님께 받은 은혜를 쏟고 말았다.

그것은 혈기를 참지 못해 입에 댄 주초문제였다. 그나마 술은 웬만큼 절제할 수가 있었는데 담배는 죽기를 각오해도 도저히 끊을 수가 없었다. 그러기를 수년이 지났다. 그동안 '주초를 끊어 주십사'고 금식기도 한 것만 해도 20여 번이나 되었기에 나는 그 일에 대해 지칠 대로 지쳐 있었다. 그래도 날마다 기도는 계속했는데 하루는 성전에서 기도하는데 세미한 주님의 음성이 들려왔다. 그 음성은 "나는 네 기도를 지금이라도 들어 줄 수 있으나 지금 내가 네 기도를 들어 주면 너는 얼마 못가서 또 다시 이 죄에 매이게 됨으로 네 나중 형편이 지금보다 더 고통스러울 것이니라."는 내용의 말씀이었다.

주님의 이러한 음성을 듣는 순간에 나는 '귀신 하나가 사람에게서 나갔으나 그가 다시 범죄 할 때 그에게서 나갔던 귀신이 저보다 더 악한 귀신 일곱을 데리고 그에게로 들어가서 거하니 그 사람의 나중 형편이 이전 보다 더욱 심하게 되더라'는 [마태복음]의 말씀이 떠올랐다.

"더러운 귀신이 사람에게서 나갔을 때에 물 없는 곳으로 다니며 쉬기를 구하되 얻지 못하고 이에 가로되 내가 나온 내 집으로 돌아가리라 하고 와 보니 그 집이 비고 소제되고 수리되었거늘 이에 가서 저보다 더 악한 귀신 일곱을 데리고 들어가서 거하니 그 사람의 나중 형편이 전보다 더욱 심하게 되느니라 이 악한 세대가 또한 이렇게 되리라"(마23:43-45)

이어 '그렇다면 하나님께서는 나는 이대로 고통스러워서 죽을 지경인데도 나를 이대로 계속 놔두시겠다는 것이 아닌가? 내 주초 문제를 해결해 주시면 나도 좋고 하나님도 좋으실텐데, 좋으신 하나님께서 왜, 나를 이 고통에서 건져내 주지 않으시겠다는 것일까?' 하는 여러 생각이 떠올랐다. 그러자 이에 대한 해답이 떠올랐다. 그것은 '그렇다! 내가 생각해 보아도 나는 너무 화를 잘 내고 이어 혈기도 부린다. 이러므로 하나님께서는 나의 이러한 성격적 결함으로 인해 얼마 못가서 억울한 일을 당하면 또 화를 내며 혈기를 부리다가 분을 참다못해 또 다시 주초를 입에 대게 될 것을 염려하고 계시는구나?' 하는 것이었다.

내 생각이 이에 이르자 한 가지의 믿음과 지혜가 떠올랐다. '그렇다면 이제 술 담배 끊어 주십사는 기도를 하는 것보다 내 거칠고 혈기 잘 부리는 성격을 바꾸자. 그리하면 하나님께서 나의 문제를 곧 해결해 주실거야!'라는 생각이 바로 그것이었다. 이러한 나의 생각은 적중했다. 이에 화를 안 내고 혈기를 내지 않으려고 입안에 작은 돌을 넣고 있기를 계속하되 식사할 때와 잠잘 때를 제외한 모든 시간 동안을 그러하였다. 그러자 무슨 말을 하려면 먼저 입안에 든 돌이 내 혀와 이빨을 먼저 건드리게 되었고, 그때마다 내가 하고자 하는 말에 대해 한 번 더 생각하고 말하거나, 최대한 온유한 말이나 덕을 세우는 말로 말하기를 20여일의 날들이 흘렀다. 그러자 무수한 금식기도들과 온갖 노력들로도 끊을 수 없던 술 담배에 대한 생각조차 자연스럽게 사라졌다. 가만히 이러한 때를 생각해 보니 그때가 입안에 돌을 넣고 말하기 시작하던 날부터였다. 하나님은 너무도 자연스럽게 그동안 1년이 넘도록 고통하며 금식하며 기도해도 끊어주시질 않던 나의 주초 문제를 말끔히 해결해 주셨다. "할렐루야!"

우리가 보다 더 큰 권능을 받으려 할 때도 이와 마찬가지로 '무응답' 또는 '거절'이라는 시험에 들 만한 응답이 하나님께로부터 올 때가 있다. 그러나 그것은 내가 나를 생각하는 것보다 나를 더욱 사랑하시는 하나님의 선하신 판단과 방법임을 믿어야 한다. 이에 필자의 간구에 대한 이러한 거절을 받더라도 영적 고독감에 빠져들 것이 아니라, 우리의 결점을 더욱 보완해 나가면 신령한 능력을 받는 자가 될 뿐만 아니라, 우리에게 다가오는 모든 시험들도 능히 이겨내는 보다 더 거룩하고 온전하고 성숙한 사람들이 될 것이다.

(롬8:28) 우리가 알거니와 하나님을 사랑하는 자 곧 그의 뜻대로 부르심을 입은 자들에게는 3)모든 것이 합력하여 선을 이루느니라

(약1:4) 인내를 온전히 이루라 이는 너희로 온전하고 구비하여 조금도 부족함이 없게 하려 함이라

제4단계 – 지식적 신앙에서 실천하는 신앙인이 되자

(1) 실천적 행위를 동반한 엘리사의 신앙

(약2:14-22) 내 형제들아 만일 사람이 믿음이 있노라 하고 행함이 없으면 무슨 유익이 있으리요 그 믿음이 능히 자기를 구원하겠느냐 …… 이와 같이 행함이 없는 믿음은 그 자체가 죽은 것이라 …… 아아 허탄한 사람아 행함이 없는 믿음이 헛것인 줄을 알고자 하느냐 우리 조상 아브라함이 그 아들 이삭을 제단에 바칠 때에 행함으로 의롭다 하심을 받은 것이 아니냐 네가 보거니와 믿음이 그의 행함과 함께 일하고 행함으로 믿음이 온전하게 되었느니라

위의 말씀은 [예루살렘 교회]에 일어난 환난과 핍박(행8:1, 11:19)을 피하여 세계 각국으로 흩어져서 숨어 살던 유대인 성도들(약1:1)에게 예수님의 젖동생 야고보가 성령의 감동을 받아 써서 보낸 편지 내용이다. 그 내용은 그들이 환난을 피하기 위해 더 이상 자신들은 '예수를 믿지 않는 사람'이라고 말하며 숨어 살지 말고 공중 앞에서 '나는 예수 믿는 사람임'을 밝히는 하나님을 사랑하고 경

외하는 행위를 가지고 나올 것을 말하고 있다. 이러한 [야고보서] 3장에는 구약의 [잠언서]에서나 볼 수 있는 '혀의 권세'에 대한 자세한 언급(言及)을 하고 있다. 이 편지의 대상에 속한 사람들은 핍박을 두려워하여 예수를 마음으로는 믿되 입술로는 부인하는 사람들이었다. 이러한 일은 그들의 구원 문제와도 직결되는 것이었다. 이에 야고보는 그의 서신을 통해 그들이 더 이상 예수를 부인하지 말고 '나는 예수를 구주로 믿는 사람이요' 하는 '하나님을 사랑하는 사랑의 실천적 행위를 가지라'고 말한 것이다.

(마10:32~33) 누구든지 사람 앞에서 나를 시인하면 나도 하늘에 계신 내 아버지 앞에서 그를 시인할 것이요 누구든지 사람 앞에서 나를 부인하면 나도 하늘에 계신 내 아버지 앞에서 그를 부인하리라

이러므로 야고보가 이들에게 요구한 행위는 예수를 구주로 믿음으로 구원의 반열에 오른 자들이 당연히 갖추어야 할 의무적인 행실들을 갖춤으로서 자기 영혼이 영생 복락의 천국에 들어가지 못할 믿음이 아니라, 천국입성에 아무 문제가 없는 온전한 믿음 곧 그 믿음이 행함과 함께 일하는 믿음을 갖추라고 함이다. 이러하지 못하면 예수를 구주로 믿고 영접함으로서 영생의 반열에 오른 성도라 할지라도 영생의 대열에서 낙오될 수 있는 위험들이 많이 있다.

우리가 잘 아는 대로 이제 막 태어난 남아에게는 아무런 의무도 주어지지 않는다. 이러한 아기는 그저 부모가 주는 젖을 잘 먹고 잘

소화하는 속칭 '먹싸'만 잘하면 된다. 이것만 잘하면 부모의 기쁨이요, 사랑받는 자가 된다. 그러나 장성하여 만 20세가 되면 국가에서 부여하는 ① 교육, ② 납세, ③ 병역의 의무가 주어진다.

어떤 위험 가운데서도 '예수는 나의 구주이심'을 시인하는 행위 그것은 영생이라는 엄청난 은혜를 받은 자로서 갖추어야 할 당연한 행위이자, 자신을 영생으로 인도해 주실 예수님을 향한 '그 마음의 당연한 신앙고백'이기도 하다. 왜냐하면, 우리가 주님을 부인하면 주님께서도 우리를 부인하심으로 우리의 영혼이 사망에 이를 것이기 때문이다.

우리가 하나님께 받기 원하는 권능, 그 은혜를 받음에 있어서 필요한 행위들은 대략 어떠한 것들이 있을까? 이에 대한 좋은 본보기로 먼저 '지식적인 신앙뿐만 아니라, 그에 걸맞는 실천적 행위'까지도 갖추라는 것이다. 이를 위해 '불의 사자 엘리야'보다도 갑절이나 되는 권능을 받은 엘리사의 행함은 어떠한 행함인지에 대해 아래의 두 가지로 나누어서 알아보기를 원한다.

(2) 실천적 신앙인이 되려면

'엘리야가 회오리바람을 타고 하늘로 승천하게 될 일'에 대한 소문은 그가 사렙다 과부의 집에 숨어 사는 중에서도 사람들의 귀에서 귀로 전하여져서 마침내는 온 이스라엘 사람들이 이에 대한 소문을 듣고 다 알게 되었다(왕상18:7-15). 그러나 이러한 와중에서도 아합왕은 자신의 죄로 말미암아서가 아닌 오직 엘리야의 저주로 인하여 그 나라에 삼 년 반의 극심한 기근이 온 줄로 알고 전국뿐만 아니라, 이웃 나라에까지도 사람을 보내어 엘리야를 찾아 죽이려 하였다(왕상17:1, 18:10, 16~18).

이러한 때 하나님께서는 엘리야에게 '아합왕을 만나라'는 명령을 주셨다. 이에 순종하여 나아가던 엘리야를 어릴 적부터 하나님을 경외함으로써 잠시 후면 하늘로 승천하게 될 엘리야에 대한 소문을 그 누구보다도 더 잘 알고 있는 궁내 대신 오바댜가 먼저 만난 것이다.

오바댜를 만난 엘리야는 '가서 내가 여기 있으니 왕을 불러오라'고 하였다. 이에 그는 자기가 왕에게 다녀오는 동안에 하나님이 당신을 하늘로 이끌어 가버리시고 나면 자기가 죽임을 당하게 될 것을 염려하여 자신의 선행을 엘리야에게 말하였다(왕상18:7-15).

우리는 이 오바댜가 한 말을 통해서 엘리야의 승천은 하나님께서 [열왕기하] 2장 사건의 훨씬 이전부터 엘리야에게 말씀하셨음을 알 수 있다. 이렇게 공공연한 소문이 된 엘리야가 이제 그 언약을 받은 대로 회오리바람을 타고 승천하기 위해 성령의 끌림을 받아 길갈에서 벧엘로, 벧엘에서 여리고로, 여리고에서 요단으로 가고 있다. 이러한 사실을 잘 아는 선지 생도들은 잠시 후면 강한 회오리바람과 함께 하늘로 올려져 가버릴 엘리야의 곁에 그들의 동료 엘리사가 바짝 붙어 다니는 것은 대단히 위험한 일이라고 생각되어 그러한 엘리사를 말리려 한 것이었다. 그러나 엘리사는 동료들의 만류에도 불구하고 끝까지 그 스승의 곁에 바짝 붙어 다녔다. 이로 인해 엘리사는 그 혼자만이 하나님의 큰 권능을 받을 수 있는 마지막 약속 한마디를 그 스승 엘리야를 통해 받아 낼 수가 있었던 것이다.

그 보석 같은 약속은 "네가 어려운 일을 구하는 도다. 그러나 나를 네게서 취하시는 것을 네가 보면 그 일이 네게 이루려니와 그렇지 않으면 이루지 아니하리라"는 송이 꿀보다 더 단 말씀이었다(왕하2:10).

우리가 잘 아는 대로 엘리사는 이 마지막 한마디의 약속까지도 믿고 그대로 행함으로써 큰 권능을 받았다. 이러므로 우리도 엘리사처럼 하나님에 대한 바른 지식을 갖추자. 그리고 우리들이 갖추는 바른 지식대로 행함으로써 하나님이 권능으로 충만함을 받자!

'오늘날은 방언하는 시대는 초대교회 때로 끝이 났다.'는 등 성령의 여러 은사들을 부정하고 또 그와 같이 가르치는 그릇된 목사, 교수들이 우리 한국교회와 신학교 안에 많이 있다. 이러한 그릇된 지식을 좇는 사람들은 ① 그들 스스로 초래하는 그들의 영적인 초라함과, ② 가련함과 ③ 궁핍함과, ④ 곤고함과, ⑤ 눈먼 것과, ⑥ 벌거벗은 모습을 알지 못한다. 이러한 사람들은 그들뿐만 아니라, 하나님께서 그들에게 맡겨 주신 양무리들과 신학도들까지도 영적인 궁핍 속으로 몰아넣고 있다. 이러한 일은 우리 한국교회를 무능하게 하는 가장 큰 요인 중에 하나로 손꼽는다. 성령의 역사는 우리

사람들 속에서의 내적인 역사뿐만 아니라, 외적인 능력의 역사도 여전히 계속되어야 한다.

우리 한 번 이렇게 생각해 보자. 우리 기독교 2000년 역사 속에서 성령 능력적인 표적들이 단 한 번도 나타나지 않고 그저 기록된 성경의 말씀만을 증거 했다면 오늘날 전 세계의 기독교인의 수가 얼마나 될까?

'적은 일에 충성된 자에게는 큰 것도 맡기시는 주님'에 대해서는 앞서 말씀드린 바 있으므로 이에 대해서는 '지식적 신앙을 행실로 실천'한 본인의 한 체험담을 통하여 여러분의 이해를 도와 드리기를 원한다.

▣ 당신은 누구를 위해, 무엇을 위해 삽니까?

1987년 필자가 신학교 3학년 여름방학 때였던 것 같다. 나와 함께 교회를 개척하기를 원하는 몇몇 사람들과 함께 교회를 시작한 지 1년쯤 되는 때였다. 몇 안 되는 성도들은 하나같이 가난했다. 그래도 우리는 서로 사랑하면서 가난이라는 멍에를 지고 하나님의 일을 하는데 게을리 하지 않았다.

그러던 어느 날 집안에 쌀 한 톨 없이 다 떨어지고 말았다. 그래도 나는 아내에게 '우리가 하나님께 지음을 받았고, 구원함을 받은 것은 하나님의 영광을 위함이고 이것이 우리가 살아갈 목적임'을 말하고 '우리 가족이 굶고 있음을 아무도 모르게 하자'고 하였다.

그때 내게는 이제 막 돌을 지난 생후 13개월 되는 아기 다윗이 있었다. 아내는 젖이 나오지 않아서 아기에게 모유를 먹일 수 없었으므로 우유에 의존하며 키워 왔었다. 그런데 집에는 우유는커녕 50원짜리 동전 하나면 사서 끓여 줄 수 있는 보리차 한 통도 살 돈이 없었다.

이러한 우리 부부는 자동적으로 금식기도에 들어갔다. 그러기를 하루가 지났다. 그래도 아이를 먹일 우유 중간 크기 한 통값 150원이 생기질 않았다. 아이가 배고픔을 못 이겨 울 때마다 우리는 맹물만을 우유병에 가득 넣어 아기의 입에 물려주었다. 그날따라 날씨는 무척이나 더웠다.

방문을 열고 하늘을 쳐다보았다. 하늘을 떠도는 구름은 변함없이 아름다운데 하나님만은 그 자비로우심을 오직 내게만 멀리하시는 것 같았다. 그러하기를 이틀째가 되었다. 가련한 아기는 울다가 목이 쉬었다. 그래도 자꾸만 울었다.

방이라고 해봐야 코딱지 만한 단칸 월세방이었다. 우리는 '어떠한 일이 있더라도 하나님을 원망치 말고 이러한 고통을 허락하시는 하나님께 감사하며 어떠한 인본주의적인 행동을 하지 말자'며 다짐하고 더욱 기도에 힘썼다. 그러나 나도 아내까지도 배가 고파서 잠이 잘 오지 않던 그 긴긴 밤에도 아기만이라도 먹일 우유 한 통 값도 생기지 않았다.

교회로 가서 3일째 새벽예배를 인도하면서 그날도 '혹시라도 누가 강대상에 헌금을 올려놓지 않았을까?' 보았으나 없었다. 아침이 되자, 아내는 이날도 우리들이 먹을 것이 없어서 굶고 있다는 사실을 안채에 사는 집주인이 혹시라도 눈치챌까 봐 빈 그릇들에 뚜껑을 담아 밥상을 차려서 방으로 들여왔다가 다시 부엌으로 가지고 가서는 물에 넣고는 그릇 씻는 소리를 또 낸 후에야 방으로 들어왔다. 나는 나대로 전날 수요예배를 인도하면서 성도들에게 기운이 없는 표정을 짓지 않으려고 억지웃음까지 얼굴에 띄웠었다.

아내가 방으로 들어 왔지만, 우리는 서로의 얼굴만 바라 볼 뿐 아무런 말이 없었다. 그러기를 한 참 후에 눈물을 머금은 아내가 조용히 입을 열었다.

"여보, 아기가 울다가 지친 나머지 이제는 울 힘도 없나 봐요."
정말 그랬다. 아이는 그날따라 거의 울지 않았다. 생후 13개월 된 아기의 두 다리는 오징어 다리처럼 바짝 말라 버렸고, 아내의 말대로 울 기운도 남아있지 않았던 것이다. 이것이 사실임을 깨달은 내 마음에는 '이럴 수가! 이럴 수가! 하나님, 우리가 누구 때문에 이렇게 오래도록 굶고 있는데 이럴 수가! 이럴 수가 있습니까?' 하는 원망이 가득 차올랐다. 그러자, 이어 방문을 걷어차고 교회로 뛰어가서 교회의 성물까지도 다 둘러 엎어 버리고 하나님 곁을 멀리멀리 떠나 버리고 싶은 생각까지도 들어왔다. 이러한 내 마음속에는 '차라리 똥 지개를 지고 살아도 이보다는 더 잘 살텐데 왜, 나를 주의 종으로 불러서 이 고생을 시키시느냐?'고 몇 번이나 원망하고 싶었다. 그러나 내가 괴롭다고 해서 '나의 고통스러운 마음을 그대로 표현해서는 안 된다.'는 생각으로 입술을 깨물고 참고 또 참았다. 이러한 생각이 내 마음속에 수차례 계속 들자, 내 의지로는 더 이상 그러한 고통을 허락하시는 하나님께 범사하면서 인내 할 수가 없을 것 같았다. 그래서 다시 눈물을 흘리며 기도함으로써 '나의 연약함을 도와주십사'는 기도를 성령님께 구했다. 그 간구는 혹시 주인집 사람이라도 들을까봐 아래 입술을 꽉 깨물고 흐르는 눈물을 삼키며 드리는 신음 소리에 가까운 인내의 간구였는데 마음이 너무너무 아파서 울고 있는 내 턱이 '덜덜덜' 떨렸다. 이렇듯 턱이 떨리는 현상은 내 마음속의 슬픔이 극에 달할 때 나타나는 현상임을 그때 알았다. 그러기를 얼마나 지났을까, 무정한 시간은 이미 금식 3일째 점심때도 넘기고 저녁때를 재촉하고 있었다. 평소에 나보다 더 많은 눈물로 기도하는 아내는 이러한 나보다도 몇 갑절이나 더 입술을 꼭 깨문 채 흐느끼며 눈물로 눈물로 기도하고 있었다.

이제는 완전히 탈진해 버린 듯한 아기의 울다가 쉬어버린 목소리와 바짝 야윈 얼굴과 오징어 다리처럼 바짝 말라버린 두 다리와, 흐느끼는 아내의 울음소리를 들을 때 내 마음은 천 갈레 만 갈레로 찢어지는 듯이 아팠다. 마귀는 때를 맞추어서 '이때다!' 하고서 내가 지나온 날 동안 오직 예수 믿는다는 이유 하나로 당한 온갖 고통과 물질적 손해 등을 떠올리며 '바보같이 더 이상 참지 말고 하나님을 욕하고 이제라도 하나님을 떠나라, 나이 설흔이 넘은 네 꼴이 이게 뭐냐?'며 자꾸만 나를 비아냥거렸다.

나는 이것은 내 마음이 아니라, 마귀가 속살거리는 소리라는 것을 알면서도 내가 지나온 나날들의 쓰라린 추억들이 뇌리속을 맴돌았다. 그러자 내 마음은 곧 지옥처럼 되었다. 이에 '이러다가는 이 시험을 이기지 못하겠다.'는 생각에 정신을 차리고 신실하신 하나님의 말씀 위에다 내 감정을 실으려고 안간힘을 썼다. 나는 오직 믿음으로 말씀을 붙든 의지 하나만으로 그 고통스런 생각들을 범사에 감사함으로 물리치고 있었다.

아기가 굶고 있는지 사흘째가 되자, 이제 막 돌을 지난 아기의 다리는 오징어 다리처럼 가늘어졌고, 목이 쉰 채로 기력을 잃고 축 늘어져 버렸다. 이날 오후가 되어도 먹일 것이 없자, 참다못한 아내가 입을 열었다.

"여보, 나 동네 가게에 가서 우유 몇 통 외상으로 얻어 가지고 올께요. 우리는 혹시 우리 죄로 인해서 이렇게 굶는다 치더라도 저 갓난아기가 무슨 죄가 있겠어요. 아이가 배가 고파서 우는 것은 더 이상 참을 수가 없어요."

아내는 주인집 사람들에게 얼굴에 흘러내리는 눈물을 보이지 않으려고 얼굴을 감싸고 밖으로 나가려 하였다. 이에 내가 아내를 가로막고 말했다.

"여보, 우리가 다 하나님의 영광을 위해 지음 받았잖아요. 우리 집 앞에 있는 구멍가게 주인은 우리가 얼마 전부터 예수 믿으시라고 전도하되 예수 잘 믿으면 복도 받는다고 전도 했잖아요. 저들이 우리가 전도사 부부인 것을 알잖아요. 그런데 우리가 전능하시고 부요하신 하나님을 섬긴다 하면서도 돈이 없어서 저 집에 외상으로 우유를 구하러 가면 하나님 영광을 가려요. 그러니 지금까지 잘 참아 주었듯이 조금만 더 참고 기도해 봅시다. 하나님께서 오늘 밤에라도 우리 집에 먹을 것을 주실거요."라며 방을 나가려는 아내를 가로 막으셨다. 이에 아내는 하는 수 없이 밖으로 나가려는 걸음을 멈추고 다시 방에 주저 앉았다. 이렇듯 지옥 같은 영적 번민과 고통이 욥처럼 분초마다 침 삼킬 동안도 두지 않고 연속되는 영적 고문(욥 7:19)을 당하는 듯한 영적인 전투가 얼마나 계속되었을까? 그러던 중에 갑자기 마음에 평안이 다가왔다. 이어 전화벨 소리가 울렸다. 얼른 내가 수화기를 들었으나 목이 매여서 상대방의 말에 얼른 대답이 나오질 않았다. 전화를 주신 분은 전에 아내가 처녀 때 전도해서 다른 교회에 집사가 된 이 병철 집사님 부인이었다.

그는 "조금 전에 기도하는데 빨리 전도사님 집에 돈을 갖다 주라는 감동이 강하게 왔습니다. 전도사님 집에 무슨 일이 있습니까?" 하더니 '아내를 바꿔 달라' 하였다. 그러나 아내는 '우리 집에는 아무 일도 없습니다.'며 전화를 끊었다. 아내가 이러한 이유는 하나님이 아닌 사람에게 무엇을 주십사고 구하기 싫었던 때문이었다. 이렇게 전화를 끊은 지 30여분이 지났을 때 조금 전에 전화하신 여 집사님이 다시 전화를 하고서는 "사모님, 거짓말하지 마세요. 지금 성령님께서 빨리 전도사님 댁에 20만원을 갖다 주라고 하셨어요." 하고는 급히 택시를 타고 20만원을 갖고 부랴부랴 우리 집으로 달려와서 돈을 주고 가셨다. 그러나 우리는 결코 그에게까지도 우리가 사흘씩이나 굶고 있었다는 말을 하지 않았었다.

우리는 그 돈으로 얼른 우유부터 사서 젖병에 담아 아이의 입에 물려주었다. 그리고는 시장으로 가서 쌀과 닭 몇 마리를 사서 아직도 직장에서 돌아오지 않은 우리 교회 가난한 성도들의 몇 가정의 집 현관문에 살짝 두고 돌아오니 날이 이미 어둑어둑해졌다. 그날따라 각종 공해로 찌든 서울 하늘에도 간혹 별빛이 보였다. 아직도 부족하기 그지없는 나이지만 이렇듯 작은 믿음을 가지고서도 하나님의 이름을 사랑하며 나의 영광이 아닌 하나님의 기쁨과 즐거움과 보람 곧 하나님의 영광을 위해 살아오는 내게 이전보다 갑절이나 더 크고 강한 믿음의 은사를 더해 주셨다. 모든 영광을 하나님께 돌려 드리는 바이다.

나는 앞서 말씀드린 대로 혈기를 잘 부리는 사람이었던지라, 내 스스로는 그때의 시험을 도저히 감사함으로만 넘길 수 없었다. 그러나 이것 한 가지 사실만은 안다. '하나님은 긍휼히 여길 자를 긍휼히 여겨 주신다.'는 것을. 이러므로 우리 모두 적은 믿음을 가지고도 충성을 다하자(롬9:15).

이러므로 하나님의 권능으로 충만하기를 원하시는 분들이여, 하나님에 대해 당신이 알고 있는 그 지식, 그 신학이 곧 여러분의 신앙 행위와 삶의 모습이 되게 하라, 그리하면 지극히 적은 일에 충성된 자에게 큰일도 맡기시는 하나님께서 적은 능력으로도 충성하는 당신에게도 곧 큰 권능도 더하여 주실 것이다.

제5단계 - 보아야 할 것들을 보자

(1) 원하는 능력을 받기까지 엘리사가 본 것들

(왕하2:8~14) 엘리야가 겉옷을 취하여 말아 물을 치매 물이 이리저리 갈라지고 두 사람이 육지 위로 건너더라 건너매 엘리야가 엘리사에게 이르되 나를 네게서 취하시기 전에는 내가 네게 어떻게 할 것을 구하라 엘리사가 가로되 당신의 영감(靈感)이 갑절이나 내게 있기를 구하나이다 가로되 네가 어려운 일을 구하는도다. 그러나 나를 네게서 취하시는 것을 네가 보면 그 일이 네게 이루려니와 그렇지 않으면 이루지 아니하리라 하고 두 사람이 행하며 말하더니 홀연히 불수레와 불말들이 두 사람을 격(隔)하고 엘리야가 회리바람을 타고 승천(昇天)하더라 엘리사가 보고 소리 지르되 내 아버지여 내 아버지여 이스라엘의 병거와 그 마병이여 하더니 다시 보이지 아니하는지라 이에 엘리사가 자기의 옷을 잡아 둘에 찢고 엘리야의 몸에서 떨어진 그 겉옷을 주워가지고 돌아와서 요단 언덕에 서서 엘리야의 몸에서 떨어진 그 겉옷을 가지고 물을 치며 가로되 엘리야의 하나님 여호와는 어디 계시나이까 하고 저도 물을 치매 물이 이리저리 갈라지고 엘리사가 건너니라(개역 한글 성경)

앞의 기록된 말씀 속에는 엘리사가 그 스승 엘리야에게 '당신의 영감이 갑절이나 내게 있기를 원하나이다.' 하고 자신이 소원하는 능력을 구하는 장면이 나오는데, 이때 그 스승 엘리야가 대답한 말은 대단히 중요한 말이었다. 그것은 '네가 어려운 일을 내게 구하는 구나! 그러나 나를 네게서 취하는 것을 네가 보면 그 일이 이루어질 것이나 보지 못하면 네가 구하는 일이 네게 이루어지지 않을 것'이 라는 말이었다.

이 말은 그동안 엘리사가 자신이 사모하는 하나님의 권능을 받기까지 ① 자신의 모든 것을 다 버렸고, ② 지극히 작은 일에까지도 충성하였으며, ③ 모든 시험들에서 합격점을 받았었고, ④ 그가 아는 지식적 신앙대로 다 행하였다 할지라도 그 스승이 마지막으로 한 말 곧, ⑤ "네가 마땅히 보아야 할 것을 보지 못하면 그동안의 네 모든 수고가 물거품이 될 수도 있다."는 폭탄과도 같은 말이었다. 그가 능력을 받기까지 볼 것을 보아야 만이 된다고 한 '보는 것'은 이만큼 크고도 중요한 비중을 차지했다.

이러므로 여기서는 엘리사가 그 능력을 받기까지 그가 본 것이 무엇이며, 오늘날 21세기 문명을 살아가는 가운데 있는 우리들이 원하는 능력을 받기까지 '꼭 보아야 할 것들'은 무엇인지를 알아보고자 한다. 이로 인해 독자들이 원하는 목적지까지 이르는데 있어서 도움이 될 만한 하나의 징검다리를 더 놓아드리려 한다. 이 일을 위해 먼저 엘리사가 보아야 할 것을 봄으로써 그가 원하는 능력을 받을 수 있었던 것은 무엇인지를 알아보자.

(사55:6) 너희는 여호와를 만날 만한 때에 찾으라 <u>가까이 계실 때에 그 를 부르라</u>

(시32:6) 이로 말미암아 <u>모든 경건한 자는 주를 만날 기회를 얻어서 주</u>께 기도할지라 진실로 홍수가 범람할지라도 그에게 미치지 못하리이다 (고후6:2) 이르시되 내가 은혜 베풀 때에 너에게 듣고 구원의 날에 너를 도왔다 하셨으니 <u>보라 지금은 은혜 받을 만한 때요 보라 지금은 구원의 날이로다</u>

위의 기록한 성구들은 한결같이 '은혜(성령의 권능을 받을 수 있는 은혜 포함)받을 만한 때에 은혜를 받으라' 또는 '하나님을 만날 만한 때에 하나님을 만나도록 하라'고 권하고 있다.

엘리사도 그가 원하는 권능을 받을 수 있는 좋은 때를 맞았다. 이러한 그를 향해 그의 스승은 단 한 가지를 더 요구하였다. 그것은 '하나님께서 나를 네게서 취하시는 것을 보라, 그리해야 만이 네가 원하는 큰 능력을 받을 수 있다.'는 것이었다. 큰 능력을 받기까지 그에 필요한 그 무엇을 본다는 것은 이처럼 대단히 중요한 일이다.

오늘날과 같이 은혜 받기 좋은 시대에 살고 있으면서도 〈방언 은사〉와 같은 작은 은사 하나도 받지 못하는 사람들의 대부분은 그들이 성령의 은사들에 대해 듣지도 못하였거나, 귀로만 듣거나, 또는 책을 통해서 읽어 보기만 했을 뿐 그러한 은혜를 받을 수 있는 좋은 능력의 현장들을 그들 눈으로 직접 보지 못하는 까닭이 많다.

하나님은 어떤 교회에 성도가 100명이라 할 때 그 100명 모두에게 성령의 신령한 은사들을 통한 권능들을 100% 다 주시지는 않으신다(고전12:28~30). 그러나 그가 주의 종이라면 하나님은 적어도 그에게 서너 가지씩의 신령한 은사 정도는 누구에게나 다 주기를 원하신다. 이러한 나의 주장은 성령의 여러 신령한 은사를 받기 위해 나의 도움을 청해 오신 주의 종들에게 단 한 분도 빠짐없이 적어도 서너 가지 또는 십여 가지 이상의 신령한 은사들을 부어 주셨던 필자의 경험에 의해 말하는 것이다(롬1:11). 이에 대해서는 예수님도 그 열두 제자들에게와 70여 형제들에게 몇 가지씩의 은사들을 부어 주셨다.

예수님의 열두 제자들과 그들 곁의 70인 제자들도 예수께서 행하시는 권능을 그들의 눈으로 직접 보았다. 이러했기 때문에 그들은 우리의 상상을 초월하는 권능도 행할 수 있었다(행5:14~16).

그렇다면, 엘리사가 그 눈으로 직접 봄으로써 능력을 받을 수 있었던 것 곧 '자신의 스승을 자기 곁에서 취하여 가시는 것을 보라'고 말한 이 한마디의 말 속에는 어떠한 의미가 담겨져 있는지를 알아보도록 하자.

첫째, 이는 '하나님의 권능이 어떠함을 그 눈으로 똑똑히 보라'는 것이었다.

사람은 그 귀로 듣는 것보다는 귀뿐만 아니라, 그 눈으로까지 직접 보는 것이 그에게 더 큰 감동을 불어 넣어 준다.

특히 그 눈앞에서 하늘에서 내려온 불 수레와 불 말들이 그와 그의 스승 엘리야를 휩싸더니 스승 엘리야가 강한 회오리바람을 타고 하늘로 높이 높이 올리워 가다가 사라져 버렸다. 이렇듯 백주(白晝)에 펼쳐진 엘리야의 공개적인 승천 모습은 그가 산 채로 하늘(천국)으로 들림을 받는 엄청나고도 황홀한 광경이었다. 그 광경은 엘리사에게 그때뿐만 아니라, 그의 평생에도 잊혀지지 않을 정도로 그 영혼이 성령의 감동으로 흠뻑 젖은 감동적인 장면이었을 것이다.

자신의 눈앞에서 불 말들이 끄는 불 수레를 타고 하늘로 승천하는 스승 엘리야를 똑똑히 본 엘리사도 이때 하나님의 영에 크게 감동되었을 것은 너무도 뻔한 사실이다. 이렇게 하나님의 영(성령)에 크게 감동된 그는 눈썹만큼의 의심도 없이 믿음으로 전심을 다해 살아계신 하나님께 부르짖을 수 있었고, 그토록 원하던 하나님의 권능을 받을 수가 있었던 것이다.

마가 다락방에서 기도하던 사도들과 120명의 성도들은 열흘 동안 전심으로 기도하던 중에 오순절 날이 이르렀다. 이러한 그들의 귀에는 하늘로부터 불어오는 급하고 강한 바람 같은 소리가 '쉥 ~ 쉥 ~' 들렸다. 이 위에 불의 혀같이 갈라지는 뜨거운 '성령의 불들'이 각 사람의 머리 위에 임하는 모습들을 보았다. 이러한 그들의 마음은 더욱 크게 성령에 감동되었을 것이고, 이에 더욱 전심으로 뜨겁게 부르짖어 기도하던 그들은 하나같이 다 성령의 충만한 권능들을 받았다. 이러므로 '하나님의 권능이 강하게 나타나는 능력의 현장'에 참석하여 전심으로 기도해 보라! 삼각산 꼭대기 능력봉에서 21일을 혼자 철야 산상기도를 하면서 성령의 능력을 받으려 하는 것보다 이에 대한 응답을 훨씬 더 쉽고도 빨리 받게 된다는 것을 체험하게 될 것이다.

왜? 그것은 그의 마음을 크게 감동시킨 여러 일들이 그의 눈앞에서 펼쳐지기 때문이다. 그러나 잘못된 미혹된 곳은 가지 않도록 잘 분별하여 그런 집회에 가지 않도록 조심해야 한다. 한 가지 안타까운 사실은 우리 국내에서조차 이러한 성령의 권능이 충만한 집회를 찾아보기가 점점 더 어렵게 되어 가고 있다는 사실이다.

만약 당신의 눈앞에서, 서울의 시청 앞에서 하늘의 불 말과 불 수레가 나타나면서 엘리야가 승천했다고 가정해 보라. 혹 당신의 마음이 아무리 강퍅하다 할지라도 그때 만은 당신의 마음이 하나님의 영에 크게 감동되어 전심으로 하나님께 부르짖을 것이다. 이처럼 능력의 현장을 직접 눈으로 본다는 것은 대단히 중요한 일이다.

둘째, 이는 '하늘로 올리움을 받아 떠나가는 엘리야를 보라'는 것이었다.

(왕하2:10) 가로되 네가 어려운 일을 구하는도다 그러나 나를 네게서 취하시는 것을 네가 보면 그 일이 네게 이루려니와 ……" (개역한글 성경)

이에 대한 가장 강력한 비유는 위를 위해 십자가에서 모진 고통을 당하여 죽기까지 하신 후 부활하여 자신의 복음 사역을 자신의 제자들에게 맡기시고 하늘로 올라가신 능력과 권세의 원천이신 예수님을 바라보라는 것이다.

이 말씀은 엘리사로 하여금 그 스승 엘리야를 취하여 가시는 하나님의 권능을 그 눈으로 직접 보게 하기 위함이다. 이뿐 아니라, 이 말 속에는 그가 보고 성령에 뜨겁게 감동되게 하셔서 그로 하여금 하나님께 전심으로 부르짖어 기도하게 하려는 하나님의 의도도 계셨을 것이다. 그러나 이에 못잖은 또 다른 하나의 의도는 그로 하여금 자신의 눈앞에서 '이스라엘의 큰 영적 군장이 떠나가는(사라져가는) 모습'을 그 눈으로 똑똑히 보게 하려는 의도였다. 이에 그로 하여금 더욱 뜨겁고도 간절한 구국기도를 하나님께 드리게 함으로써 그가 구하는 권능을 마음껏 부어 주시려는 하나님의 깊은 마음이 그 속에 담겨 있었다.

엘리야, 그는 참으로 이스라엘의 큰 영적인 군장이었다. 이에 대해서는 엘리사도 잘 알고 있었다. 이러한 그는 그 스승 엘리야가 승천함으로 그의 눈에서 점점 멀어져 가자, 국가의 장래가 염려되어 아래의 기도를 가장 먼저 외치듯이 부르짖었다.

(왕하2:12) 엘리사가 보고 소리 지르되 내 아버지여 내 아버지여 이스라엘의 병거와 그 마병이여 하더니 다시 보이지 아니하는지라 ......

엘리사는 왜 그 스승의 승천하는 모습을 보고 그를 향해 "이스라엘의 병거와 그 마병이여!"라고 부르짖었을까? 이는 하나님의 큰 권능을 받은 엘리야야 말로 그 백성들로 하여금 우상을 섬기는 죄악에서 돌이켜 하나님께로 향하여 이스라엘로 하여금 하나님의 진노(적국을 통한 징벌)를 사지 않도록 하였으며(왕상18:16~40), 그가 노할 때는 102명의 군사들도 하늘에서 불이 내려와서 삽시간에 그들을 불태워 죽이는 놀라운 영적 권세(영권)를 받아 행하였었기 때문이다(왕하1:9~12).

이 외에도 엘리야는 우리가 잘 아는 대로 그가 한 번 저주하여 기도하면 이스라엘을 향한 하늘 문을 닫아서 그 나라에 3년 6개월의 긴긴 가뭄을 불러오기도 했고, 이와는 반대로 그가 기도할 때 다시 하늘 문이 열려서 기나긴 가뭄이 끝나게도 하였다. 그는 실로 수십만 명의 대군보다 더 귀한 당시 이스라엘 제일의 정신적 지주요, 영적 군장이었다(약5:17~18).

이러므로 하나님은 엘리사로 하여금 이러한 영적 거장이 바로 자신의 눈앞에서 사라져가는 모습을 보게 하셨다. 이는 승천하는 엘리야를 대신할 직무를 맡은 엘리사의 사명이 그 얼마나 중차대한 것임을 다시 한번 깨닫게 하기를 원하신 까닭이었다.

하나님께서는 이뿐만 아니라, 이러한 광경을 그 눈으로 보게 될 엘리사로 하여금 간절한 마음으로 전심으로 부르짖어 기도케 함으로써 그의 기도에 응답해 주려 하셨던 것이다. 이러므로 오늘날의 우리도 '보아야 할 것'을 보자! 이에 우리가 보아야 할 것은 그동안 '하나님의 능력의 손'으로 쓰임 받던 엘리야가 승천해 버린 것처럼 '우리 주 예수님께서도 하나님의 보좌 우편으로 승천해 버리신 것'

이다. 우리가 보아야 할 것은 예수님의 열두 제자들도 이 땅을 떠났고, 하나님의 복음 사역은 '우리의 손에 맡겨 주셨다.'는 것이다(행 1:8~9).

(약5:17~18) 엘리야는 우리와 성정이 같은 사람이로되 그가 비가 오지 않기를 간절히 기도한즉 삼 년 육 개월 동안 땅에 비가 오지 아니하고 다시 기도하니 하늘이 비를 주고 땅이 열매를 맺었느니라

셋째, 이는 승천하는 '엘리야의 몸에서 떨어지는 겉옷을 보라'는 것이었다.

(왕상19:16~21) 엘리야가 거기서 떠나 사밧의 아들 엘리사를 만나니 그가 열두 겨릿소를 앞세우고 밭을 가는데 자기는 열두째 겨릿소와 함께 있더라 엘리야가 그리로 건너가서 겉옷을 그의 위에 던졌더니 그가 소를 버리고 엘리야에게로 달려가서 이르되 청하건대 나를 내 부모와 입맞추게 하소서 그리한 후에 내가 당신을 따르리이다 …… 엘리사가 그를 떠나 돌아가서 한 겨릿소를 가져다가 잡고 소의 기구를 불살라 그 고기를 삶아 백성에게 주어 먹게 하고 일어나 엘리야를 따르며 수종 들었더라 (왕하2:12~14) 엘리사가 보고 소리 지르되 내 아버지여 내 아버지여 이스라엘의 병거와 그 마병이여 하더니 다시 보이지 아니하는지라 이에 엘리사가 자기의 옷을 잡아 둘로 찢고 엘리야의 몸에서 떨어진 겉옷을 주워 가지고 돌아와 요단 언덕에 서서 엘리야의 몸에서 떨어진 그의 겉옷

을 가지고 물을 치며 이르되 엘리야의 하나님 여호와는 어디 계시니이까

하고 그도 물을 치매 물이 이리 저리 갈라지고 엘리사가 건너니라

 엘리사는 모래바람이 부는 중에서도 하늘로 승천하는 엘리야의 모습을 똑똑히 바라보고 있었다. 그러자, 자신을 바라보는 엘리사를 향해 스승 엘리야가 자신의 겉옷을 벗어 아래로 던져 주고는 하늘 높이 사라졌다. 이를 본 엘리사가 스승 '엘리야의 몸에서 떨어지는 그의 겉옷'을 손에 잡고서 요단 강물을 치면서 "엘리야의 하나님은 어디 계시나이까?"라며 요단강물을 치자, 조금 전에 자기 스승 엘리야가 물을 쳤을 때처럼 그 요단강 물이 이리저리 '쭉- 쭉 -' 갈라졌다.

 엘리야는 사모하는 능력을 받기까지 그토록 충성하며 끝까지 자신의 곁을 떠나지 않는 그 사랑하는 제자 엘리사를 향해 단 한마디의 굳건한 '조건부 약속'을 주었다. 그것은 '나를 네게서 취하시는 것을 꼭 보라! 그리하면 네가 구하는 대로 내가 받은 능력보다도 갑절이나 되는 영감(권능)이 네게 임할 것'이라는 말이었다.

 이제 곧 하늘로 올리워 갈 엘리야가 사랑하는 제자를 향한 유언과도 같은 이 마지막 한 마디 속에는 엘리사를 사랑하는 사려 깊은 스승의 마음이 들어 있었다. 그것은 나의 승천하는 모습을 네가 잘 보고 있노라면 그 때 '내가 하늘로 들리워 가는 중에서도 이전에 너를 선지 생도의 길로 부르던 나의 이 겉옷을 벗어 줄 터이니 너는 내가 벗어서 네게로 향해 던져 줄 이 겉옷의 의미를 잘 알아서 그대

로 행하라'는 그 스승의 사려 깊은 마음이 들어 있었다.

그렇다면, 하늘의 불 말들이 이끌고 불 수레를 타고 하늘로 승천하는 이 황홀한 중에서도 엘리야가 정신을 차리고 그 사랑하는 수제자에게 떨어뜨려 준 이 겉옷이 말하는 의미는 무엇인가를 알아보자. 이에 대해서는 두 가지로 추정 되어지는데, 이 중 한 가지는 이 엘리야의 겉옷은 엘리사를 하나님의 종으로 부르던 때에 쓰여졌던 도구로서 이는 이제 그동안 '자신이 맡고 있던 직임을 엘리사에게 승계한다.'는 매우 간단한 의식이다. 오늘날 저 이스라엘과 여러 나라의 수도원에서도 수도사들이 죽을 때에 자신이 평생 입던 옷을 그 제자에게 입혀주기도 한다.

스승의 이러한 마음을 알아차린 엘리사의 가슴은 막중한 사명감으로 더욱 벅차올랐을 것이다. 그는 또 이 간단한 승계 의식을 통해 자신에게 부여된 사명(엘리야의 겉옷을 비유함)을 부여잡고 하나님께 기도하되 '내게도 스승 엘리야와 같은 신령한 권능을 주옵소서! 이러한 권능을 주셔야 내게 주신 이 막중한 사명을 감당할 수 있겠나이다!' 하며 하나님께 간구하는 심령을 가졌을 것이다.

하나님께로부터 "내 양을 먹이라"는 중대한 사명을 받은 주의 남녀 종들이여, 이 엘리사처럼 기도하며 받은 사명 감당에 필요한 권능을 다음과 같이 구해 보라.

"하나님이여 이 부족한 종에게도 부어 주신 사명을 감당할 수 있는 신령한 능력을 더하여 주옵소서!"라고.

하늘로 승천하는 가운데서도 그 스승이 잊지 않고 떨어뜨려 준 엘리야의 겉옷(13절)에 대한 다른 한 가지 이유는 "내가 조금 전에 이 겉옷으로 요단강물을 갈라서 너와 내가 요단강을 마른 땅같이 건넜던 것처럼 너도 내가 떨어뜨려 주는 이 겉옷을 말아서 믿음으로 요단강 물을 쳐보라. 그리하면, 성령의 감동을 입어 네게 말한 나의 모든 말을 다 순종(끝까지 그 일을 바라본 일)한 네게도 네가 구한 능력이 임하였음이 입증될 것이다. 그것은 네 앞에서 요단강 물이 갈라짐으로써 증거가 되고, 너는 이로 인해 하나님께서 네게 주시는 직임을 담대하게 행해 나갈 수 있을 것이다."라는 무언의 말이다. 이러한 스승의 사려 깊은 마음을 알아차렸든지 엘리사는 자기의 옷은 잡아서 둘로 찢고, 그 스승의 몸에서 떨어진 옷과 합쳐서 "엘리야의 하나님 여호와는 어디 계시나이까?" 하고 요단강 물을 힘껏 내리쳤다. 그러자, 놀랍게도 자신의 앞에서도 조금 전 스승 엘리야가 요단강물을 쳤을 때처럼 요단강 물이 이리저리 '쩍! 쩍!' 갈라졌다. 이 놀라운 광경을 지켜본 다른 제자들이 "엘리야의 영감이 엘리사에게 임하였다"면서 달려와서는 다 엘리사 앞에 무릎을 꿇고 엎드렸다.

엘리사는 이로 인해 그 자신이 그토록 사모하던 하나님의 신령한 권능이 자신에게 임한 것을 확증할 수 있었다. 이때 엘리사 자신의 옷을 둘로 찢어 버린 것은 "이제 앞으로는 나도 내 스승께서 입으셨던 이 겉옷 하나만을 입고 내 스승처럼 살아가리라"는 어떤 결단이 섰었기 때문인지도 모르겠다(실제로 우리나라 최초이자 최고의 부흥강사로 손꼽히는 고 '이 성봉 목사님이 생전에 입으시던 옷(두루마기)을 그 사위 되시는 장로님(한국 도자기 사장님)이 기도하실 때마다 그 옷을 입고 기도하신다.'는 말을 들은 적이 있다. 이 외에도 국내의 유명한 모 목사님이 생전에 입으시던 옷을 그 제자가 물려받아 그도 기도할 때마다 그 스승이 입던 옷을 입고 기도하시는 분도 계신다. 생전에 큰 권능을 받아 행하였으며, 하나님의 은총을 입으시던 고인이 생전에 입으시던 옷을 입고 기도하는 일은 짧은 지면 관계로 다 기록해 드릴 수 없는 많은 영적 의미들도 깃들어 있다).

하나님의 크신 권능을 받아 복음 전파에 힘쓰고자 하시는 분들이여! 여러분도 이 엘리사가 "엘리야의 하나님 여호와는 어디 계시나이까?"라고 부르짖은 것처럼 부르짖어보라. 이를 위해 여러분이 존경하는 어떤 능력 있는 목사님(고 조용기 목사님 등)의 이름을 부르며 '나에게 부어 주신 사명을 감당하기 위해 "엘리야의 하나님 여호와는 어디 계시나이까?" 라며 내게도 능력을 주십사' 부르짖어 기도 해보라.

만약 당신과 하나님 사이에 '막힌 담'이 그리 높지 않다면 하나님께서는 기쁨으로 당신의 기도에도 속히 응답해 주실 것이다(형편이 여의치 못하다면 지금 필자의 쓴 이글을 읽으면서 엘리야가 승천하던 날, 그 모습을 연상하면서 지금 당신이 있는 곳에서 일어나서 두 손을 높이 들고 하늘을 향해 기도해 보라. 이는 이렇게 함으로서 자기 거실에서 기도하던 중에 〈방언 은사〉가 임한 사람, 십수 년 간 방언 기도만 하다가 〈방언 통역 은사〉를 받은 사람, 이전에 받았던 성령의 능력보다 더욱 강력한 여러 신령한 은사들(권능)을 받은 분들이 출판사로 고맙다고 전화를 주기도 하셨기 때문이다. 이 일은 지금 본서를 읽고 있는 당신에게도 해당 되는 역사이다.)

지금 여기까지만 읽고 기도해도 성령의 권능이 강하게 임하실 수도 있다.

엘리사는 그 스승의 말대로 그가 '보아야 할 것'들을 분명하게 다 보았다. 그것은 '강한 회오리바람'과 '하늘의 불말과 불수레'였으며 '하늘로 승천하는 능력의 종이요, 성령 충만한 스승 엘리야'의 영광스럽고 위엄찬 모습이요, 하나님의 영광으로 찬란한 모습이었다. 그가 이러한 것들을 보고 있을 때 그에게로 벗어 던져 주는 그 '스승의 겉옷'이 있었다.

엘리사는 그 스승 엘리야가 하늘로 올리워 가는 중에서도 벗어서 자신을 향해 던져 주는 '겉옷'도 보았다. 그 겉옷을 보는 순간, 그는 겉옷이 먼 옛날 자신이 한 사람의 농부로 살아가고 있을 때 스승이 자신을 '하나님의 종'으로 부를 당시 입었던 '바로 그 옷(사명)'임을 알게 되었다. 이러한 그는 자신을 불러주신 소명감에 더욱 불타올랐고, 그 겉옷(소명감)을 가지고 요단강 물을 치며 "엘리야의 하나님" 곧 자신을 부르신 하나님이요, 능력의 하나님을 찾아 부르짖었다. 이에 그의 발 앞에서도 요단강 물이 이리저리 쩍쩍 갈라졌다. 이는 그가 원하는 능력을 받기에 필요한 모든 작은 일에도 충성하였고, 모든 시험들을 통과하였으며, '볼 것을 다 본 것' 때문이었다.

그렇다면, 오늘날의 우리가 원하는 능력을 받기까지 바라보고 부르짖어야 할 것들에는 어떠한 것들이 있을까? 이제 이러한 것들에 대해 보다 더 구체적으로 알아보도록 하자.

(2) 현재의 우리가 바라보아야 할 것들

앞에서 살펴본 대로 하나님께서는 큰 권능을 받으려 하는 엘리사에게 최종적으로 그의 두 눈으로 '능력의 현장'을 직접 보게 하심으로써 그로 하여금 하나님의 크신 권능을 덧입게 하셨다.

엘리사, 그는 스승의 마지막 한 마디인 보아야 할 것들을 그의 두 눈으로 똑똑히 봄으로써 그토록 사모하던 권능을 받았다. 그 결과로 그는 스승보다도 갑절이나 더 큰 이스라엘의 영적 군장이 되어 그 백성들의 신앙적 유익을 주었을 뿐만 아니라, 그 일생에 십여 번이나 자신이 속한 나라를 '외세의 침략에서 보호하거나 구원하는 일'로까지도 쓰임을 받았다. 그때 보아야 할 것을 본 것은 이만큼 중요한 일이었다.

그렇다면, 오늘날의 우리들이 원하는 권능을 받기까지 보다 더 분명히 보아야 할 것들은 무엇일까? 이에 대해서는 필자의 한 경험을 답으로 드리고자 한다.

▣ 예수 이름으로 나타나는 능력의 현장들을 보라

1996년이었던 것으로 기억된다. 이때의 나는 서울 사당동에 있는 [엘벧엘 교회]의 부흥성회를 인도하고 있었는데 이 교회 집회에는 약 3.000명의 성도들이 참석하셨고, 이 교회의 담임이신 김 목사님은 고 이천석 목사님이 전도사로 있을 때까지 이 교회를 섬김으로서 김 목사님의 제자 같았다. 이 교회의 부흥성회를 마치는 날에 김 목사님께서 내게 귀한 선물을 주셨는데 그 선물은 세계적인 신유 사역자들의 사역 현장이 담긴 20여개의 비디오 테이프였다. 이때는 오늘날의 CD나, USB가 없을 때여서 비디오 테이프를 주셨는데 그 안에는 ① 조용기 목사님, ② 베니힌 목사님과 ③ 존 웜버 목사와 ④ 챨스 헌터 부부와, ⑤ 지금은 그 이름이 기억나지 않는 미국의 한 여목사 등이 행하는 신유의 현장들이 자세하게 녹화되어 있었다.

집회를 마치고 집으로 와서 이러한 비디오를 보는 중에 챨스 헌터 부부에게 안수기도를 받기 위해 강단 앞으로 나온 50대 후반 남성이 있었는데 그는 왼쪽 발을 먼저 딛고 이어 우측발을 끌어서 왼발 앞까지 딛게 하고는 다시 왼발을 먼저 딛고 앞으로 나간 후 우측발을 끌어서 왼쪽 발 앞까지 끌고 가기를 계속하여 챨스 헌터 앞으로 나갔다. 그가 이러했던 이유는 '자신이 월남전에 참전했다가 교전 중에 폭탄에 엉덩이를 맞아 엉덩이 뼈가 바싹 깨어져 버려서 의사가 깨어진 엉덩이 뼈들을 다 긁어내고 그 자리에 플라스틱 뼈를 박아 주었기 때문'이라고 했다. 이 형제의 말을 들은 챨스 헌터가 말했다.

"예수 이름으로 명한다. 의사가 박아 놓은 엉덩이 뼈와 모든 철심들은 이 시간 즉시 다 사라지고 새 뼈야 창조될지어다."

이렇게 말한 챨스 헌터는 형제에게 말했다. "이제 하나님께서 형제의 엉덩이 플라스틱 뼈는 사라지고 새 뼈가 창조되었으니 이 자리서 뛰어 보세요."

그러자 이 형제가 정상인들처럼 몇발짝 걷더니 신이 나서 강단 앞에서 뛰어다녔다. 이를 본 나는 "하나님, 제게도 저러한 〈창조적인 신유 은사〉를 주옵소서" 간구하였다. 이로부터 수년 후 경기도 송탄시에 있는 한 침례교회에서 부흥성회를 인도하는 중에 이와 똑같은 기적을 베풀어 주셨다. 이러한 그 이유는 나는 챨스 헌터 부부의 집회에 직접 참석하지 않았어도 마치 참석 한 것처럼 이 능력을 나도 받아서 행하기를 사모하고 구하였기 때문이다. 이러므로 너무도 바쁜 나날을 살아가는 현대인들은 유튜브에서라도 이러한 능력의 현장들을 보고 '내게도 저러한 능력을 주십사' 계속 간구하시기를 바라는 바다.

오래전에 경기도 송탄시에 있는 한 작은 침례교회에서 부흥회를 인도하고 있을 때였다. 나는 부흥성회를 인도하러 갈 때마다 갖춰야 할 영적인 필수품들 ① 성령으로의 재충만, ② 받은 은사로의 강함과, ③ 예리함, ④ 말씀 준비, ⑤ 기쁨, ⑥ 믿음, ⑦ 육신의 건강,

⑧ 성령께서 역사하시기 좋은 거룩함과 영적 상태 등을 갖추고 이를 재점검까지 하고 나서 부흥성회를 인도할 교회에 도착하였다.

교회에 도착해보니 그 교회 출석 성도 수 중 성인은 30여명 정도로 보였으나, 70여 명이 모였다. 이 성회는 하나님의 은혜가 충만한 성공적인 부흥회를 위하여 목사님 부부가 작정 기도와 더불어 충분한 준비 기도를 해놓고 집회를 기다리고 있는 상태였다. 특히 이 교회 목사님은 성공적인 부흥성회를 위해 40일 철야 산상기도로까지 준비 기도를 마치신 상태에서 나를 부르셨다.

나의 영적 상태도 좋은 데다가 목사님 부부와 성도들의 충분한 준비 기도가 쌓여있는 중인지라, 부흥성회가 시작되자 첫날밤부터 성전 의자에 빈자리가 없을 정도로 하나님께서 성도들로 꽉 차도록 불러 모아 주셨다. 이에 하나님께서는 70여 명이 모인 첫날밤 예배에 풍성한 은혜를 주셨다.

월요 첫날밤 집회를 인도하고 숙소로 돌아온 나는 '첫날밤서부터 이 정도로 은혜가 충만한 정도(나만이 직감하는 영적인 잣대가 있다.)이면 내일쯤에는 말씀으로뿐만 아니라, 성령께서 친히 갖가지 권능들을 베풀어 주실 것이다! 이러므로 이번 집회는 은혜가 충만하겠고, 나도 힘이 좀 덜드는 성회가 되겠다!'는 생각으로 기분 좋게 잠을 청하였다. 이에 집회 3일째 낮 집회 후부터는 이 교회 담임 목사님과 함께 볼링장으로 모시고 가서 그동안 너무 바빠서 못한 나의 운동 부족도 채워가면서 집회를 인도하였다. 성회 이틀째인 다음날 화요 11시 예배 때는 그동안 부흥성회를 일백여 회 인도

한 경험에 의해 예측된 대로 강단에 올라서니 이미 부르고 있던 준비 찬송만으로도 성전에는 성령이 충만하여져 있었다. 이에 강단에 기쁘고 홀가분한 마음으로 섰는데 강단에 서자마자 성령께서 내게 말씀하셨다.

"이 시간에 여기에 모인 모든 지체 장애자들을 내가 100% 다 고쳐 주겠다고 너는 지금 먼저 이 말을 선포하고 듣게 되는 바 말씀에 귀를 기울이며 나의 역사를 기다리라고 하라" 이에 나는 성령께서 이르신 말씀대로 '이 시간에 여러 기적들이 일어날 것이며, 여기 모인 모든 지체 장애자들을 하나님께서 100% 다 고쳐 주실 것이라!'고 선포한 후에 말씀을 전하고 잠시 합심해서 기도하는 시간을 가졌다. 이에 성령께서 내게 더욱 큰 권능으로 강하게 임하시는 것이 느껴졌다. 그 순간 성령께서 "이 시간에 지체가 부자유한 사람은 다 고쳐주실 것이니 한 사람씩 강단 위로 올라오게 하고 그들을 위해 기도해 주라"고 하셨다. 이에 나는 "지체가 부자유하신 분 있으면 어떤 장애가 있더라도 상관없이 다 고쳐 주실 것이니 한 분씩 강단으로 올라와서 기도를 받으세요." 말했다. 그러자 72세 되신 한 할머니가 강단 위로 걸어서 올라오는데 그 왼발을 먼저 걷고 오른쪽 다리는 앞으로 먼저 이동한 왼쪽 다리를 의지해서 질질 끌면서 따라오는 것이었다.

강단 계단을 올라오실 때도 왼발이 먼저 한 계단 위로 올라서면 이어 오른발이 왼발을 따라 끌려 올라오기를 반복하면서 마침내 강단 위로 올라오셨다. 이에 내가 할머니에게 "몸의 어디가 어떻게 불편하십니까? 왜 이렇게 되셨습니까?" 하고 물어보았다. 이에 대한 할머니의 대답은 다음과 같다.

"내 생애에 두 번이나 교통사고를 당했는데 두 번째 교통사고를 당했을 때는 골목길에 앉아 있는데 갑자기 큰 트럭이 들어와서 피할 데도 없이 차바퀴 밑에 깔렸어요. 이에 병원에 가서 수술을 했는데도 그 때부터 이 오른손이 얼굴에 닿질 않고, 오른쪽 엉덩이뼈는 잘게 깨진 유리병처럼 바싹 깨져 버렸어요. 그래서 의사가 엉덩이뼈가 잘게 부숴진 부분들을 둥그렇게 잘라 내버리고 그 대신 플라스틱 뼈를 대서 철심을 박아 줬어요. 그래서 걸어 다니기는 해도 오른쪽 발은 이렇게 항상 질질 끌고 다녀요." 하셨다.

이 말을 들은 나는 "할머니 다리는 잘 보았으니까, 팔이 정말 머리에 닿지 않는지 어디 한번 봅시다." 하고는 할머니의 오른손을 잡고 머리에 닿게 하려고 오른쪽 팔을 들어 올리자, 할머니가 "아!, 아파! 아파!" 하시는 데도 할머니가 말한 대로 그 오른손이 이마와 주먹 하나 정도 간격으로 떨어져서 얼굴에 닿질 않았다. 이에 나는 "성도 여러분 잘 보셨지요? 지금 하나님께서 이 할머니를 어떻게 고쳐 주시는지 눈을 크게 뜨고 잘 지켜보세요" 하고는 할머니를 향해 말하였다.

"할머니 이야기 제가 잘 들었고요, 우리 하나님께서도 다 들으셨어요. 살아계신 하나님께서는 우리의 몸과 육체를 지으신 창조자이십니다. 그래서 이 시간에 기도해 드릴 때 할머니의 오른팔은 머리에 닿도록 고쳐 주실 것이고요. 끌고 다니는 오른쪽 다리도 깨끗하게 고쳐 주실 것인데요. 기도드리는 동안에 의사가 할머니 엉덩이에 박아놓은 플라스틱 뼈가 순식간에 사라져 버릴 뿐만 아니라, 플라스틱 뼈와 할머니 진짜 뼈 사이에 박아 놓은 철심들도 순식간에 다 사라져 버릴꺼에요. 그리고 할머니가 다치시기 전에 있던 건강한 뼈가 창조되어서 정상적인 엉덩이뼈가 될거에요. 할머니 이 일을 믿으세요. 자 기도합시다." 하고는 천지를 창조하신 창조의 하나님, 말씀으로 우주 만물을 지으신 창조주 하나님을 의지하여 잠간 기도를 드린 후 예수님의 이름으로 명령하였다.

"우리의 구주가 되시며, 우리의 질병을 대속해 주신 예수 그리스도의 이름으로 명하노니 할머니의 팔은 정상이 돼라. 오른쪽 다리도 정상이 되되 의사가 엉덩이뼈에 박아놓은 모든 철심들과 플라스틱 뼈는 이 시간 즉시로 다 사라지고 건강한 새 뼈야, 창조될찌어다. 하나님의 능력을 믿고 감사드리며 예수님의 이름으로 기도드립니다. 아-멘" 했다.

이러하자, 성령님께서 "됐다! 내가 다 고쳤다!" 라고 말씀해 주셨다. 이에 나는 평소에 다른 집회 때처럼 병자가 그 즉시로 고침 받은 모습을 성도들에게 보여줌으로서 하나님의 치유를 확증시켜 드리려고 했다(이러한 심각한 병자가 고침 받는 것을 보는 다른 성도들은 안수 해주지 않아도 그들 스스로 마음에 생각하기를 '저렇게나 중한 병자도 이 시간 고침을 받으니 내 병도 이 시간 고침을 받겠구나!' 생각하고 믿음으로 기도함으로서 어디가 병들었든지 간에 그 시간에 100% 다 고침을 받는다. 이러한 이유는 '저 정도로 심한 병자가 고침을 받는다면 내 병 정도는 충분히 고침을 받고도 남음이 있겠다!'는 믿음을 갖고 기도하기 때문이다. 이러한 나는 성도님들을 향해서 "자! 이제 하나님께서 할머니를 다 고쳐주셨으니까, 살아계신 하나님께서 고쳐주신 것을 우리 눈으로 확인해 봅시다. 할머니, 할머니의 오른팔이 교통사고 이후에는 머리에도 이마에도 닿지 않는다고 하셨는데 이제는 다 고쳐졌으니까, 오른손을 할머니 머리에 갖다 대 보세요." 했다.

그러자, 할머니가 자신의 오른 손바닥을 머리 뒷부분에 갖다 대보고는 "어? 어?" 하시더니, 신기한 듯이 자기 손바닥을 쳐다보았다. 그리고는 이어 그 손바닥을 자신의 이마에도 갖다 대보았다. 그러자, 10년이 넘도록 자신의 얼굴과 이마에 오른손이 닿지 않아 왼손으로 만 세수를 해야만 했던 손이 자신의 이마에도 닿았다. 그러자, 할머니가 신기한 듯이 손을 떼더니 한 번 더 자신의 이마에 손바닥을 갖다 대보고 다시 손을 떼더니 자신의 머리 위로 올린 자신의 손바닥을 신기한 듯이 한참 동안이나 물끄러미 쳐다보면서 하신 말은 "어? 닿네!" 하였다. 이러한 할머니의 모습은 어린 아이 같이 너무도 순수하면서도 촌스럽게도 보이며, 우스꽝스러웠다. 이에 할머니의 이러한 모습을 지켜보던 성도들이 다함께 "와하하하" 웃었다. 그때 만일 내가 그 모습을 사진이나 동영상을 찍어서 내 곁에 두고 본다면 나는 아마 그 사진을 볼 때마다 배꼽을 잡고 웃되 평생이라도 웃으며 하나님께 감사드릴 것 같다.

이마 위에 있는 자신의 오른 손바닥을 신기한 듯이 한동안 물끄러미 바라만 보고 계시는 할머니의 모습이 얼마나 우습던지, 성전에 모인 온 성도들이 할머니의 표정을 보고는 배꼽을 잡고 "와하하하!" 웃으면서도 기뻐서 박수를 치며 하나님께 영광을 돌렸다. 그래도 할머니는 '이게 대체 어떻게 된 일인겨?' 하는 생각으로 계속 자기 손바닥만 올려다보고 있었다. 이에 내가 "할머니, 하나님께서 할머니의 엉덩이뼈와 다리도 다 고쳐 주셨답니다. 그러니 이제는 이 강단에서 마음껏 뛰어 다녀 보세요." 하였다. 그런데 이게 어떻게 된 일인가? 할머니는 강단으로 올 때와 같이 여전히 오른쪽 다리를 질질 끌며 걷는 것이 아닌가? 그 순간 나는 크게 당황하여 성령님께 마음속으로 다급하게 여쭈었다.

"성령님께서 조금 전에 제게 이 할머니의 다리도 다 고쳤다고 말씀하셨지 않습니까? 그런데 이 할머니가 기도하기 전과 똑같이 왜 다리를 질질 끌면서 걷는 것입니까?" 이에 성령님께서 곧장 말씀해 주셨다.

"내가 분명히 다 고쳤다. 그런데 이 할머니의 믿음이 내가 자기 팔을 고쳐 준 정도는 믿어도 '다리와 엉덩이뼈를 고쳐 준 것은 믿을 수 없다!'면서 믿질 않는다. 그래서 이에게 의심을 가져다주는 마귀가 할머니의 믿음 없음을 참소하면서 이 할머니의 다리를 붙들고 있기 때문이다. 나는 분명 네가 기도하고 하나님을 믿는 대로 다 고쳐 놨는데도 이 할머니가 의심함으로 인해 저 다리를 끌며 걷는 것이다." 이에 나는 다시 성령님께 다급하게 여쭈었다.

"성령님, 저는 성령님께서 엉덩이뼈까지도 다 고쳐 주신 것을 분명히 믿습니다. 그러나 성령님의 음성을 듣지 못하는 성도들에게는 이 일을 어떻게 설명해야 하며, 성령께서 고쳐 주신 이 다리로 할머니가 건강하게 걸어 다니게 하려면 어떻게 해야 합니까?" 이에 성령께서 또 말씀해 주셨다.

"너는 이 할머니의 수준에 맞추어서 말해주되 마귀가 이 할머니 다리를 더 이상 붙들지 못하고 떠나갈 수밖에 없도록 지혜롭게 말해주어라. 그리하면 건강하게 걸어 다닐 수 있게 된다." 하셨다. 이에 나는 그때까지도 강단 위에서 오른발을 끌면서 걷고 있는 할머니를 불러서 다음과 같이 말하였다.

"자, 할머니 이제 그만 걷고 이리와 보세요. 할머니 오른팔 다시 이마에 갖다 대 보세요." 하니 오른손바닥이 이마에 붙었다. 이에 내가 말하기를 "자! 할머니 우리 자수하여 광명을 찾읍시다. 할머니 솔직하게 말씀해 보세요. 할머니 마음에 하나님께서 이 팔 고쳐 주신 것은 믿어지는데 엉덩이뼈와 다리를 고쳐 주신 것은 안 믿어지지요?" 하고 물어보았다. 이에 할머니 왈 ~

"의사가 내 뼈에다가 박아놓은 철심이 어떻게 순식간에 빠져서 사라질 수 있으며, 박혀있는 플라스틱 뼈가 없어지는 걸 내가 보지도 못했고, 아무런 느낌도 없었는데 그게 어떻게 목사님의 말씀대로 순식간에 다 사라져 버리고, 새 뼈가 생겨날 수 있나요? 저는 그것만은 안 믿어져요." 하고 솔직하게 자수해 주셨다.

이 할머니는 72세의 할머니이셨는데 교회 나오신 지 몇 개월 밖에 안된 데다가 글도 모르는지 성경책도 없었다. 이에 나는 하나님께 지혜를 구한 뒤에 다음과 같이 말했다.

"할머니. 자전거가 고장 나서 타이어 빵구가 나거나, 자전거가 어디든지 부러지면 자전거 기술자가 그거 고칠 수 있겠어요? 못 고치겠어요?" 하니 "고칠 수 있다!"고 하였다. 이에 "할머니, 자전거를 만든 사람이 자전거가 어디에 고장이 나든 간에 다 고칠 수 있는 것처럼 하나님께서는 우리 몸을 만드셨기 때문에 우리 몸의 어디가 고장 나도 다 고치실 수 있는 거에요. 하나님께서 할머니의 이 팔을 고쳐 주신 것처럼 다리도 이미 다 고쳐놔 주셨는데 할머니가 이 일을 믿지 못하셔서 다리를 저는 거에요. 그런데 이 다리 안 절고 건강하게 걸어 다니려면 제가 시키는 대로 하면 돼요. 그 방법이 간단한데 제가 시키는 대로 해보실래요?" 하니 할머니가 '이 방법을 가르쳐 달라'고 하셨다. 이에 나는 "그렇다면 할머니, 이 낮 예배 마치고 나면 오늘 밤 예배 오시기 전까지 집으로 가시는 길에도 그렇고, 또 집에 계실 때도 할머니가 지금 말씀하신 것처럼 내가 보지도 못했고, 아무것도 느끼지도 못했는데 어떻게 내 다리와 엉덩이뼈가 순식간에 고쳐졌단 말인가? 하는 생각이 몇 번이고 계속 들꺼에요. 그때마다 제가 시키는 대로 한 가지 말만 하세요. 어떻게 하느냐면요. 할머니 마음에 그런 생각이 들 때마다 '이 의심케 하는 귀신아, 물러가라. 나는 고침 받았다!' 라고만 말하세요. 그렇게만 하면 할머니는 오늘 밤 저녁 예배 오기 전까지 건강하게 걸어 다닐 수 있어요." 하였다. 그러자, 할머니 왈 ~ "그거 간단하네요, 그렇게 말만 하면 돼요?" 하셨다. 이에 나는 "그렇습니다." 대답해 드렸다.

이후로 강단에 올라오시는 분들은 하나님께서 그 자리에서 안수하는 즉시로 100% 다 고쳐 주셨다. 그 중에 어떤 여 집사님은 온갖 방법들(뜸, 침, 수술)로도 고침 받지 못하고 크게 고통하던 척추디스크를 그 즉시로 깨끗하게 고침 받으시고는 강대상에 감사헌금을 올리셨는데 봉투에는 다음과 같이 적혀 있었다.

"하나님 감사합니다. 너무너무 아프던 허리를 이렇게 깨끗하게 고쳐 주셔서 너무나도 감사합니다. 예수님 사랑해요. 예수님 사랑해요(7번)." 이러한 글을 읽으며 축복해주는 기쁨과 보람은 신유로 쓰임 받는 은사자들은 잘 안다.

성회 이틀째 밤, 곧 그날 밤 예배를 인도하기 위해 강대상에 섰는데 지하실 교회요, 공기 소통이 잘되질 않아서인지 왠 담배 냄새가 강단에까지 올라왔다. 왜 이럴까? 하고 앞을 내려다보니까 낮 예배 때 안수기도를 받았으나 다리를 끄시던 할머니 곁에 할아버지 한 분이 같이 앉으셨는데 담배 냄새가 그 할아버지 몸과 옷에 꽉 베여 있어서 강단에까지 올라오는 것 같았다. 그러나 성전 안은 성도들로 입추의 여지도 없이 꽉 들어차 있었다. 이는 낮 집회 때 자신들의 질병을 고침 받으신 성도들이 병든 자기 이웃 사람들도 데리고 왔기 때문이었다. 이에 성도들이 장의자에 앉을 자리가 없어서 장의자 사이의 통로와 헌금 경대가 있는 뒤의 바닥에까지 꽉 차도록 맨바닥에 앉아 있었고, 성령이 충만한 상태였다. 그런데 강대상에 서자, 성령께서 또 말씀해 주셨다.

"너는 지금 또 선포하기를 내가 이 시간에도 여기 온 모든 지체 장애자들을 100% 다 고쳐 주겠다고 말하라!" 이에 순종하여 설교 전에 먼저 하나님께서 역사해 주실 치유에 대해 선포하였다. 이에 온 성도들이 큰 소리로 "아-멘!" 하면서 크게 기뻐하였다. 그러자, 맨 앞의 의자에 앉아있던 할머니가 자리에서 벌떡 일어나서 "할렐루야!" 소리치면서 강단 밑 중앙 부분으로 뛰어나오더니 두 팔을 들고는 덩실덩실 춤을 추었다.

"닐리리야 ~ 닐리리야, 니나노 얼싸 좋다. 얼씨구나! 좋~다." 하시면서 '강강술레' 노래를 부르며 춤출 때처럼 강단 아래 공간을 빙빙 돌며 덩실덩실 춤을 추셨다. 그런데 자세히 보니까, 그 오른쪽 다리도 이미 건강해져 있었다. 이에 할머니를 강단 위로 올라오시게 하고는 강단에서 이리저리 뛰어 보게 하니 낮 예배 때 질질 끌던 오른쪽 다리도 완벽하게 고침을 받은 상태였다. 이에 온 성도들이 기뻐하며 "할렐루야!"를 외쳐 대며 살아계셔서 우리 가운데서도 역사하시는 하나님에 대해 크게 기뻐하였다. 이에 나는 하려던 설교

를 잠시 미루고서 먼저 이게 어떻게 된 일인지? 할머니의 이야기를 들어보기로 하였다. 이에 할머니 왈 ~

"내가요, 낮 예배를 마치고 집에 돌아갔는데 '다리도 고침 받았다'는 것에 대해서는 마음에 자꾸 의심이 왔어요, 그때마다 아까(낮 예배 때) 목사님이 하라고 하신 말씀대로 "의심케 하는 귀신아 물러가라. 나는 다리도 고침 받았다" 라고 몇 번이나 말했어요. 그러다가 저녁 먹고 예배드리러 오려고 밥상을 차려서 여기 오신 우리 영감님께 상을 들고 가는데 우리 영감님이 저를 보시고는 깜짝 놀라면서 손을 들고서 하는 말이

"어이! 잠깐, 잠깐만! 자네 그 밥상 놓지 말고 밥상 들고 있는 그대로 가만히 뒤로 갔다가 다시 한번 내게 와보게" 했어요. 그래서 내가 "아니, 왜 그래요?" 하고 물었더니 우리 영감님이 "부탁이야! 제발 아무 말도 하지 말고 내가 시키는 대로 그 밥상을 든 채로 뒤로 물러갔다가 내게로 다시 와봐" 해서 그대로 했어요. 그랬더니 우리 영감님 눈이 휘둥그레져서 하는 말이 아니? "여보, 당신 언제 다리 고쳐졌어?" 하는 거에요. 이에 저를 보니까, 제가 저도 모르게 정상적으로 걸어 다니고 있었어요. 이에 제가 "하나님께서 고쳐 주셨어요. 다리 뿐만 아니라, 이 팔도 고쳐 주셨어요. 보세요, 내 손이 이마에 닿아요." 하고 오른손바닥을 이마에 붙여서 보여줬어요. 그러자, 우리 영감님이 자기 옆에 둔 곰방대(긴 담뱃대)를 무릎에 대고 '팍!' 부러뜨리더니 "나도 지금부터 예수 믿는다."고 해서 오늘 생전 처음으로 이 교회 나왔어요. 저 ~ 기, 저 양반이 우리 영감님

이에요. 저를 고쳐주신 하나님께 감사드립니다." 하셨다.

이에 낮 예배 때 고침을 받은 여러 지체 장애자들의 전도를 받고 온 성도들의 마음까지도 순식간에 하나님을 향해 뜨거워지면서 이 날 밤 예배에 참석한 모든 병자들도 100% 다 고침을 받았다. 신유 역사는 이처럼 병자가 하나님께 대한 믿음과 순종 여하에 따라 쉽고도 어렵고, 어려우면서도 쉽게 이루어지도 한다.

제6단계 – 부르짖어 기도하자

(1) 엘리사가 부르짖은 기도의 내용

(왕하2:11~14)두 사람이 길을 가며 말하더니 불수레와 불말들이 두 사람을 갈라놓고 엘리야가 회오리 바람으로 하늘로 올라가더라 엘리사가 보고 소리 지르되 내 아버지여 내 아버지여 이스라엘의 병거와 그 마병이여 하더니 다시 보이지 아니하는지라 이에 엘리사가 자기의 옷을 잡아 둘로 찢고 엘리야의 몸에서 떨어진 겉옷을 주워 가지고 돌아와 요단 언덕에 서서 엘리야의 몸에서 떨어진 그의 겉옷을 가지고 물을 치며 이르되 엘리야의 하나님 여호와는 어디 계시니이까 하고 그도 물을 치매 물이 이리 저리 갈라지고 엘리사가 건너니라

기록된 위의 말씀 속에는 '엘리야의 하나님' 곧 '능력의 하나님

여호와'를 찾으며 전심으로 부르짖는 엘리사의 간구하는 모습이 잘 나타나 있다. 전심, 점력을 다하여 하는 기도는 하나님의 분명한 응답을 받아내는 가장 좋은 방법들 중 한 가지다. 응답받는 기도에 대한 신령한 비밀 중 한 가지는 기도에 몰입되어 나와 주님만이 느껴지는 기도다.

나는 다급한 일이 생길 때면 일곱 시간의 연속기도에 들어가서 그 기도가 마치기까지 무릎 한 번 펴지 않고, 물 한 모금 마시지 않고 기도하기를 자주 하였다. 이러한 기도 때마다 그때의 문제에 대한 응답이나 성령님의 지시를 받지 못한 적은 단 한 번(어떤 사람에 대한 섭섭한 마음을 지닌 채로 기도하던 때) 외에는 없다.

하나님의 신령한 은혜와 권능을 강하게 받은 사람들치고 기도에 게을리 하는 사람은 없을 것이다. 이만큼 기도와 능력은 불가분의 관계를 지니고 있다. 그렇다면, 자신의 스승보다 갑절의 권능 받기를 구한 이 엘리사의 간절한 기도는 어떠한 기도였는지를 알아보자.

첫째, 엘리사의 부르짖음은 그 나라와 민족을 위한 구국기도였다.

승천하는 자신의 스승 엘리야를 향하여 "내 아버지여, 내 아버지여, 이스라엘의 병거와 그 마병이여!"라고 소리 친 엘리사의 부르짖음은 '애국 기도'다. 이러한 엘리사의 간구는 이스라엘의 큰 영적 군장 엘리야가 자신의 눈앞에서 사라져 감으로써 앞으로의 국가 장래를 염려하여 부르짖는 그의 간구였다.

엘리야, 그는 참으로 이스라엘의 큰 용사였다. 하나님은 일찍이 그 사자를 보내어 기드온을 부르실 때도 "큰 용사여 여호와께서 너와 함께 계시도다." 하며 그를 부르셨다(삿6:12).

우리는 우리가 속한 우리 대한민국과 민족을 위하여 매일같이 얼마나 기도하고 있는가? 1분, 아니면 3분, 아니면 5분 정도인가? 이러한 말을 하는 본인도 몇 해 전까지는 국가를 위한 기도를 얼마 하지 않았었다. 그러나 날로 더욱 악하여져 가는 어른들의 모습과 날로 더해 가는 학생들의 음란한 죄악들과 선진 문화라는 가면(마귀 문화)을 쓰고 다가오는 외세의 타락된 물결에 급속히 병들어가는 청소년들의 범죄에 대한 소문을 자주 접하게 되면서부터 나라를 위한 기도의 시간을 조금씩 더해 가고 있다. '이러다간 우리나라의 장래가 어떻게 될까?'라는 걱정은 나로 하여금 때로는 하루 한 시간 이상도 이 나라의 장래를 위한 기도에 몰입하게도 만든다. 엘리사의 부르짖음은 우상 숭배자 아합왕을 이어 이스라엘 왕이 된 아하시야 왕도 바알과 아세라를 신으로 섬기는 우상 숭배자였기에 백성들도 다시 하나님을 버리기 시작하였다. 엘리사의 간구는 이러한 나라의 장래를 염려한 기도였다.

둘째, 엘리사의 부르짖음은 '신령한 권능을 부어 주십사'는 기도였다.

북 왕국 이스라엘을 극한 우상 숭배로 망하게 한 아합왕이 죽고 그 아들 아하시야가 이스라엘의 왕이 되었지만, 그 또한 에그론의 신 바알세불을 섬기는 우상 숭배자였다. 국가 지도자들의 영향을 받는 나라의 백성들은 아직도 우상 숭배의 죄악에서 완전히 벗어나지 못하고 있는데 이웃 나라의 강대국들은 기회만 있으면 이스라엘로 쳐들어오려고 호시탐탐 노리고 있었다. 이러한 때 능력의 종이요, 이스라엘의 큰 군장 엘리야가 하늘로 올리워 가자, 엘리사는 '내게도 하늘의 신령한 권능을 주셔서 이 나라의 영적인 큰 군장이 되게 해 주십사'고 기도한 것이다.

엘리사의 이러한 기도는 엘리야의 몸에서 떨어진 겉옷을 가지고 요단강물을 치는 가운데 "엘리야의 하나님 여호와는 어디 계시나이까?"라는 말로도 표현되기도 하였다. 엘리야의 겉옷을 가지고 물을 치면서 기도하는 엘리사의 이러한 기도는 '하나님이여, 조금 전에 제 스승께서 이 겉옷으로 물을 치자, 이 요단강 물이 갈라지도록 역사해 주셨듯이 이제 저도 제 스승 엘리야가 하던 것 같이 이 겉옷으로 물을 치오니 제 앞에서도 이 요단강 물이 갈라지게 하옵소서! 내게도 이러한 권능을 주옵소서!'라는 기도의 내용이었다.

이러한 엘리사 앞에서도 요단강물이 이리저리 갈라졌다. 이 같은 엘리사의 기도는 하나님과 나라와 민족을 위하여 자신에게도 신령한 권능을 충만히 부어 달라는 애국 기도였다.

우리도 이러한 엘리사와 같이 마음을 비우고 하나님께서 원하시는 기도를 드림으로 신령한 권능을 받자.

셋째, 엘리사의 부르짖음은 전심, 전력을 다한 기도였다.

　필자가 아는 어떤 한 목사님은 누구보다도 성실하고 기도도 부지런히 하신다. 그러나 어쩐 일인지 하나님의 속 시원한 도움을 받지 못하신다. 30년 전에도 그러하고 지금도 여전히 그러하여 마음이 안타깝기 그지없다. 나는 저분이 왜 저렇게도 오랫동안 목회현장에서 고통을 당하실까? 라는 생각을 몇 번이나 거듭해 오다가 근래에 들어서는 내 나름대로의 해답을 찾았다.

　그것은 그 목사님께서는 누구보다도 죄 안 짓고 기도도 더 많이 하면서 살아 가지만 그러나 그분의 기도는 전심, 전력을 다하지 않기 때문이라는 것이다. 그 목사님은 신학생 때도 그렇고 지금도 '금식기도 할 때는 큰 소리로 기도하면 힘이 더 빠진다.'며 단 한 번도 속 시원하게 큰 소리로 부르짖고 기도하지 않는다.

　이 목사님의 기도는 그저 조용조용히 그리고 많이 기도하는 것이다. 그러나 성경은 조용히 골방에서 드리는 은밀한 기도만을 요구하지 않는다. 조용히 골방에서 드리는 은밀한 기도는 내 문제가 아닌 다른 사람들의 문제를 위해 드리는 사랑의 기도이기에 이러한 기도는 조용하게 은밀하게 기도해도 하나님께서 들어 응답해 주신다. 그러나 하나님께서는 우리의 전심을 다해 부르짖는 기도에 더 잘 응답해 주신다. 이러한 기도는 우리의 정성 어린 마음뿐만 아니라, 믿음과 성품과 전심, 전력을 다하는 기도이기 때문이다.

　다음에 기록한 말씀들을 보라. 기도에 대한 응답의 조건은 단

한 가지인데 그것은 그들이 문제를 당할 때마다 힘써 '부르짖음'이
었다.

(사30:19) 시온에 거주하며 예루살렘에 거주하는 백성아 너는 다시 통
곡하지 아니할 것이라 그가 네 부르짖는 소리로 말미암아 네게 은혜를
베푸시되 그가 들으실 때에 네게 응답하시리라

(시86:5) 주는 선하사 사죄하기를 즐거워하시며 주께 부르짖는 자에게
인자함이 후하심이니이다

(시107:4-30) 주는 그들이 광야 사막 길에서 방황하며 거주할 성읍을
찾지 못하고 주리고 목이 말라 그들의 영혼이 그들 안에서 피곤하였도다
이에 그들이 근심 중에 여호와께 부르짖으매 그들의 고통에서 건지시고
또 바른 길로 인도하사 거주할 성읍에 이르게 하셨도다 여호와의 인자하
심과 인생에게 행하신 기적으로 말미암아 그를 찬송할지로다 ...... 사람
이 흑암과 사망의 그늘에 앉으며 곤고와 쇠사슬에 매임은 하나님의 말씀
을 거역하며 지존자의 뜻을 멸시함이라 그러므로 그가 고통을 주어 그들
의 마음을 겸손하게 하셨으니 그들이 엎드러져도 돕는 자가 없었도다 이
에 그들이 그 환난 중에 여호와께 부르짖으매 그들의 고통에서 구원하시
되 흑암과 사망의 그늘에서 인도하여 내시고 그들의 얽어 맨 줄을 끊으
셨도다 여호와의 인자하심과 인생에게 행하신 기적으로 말미암아 그를
찬송할지로다 그가 놋문을 깨뜨리시며 쇠빗장을 꺾으셨음이로다 ......미
련한 자들은 그들의 죄악의 길을 따르고 그들의 악을 범하기 때문에 고
난을 받아 그들은 그들의 모든 음식물을 싫어하게 되어 사망의 문에 이

르렀도다 이에 그들이 그들의 고통 때문에 여호와께 부르짖으매 그가 그들의 고통에서 그들을 구원하시되 그가 그의 말씀을 보내어 그들을 고치시고 위험한 지경에서 건지시는도다 …… 배들을 바다에 띄우며 큰 물에서 일을 하는 자는 여호와께서 행하신 일들과 그의 기이한 일들을 깊은 바다에서 보나니 여호와께서 명령하신즉 광풍이 일어나 바다 물결을 일으키는도다 그들이 하늘로 솟구쳤다가 깊은 곳으로 내려가나니 그 위험 때문에 그들의 영혼이 녹는도다 그들이 이리저리 구르며 취한 자 같이 비틀거리니 그들의 모든 지각이 혼돈 속에 빠지는도다 이에 그들이 그들의 고통 때문에 여호와께 부르짖으매 그가 그들의 고통에서 그들을 인도하여 내시고 광풍을 고요하게 하사 물결도 잔잔하게 하시는도다 그들이 평온함으로 말미암아 기뻐하는 중에 여호와께서 그들이 바라는 항구로 인도하시는도다

4복음서에 나오는 사람들 중에 그 질병이나 여러 고통 가운데서 주님의 치료와 응답을 받은 사람들은 하나같이 그 나름대로의 전심, 전력을 다한 사람들이다. ① 열두 해 동안이나 혈루병에 들어 기운도 없었을 텐데도 불구하고 목숨을 걸고 수많은 사람들을 헤집고 들어가서 마침내 예수님의 옷자락을 만짐으로써 열두 해나 고통하던 혈루병을 고침을 받은 여인이 이러하였다(막5장). 이뿐 아니라 ② '예수께서 자기 곁을 지나가신다.'는 소문을 듣자, 그 기회를 놓치지 않기 위해 곧장 부르짖되 그 곁의 사람들이 '시끄럽다' '잠잠하라' 꾸짖었으나 목이 터져라 주님을 불러댐으로써 마침내는 주

님의 발걸음을 멈추게 해서 그날로 장님이었던 눈을 고침 받은 소경 바디매오도 이러하였다(막10장). 이 외에도 ③ 온몸에 중풍병이 들어 들것에 실려 왔으나 주님을 만날 수 없자, 주님께서 계신 집 지붕을 뜯게 해서까지도 예수님 코앞에까지 나아가 자신의 죄를 사함 받으며 그 중풍병을 고침받은 사람도 이러한 적극적이요, 전심, 전력을 다해 주님께 나아간 사람들이었다.

엘리사의 기도는 그의 전심, 전력을 다한 것이었다. 앞에서 살펴본 바와 같이 그 스승 엘리야가 손을 씻을 때마다 그 손에 물을 부어 주는 지극히 작은 일에까지 충성되었기로 온 나라에 소문이 난 사람이 그 보다 수백 배, 수만 배나 더 중요한 일에 소홀함이 있었을 리가 없었기 때문이다. 이러므로 우리도 전심을 다한 부르짖음의 기도를 하나님께 드리자.

거듭난 후의 40여 년의 나의 기도 생활을 뒤돌아보거나 현재 내 이웃 사람들을 돌아보아도 평소의 기도 중에 적어도 일주일에 몇 시간 정도는 큰 소리로 부르짖고 기도함이 좋다. 이렇게 기도할 때 최상의 영적 컨디션을 유지할 수 있음을 항상 느끼게 되기 때문이다.

(렘29:12~13) 너희가 내게 부르짖으며 내게 와서 기도하면 내가 너희들의 기도를 들을 것이요 너희가 온 마음으로 나를 구하면 나를 찾을 것이요 나를 만나리라

(신4:29) 그러나 네가 거기서 네 하나님 여호와를 찾게 되리니 만일 마

음을 다하고 뜻을 다하여 그를 찾으면 만나리라

(시126:5~6) 눈물을 흘리며 씨를 뿌리는 자는 기쁨으로 거두리로다 울며 씨를 뿌리러 나가는 자는 반드시 기쁨으로 그 곡식 단을 가지고 돌아오리로다

(2) 엘리사가 받은 신령한 능력(은사)들

(고전12:7~11) 각 사람에게 성령의 나타남을 주심은 유익하게 하려 하심이라 어떤 이에게는 성령으로 말미암아 지혜의 말씀을, 어떤 이에게는 같은 성령을 따라 지식의 말씀을, 다른 이에게는 같은 성령으로 믿음을, 어떤 이에게는 한 성령으로 병 고치는 은사를, 어떤 이에게는 능력 행함을, 어떤 이에게는 예언함을, 어떤 이에게는 영들 분별함을, 다른 이에게는 각종 방언 말함을, 어떤 이에게는 방언들 통역함을 주시나니 이 모든 일은 같은 한 성령이 행하사 그 뜻대로 각 사람에게 나눠 주시느니라(개역한글 성경)

삼위일체 하나님에 대해 설명을 하려 하는 일이 거의 불가능해 보이는 것처럼 삼위 하나님의 각 사역이 어디서 어디까지가 성부의 사역이고, 또 성자와 성령의 사역인지에 대하여 정확히 구분하여 말하려는 것 또한 거의 불가능한 일이다. 이에 대해 간략하게나마 짚어보고 넘어가고 싶지만, 이것 또한 이에 필요한 신학적 뼈대보다는 그에 덧붙여야 할 해석적인 살이 몇 배 더 많아져야 할 것 같

아 자제하기로 한다. 이에 본서를 통해서는 다만 구약시대에도 성부, 성자 하나님과 더불어 창조의 사역 등 여러 방면으로 역사하신 성령 하나님께서 엘리사에게 부어 주셨던 신령한 권능들은 어떠한 은사들이었는지에 대해서만 간략하게 살펴보고자 한다.

어떤 이들은 성령께서 주시는 여러 신령한 은사들이나 성령의 충만함 같은 일들은 [사도행전] 2장에 나오는 오순절 마가 다락방 사건 이후에 초대교회 때나 있게 된 일로 말하나 실상은 이러하지 않다.

성령께서 주시는 여러 신령한 은사들로 말미암은 구약시대의 역사는 신약시대에 들어와서 마가다락방의 오순절 사건 이후의 역사들과 조금도 다를 바가 없다. 이뿐 아니라, 성령의 충만함을 받은 일들은 오순절 사건 훨씬 이전인 [누가복음] 1장 사건 속에서만도 세 번씩이나 그 실례를 찾아볼 수 있다(눅1:15, 41, 67).

이러므로 엘리사가 받은 권능들은 모두 다 성령께서 그에게 주신 신령한 은사들로 말미암은 것이라고 보아야 한다. 왜냐하면, 이러한 신령한 은사들은 오늘날 성령께서 주의 몸 된 교회의 지체들에게 부어 주시는 것들이기 때문이다.

그렇다면, 이제 본론으로 들어가서 성령께서 엘리사에게 부어 주신 신령한 은사들(권능)은 어떠한 것들이었는지를 살펴보도록 하자. 그다음에는 우리도 엘리사가 받은 신령한 은사들을 가장 쉽고도 온전하게 그리고 빠르게 받을 수 있는 가장 좋은 방법들도 살펴보기로 하자.

성령께서 주시는 신령한 은사들을 많이 받는다는 것은 곧 '하나님의 권능을 그만큼 강하고도 폭넓게 받는 것'과도 동일하다. 또한 엘리사가 그 스승 엘리야보다도 갑절의 영감을 받은 이 영감(靈感)은 '하나님의 권능'과도 동일한 것임을 알아야 한다. 이러한 이유는 하나님께서 주시는 영감은 믿고 행하는 대로 곧장 하나님의 권능(능력)으로 나타나기 때문이다.

1) '능력 행함의 은사'(고전12:10)

여기서 말하는 〈능력 행함의 은사〉란 자연의 순리(順理)를 초월하여 순리를 역리(逆理)로 바꾸기도 하는 우리 인간의 눈으로 보기에 가장 놀라운 이적을 행하는 은사 중의 하나다. 이 〈능력 행함의 은사〉는 모세가 하나님께 받아서 열 가지 이적을 행함으로서 동족 이스라엘을 출애굽 시키기도 한 최고의 능력적인 은사다. 또한 엘리사가 받은 열 가지가 넘는 여러 은사들 중에 가장 강력하고도 많이 나타난 은사이기도 하다.

엘리사는 그가 받은 이 〈능력 행함의 은사〉를 통해 자신의 스승이었던 엘리야처럼 ① 요단강 물을 가르기도 했고(왕하2:13~14), ② 그 성읍의 터는 아름다우나 물이 좋지 못하여서 고통하던 여리고 성의 병든 물을 고치기도 했다(왕하2:19~22). ③ 또한 죽은 선지생도의 아내로서 가난한 삶을 살아가다 채주에게 두 아들마저 그의 종으로 내어주게 될 위경에 처해 있는 가정에 단 한 병의 기름으로 그녀의 모든 빚을 다 갚고도 넉넉한 생활비마저 남도록 많은 기름을 창조해 내는 일로도 쓰임 받기도 하였다(왕하4:17).

이뿐 아니라, ④ 선지 생도들이 끓인 국 속에 들어있는 독을 없애되 국이 담겨 있는 솥에 가루를 던져서 그 사망의 독을 없애기도 하였으며(왕하4:38~41), ⑤ 보리떡 20개와 자루에 담은 얼마 안 되는 채소를 가지고서도 일백 명의 선지 생도들을 다 배불리 먹이고도 남음이 있는 창조적인 이적을 행하기도 하였다(왕하4:42~44).

작은 기름 한 병으로 엄청난 양의 기름이 창조되게 한다거나 보리떡 20개와 약간의 채소로 100명의 생도들을 먹이고도 남은 이러한 '창조적이고도 능력적인 놀라운 이적'은 예수님께서 일으키신 '오병이어'와 '칠병이어'의 이적과도 같은 놀라운 창조적 능력이었다.

이 외에도 엘리사는 그가 받은 이 〈능력 행함의 은사〉를 통해서 ⑥ 깊은 물속에 빠진 도끼날을 물 위로 떠오르게 하되 한 나뭇가지를 베어서 그 물속에 던짐으로써 도끼날을 물 위로 떠오르게도 했으며(왕6:1~7), ⑦ 자신을 잡으러 온 아람 나라 군대 전체의 눈을 가리워서 그들을 물 없는 사막 가운데로 데리고 가서 칼 한번 사용하지 않고 그들의 항복을 받아내기도 하였다(왕하6:14~23). 이러한 그는 ⑧ 자신의 임종의 순간에도 그 나라 왕 요아스의 손에 안찰하여 그로 하여금 화살을 쏘게 하고 또 화살로 땅을 치게 함으로써 이스라엘 왕 요아스로 하여금 대적 [아람 나라]를 세 번이나 쳐서 이기게도 하였다(왕하13:14~19).

이렇듯 놀라운 〈능력 행함의 은사〉로 쓰임 받은 엘리사를 하나님께서 얼마나 기뻐하셨던지, 그가 죽은 후에도 이 엘리사의 뼈에 죽은 동족의 시체가 닿자, 그 죽은 사람을 즉시로 회생시켜 주기도 하셨다(왕하13:20~21).

엘리사의 스승 엘리야도 〈능력 행함의 은사〉를 받은 사람이었다. 엘리야는 자신에게 부어주신 〈능력 행함의 은사〉로서 ① 하늘에서 불이 떨어지게도 했으며(왕상18:30~38, 왕하 1:9~12), ② 아합왕이 타는 마차보다도 더 빨리 앞서 달리기도 하였으며(왕상18:44~46), ③ 요단강을 가르기도 하며(왕하2:8), ④ 3년 6개월 동안 우로가 없게 하기도 하였고, ⑤ 다시 기도함으로서 3년 반 동안 비가 오지 않던 하늘에서 큰비를 내리게도 하였다(왕상18:41~45, 약5:17~18).

엘리야가 비가 오지 않게 하기도 하고 가뭄으로 비가 오지 않던 땅에 비가 오게도 한 이러한 〈능력 행함의 은사〉로 인한 체험은 필자에게도, 10여 번이 넘는 체험이 있고, 이러한 역사를 지켜본 여러 증인들도 있다.

성령께서는 '네 나이 30이 되면 신학교에 들어가게 해주마'라고 말씀 주셨고 내 나이 30이 되자, 서울에 있는 [순복음 총회신학교] 현재 [순신대학원 대학교]에 들어가게 해주셨다. 이러한 나는 신학교 일학년생이 되었는데 반장이 되었다. 우리 반 학우들의 수는 기억하기 좋게 123명이었다. 그때 나는 7명의 학우들과 함께 '바울 전도단'을 만들어서 격주마다 노방전도를 다니면서 결신자들을 가까운 교회들로 인도해 주었다. 이러한 우리는 여름 방학이 되자 강원도 영월의 단종 유배지 맞은편 강가로 가서 3박 4일간의 '바울 전도단 수련회'를 가졌다.

지금도 휴가철인 여름 방학 때는 전국 도로에 차량들이 줄을 잇게 되고 기차도 만원이 된다. 이에 우리는 영월로 가기 전에 미리 서울서 영월까지 다녀올 왕복 기차표를 예매해 두었었다. 이에 우리는 서울에서 영월까지 가서 산수가 빼어난 영월에서 수련회를 잘 마쳤는데 문제는 서울로 올라가는 일이 문제였다. 그 이유는 우리가 서울로 올라가기로 한 날 새벽부터 장대비가 내리는데 도무지 그칠 기미를 보이지 않았기 때문이다. 이에 우리는 아침도 점심도 텐트 안에서 라면으로 떼웠다.

새벽부터 내리는 비는 오전 열 시가 되어도 양동이로 퍼붓듯이 계속 퍼부어댔다. 라디오 뉴스에서는 '서울의 한강 물도 불어날 것으로 예상되니 강변 근처에 있는 물건들을 다른 곳으로 옮겨라'는 말까지도 나왔다. 이에 우리 중에 제일 나이 많은 학우가 말했다.

"기차 시간에 맞춰서 영월역까지 가자면 얼마 여유가 없습니다. 이에 더 이상은 비가 그치기를 기다릴 수가 없겠습니다. 그러니 지금 밖으로 나가서 비를 흠뻑 맞고서라도 우리들이 친 텐트와 솥과 이불과 여러 장비들을 가지고 나갑시다. 그러나 옷 한 벌씩 만은 비에 젖지 않게 비닐로 잘 싸서 가지고 나가서 영월역전 화장실에서 갈아입도록 합시다." 이에 학우들이 자리에서 일어나려 하자, 내가 말했다.

"여러 학우님들, 아직 시간이 조금 여유가 있으니까 텐트 안에서 2-30분만 더 기다려 주십시오. 하나님께서 제게 주신 〈능력행함의 은사〉로서 아무리 늦어도 2-30분 안에 이 비가 완전히 멈추도록 하겠습니다."

내가 이 말을 하자, 여러 학우들이 신학의 물을 조금 먹었다고 해서 서로 한마디씩을 하는데 어떤 학우는'비는 하나님께서 다 주시는 것인데 이 비가 멈추도록 예수 이름으로 명령하는 것은 성경적이 아니다!'라고 하였다. 이에 나는 다음과 같이 말하였다.

"하나님께서 자연을 통치하시는 것은 사실입니다. 그러나 때로는 마귀가 자연을 이용해서 방해할 때가 있습니다. 그래서 예수님께서 배를 타고 가시다가 배에서 잠간 주무실 때 마귀가 풍랑을 일으키기도 하였던 것이지요. 그때 제자들이 깨우자 일어나신 예수님께서는 바람과 바다를 꾸짖으시니 바다가 아주 잔잔하게 되었지 않습니까?(마8:23-27), 만약 그때의 풍랑을 하나님께서 일으키신 것이라면 바람과 바다를 꾸짖으신 예수님은 잘못되신 분이 아니겠습니까? 내가 보니 지금 내리는 이 비는 사탄이 내리게 하는 비입니다. 이에 하나님께 주의 이름으로 기도드리고 명령하면 그칠 비 같습니다! 그러니 텐트 안에서 잠시만 기다려 주십시오. 이렇게 되면 비 흠뻑 맞고 텐트 걷는 것보다 훨씬 좋지 않겠습니까?"

이 말을 한 나는 텐트에서 나와서 2분 정도 걸어서 물가로 갔다. 그러자, 유 시백 학우도 나를 따라 나오면서 '자기도 기도할 때 비가 그친 적이 있다.'고 말하였다. 이에 그 학우는 다른 편에 가서 기도하게 하고 나는 그와의 반대쪽 물가로 가서는 무릎을 꿇고서 '지금 〈능력 행함의 은사〉로 쓰임 받을 수 있을 정도의 성령 충만을 부어 주십사'고 먼저 기도하였다.

그 이유는 모든 은사는 '성령 충만'이라는 무대 위에서 강력하고도 선명하게 활동하기 때문이다. 이러한 성령충만에도 단계가 있는데 내게서는 웬만큼만 성령 충만해지면 〈방언 은사〉 받기를 사모하는 사람들에게 안수할 때 그들에게도 〈방언 은사〉가 임하였다. 그러나 이보다 더 성령으로 충만해지면 주의 이름으로 귀신을 쫓아내며 병든 자들을 고치는 권능이 나타났다. 그러나 이 정도의 성령 충만 상태보다 최고도의 성령으로 충만해지면 이 〈능력 행함의 은사〉로도 쓰임 받을 수 있었다.

신학교에 들어오기 전에 이에 대해 열 번 이상의 체험을 통애 이를 잘 알기에 최고도의 성령의 기름 부으심(재충만)을 위해 기도하는데 십 여분이 되자, 성령의 불이 굵은 빗줄기와 함께 내게로 쏟아지듯이 내려오는데 그 불이 얼마나 뜨겁든지 내게 내리는 비가 뜨뜻해져서 내 옷과 몸에서 김이 모락모락 나기 시작했다. 이에 나는 '이 정도의 성령 충만(성령 재충만이자, 성령의 기름 부으심)이면 충분하겠다!' 싶어서 자리에서 일어나 하늘을 향해 우측 인지 손가락을 펴고 다음과 같이 명령하였다.

"천지의 주관자이신 예수 그리스도의 이름으로 명한다. 이 비를 내리게 하는 사탄아, 지금 즉시 하늘에서 땅으로 떨어질찌어다. 비야! 네게도 명하노니 지금 즉시 멈출찌어다!"

이렇게 주의 이름으로 두 번 명령하자, 비는 곧 그칠 것 같은 확신이 들었다. 이전에도 이러한 때는 보통 5분에서 늦어도 15분 정도를 기다리면 비가 다 그쳤었기 때문이었다. 이러한 체험은 내게 열 번도 넘게 있었다. 이에 나는 비가 그칠 때까지 무얼 하며 놀까? 생각하다가 이제 서울로 돌아가면 다시 푹푹 찌는 듯한 열기와 오염된 공기 속에서 참고 살 것을 생각하니 내 앞에 있는 시원한 강물이 너무도 소중해 보였다.

이에 나는 '올여름 마지막 수영이다'라는 생각으로 물속으로 들어가서 수영을 즐기는데 같이 온 여자 학우인 이 O희 자매가 내게 와서는 '텐트 안에서 내게 대해 황 반장의 신앙에 대해 이러쿵저러쿵 말이 많으니 이제 그만 텐트로 돌아갑시다.' 하고는 들고 있는 우산 두 개 중에 한 개를 내게 주려고 했다. 이에 내가 이 자매에게 '예수 이름으로 물러가라' 하려다가 그때는 나도 총각이요, 그는 처녀요, 나를 생각해서 내게 온 것임을 알기에 참았다. 그 대신 이 자매와 다음과 같은 대화를 나누었다.

"이 자매님, 하늘을 보세요. 지금 비 완전히 그쳤어요!" 그러자 이 자매가 우산을 내리고 하늘을 보면서 "어머나! 어느새 비가 그쳤네요!" 하고는 신기해하더니 웃으면서 나를 바라보는 얼굴이 존경하는 표정이었다. 그때는 불과 2-3분 사이에 비가 완전히 그쳤고, 하늘에서는 시커먼 비구름들이 마치 태풍에 밀려서 도망가듯이 한쪽으로 급하게 말리면서 아주 빠른 속도로 이쪽 산 끝에서 저 산 쪽으로 쫓겨 가듯이 몰려가고 있을 때였다.

그것도 이 자매님이 텐트에서 나올 때는 엄청난 비가 쏟아지고 있었는데 내게 오기까지 불과 2-3분 사이에 이렇게 비가 멈춘 것이다. 이 자매님은 무슨 생각에 젖었던지 이를 알지 못하고 비가 계속 오는 줄로 생각하고 우산을 받쳐 들고 내게 와서는 다른 우산 하나를 내게 주려 한 것이었다. 이에 하늘을 보면서 신기해하는 이 자매를 보자 내 기분이 아주 좋아졌다. 이에 대단히 기분이 좋아진 나는 다시 이 자매님께 다음과 같은 말을 하였다.

"이 자매님, 저 온 하늘에 몰려가듯이 하는 먹장구름들 있잖아요, 지금 제가 한 번 더 예수님의 이름으로 명령하면 단 일 2초 만에 저 많은 구름들이 순식간에 다 사라져버리고 햇볕이 쨍쨍 내리쬐도록도 할 수 있어요."

"어머머! 그럴 수도 있어요? 그럼 지금 해보세요."

"네. 자, 저 하늘을 잘 보세요. 나사렛 예수 이름으로 명하노니 지금 즉시 비구름은 사라지고 태양아 뜨겁게 내리쬘찌어다. 그래서 비에 젖은 우리 텐트들도 바싹 말라 버릴찌어다."

그러자, 또다시 이 자매의 입가에 환한 미소가 번졌다. 그 이유는 주의 이름으로 명령하는 즉시 불과 2초도 못 되어서 하늘의 먹장구름들이 순식간에 다 사라져 버렸다. 이에 대한 그 방법은 무척이나 간단함을 보고서 나도 신기해했다. 왜냐하면, 나는 단지 전능하신 하나님을 향한 믿음으로 예수님의 이름을 받들어 명령한 것밖에 없었는데 2초 전까지만 해도 엄청나게 말리면서 몰려가던 시커먼 먹구름들이 단 2초 만에 다 사라져 버리고, 한 여름철의 뜨거운 햇살이 작렬하기 시작하였기 때문이다.

그 방법은 먹장구름으로 덮여있던 하늘이 좌우로 딱 절반으로 갈라짐과 더불어 구름은 순식간에 사라지고, 그 중앙에는 이글거리듯 불타는 태양이 나타났기 때문이었다. 이 광경을 자세히 본 이 자매님이 또다시 너무너무 신기해하며 나를 바라보면서 "할렐루야!" 하며 기뻐하였다. 이에 우리 두 사람이 같이 기뻐하면서 자갈밭 위를 걸어서 텐트로 갔더니 새벽부터 텐트 안에만 오랫동안 갇혀있던 학우들이 텐트 밖으로 나와서 기지개를 켜면서 '야, 이제 비 안맞고 텐트 걷어서 갈 수 있게 됐다!'며 기뻐하였다. 이에 내가 "거봐요, 제가 기도하면 하나님께서 비를 그치게 해주실꺼라고 말씀 드렸잖아요." 하였더니 학우들은 이 사실을 믿지 않았다. 그리고는 하는 말이 "이게 우연이지, 어떻게 황 반장이 기도한다고 비가 그칠수가 있나? 그런 소리 하지 말라"며 비를 그치게 해주신 하나님의 은혜에 영광을 돌리지 않았다. 그러자 내 속에 계신 성령님께서 말씀하셨다.

"이 믿음이 적은 자들아! 너희가 언제나 믿음의 사람이 되려 하느냐?" 하시면서 속으로 탄식하셨다. 이에 내가 화가 조금 나긴 했지만, 그보다도 '지금 성령께서 역사하실 이때 다시 한번 기후 변동이 일어나게 해서 장차 주의 일을 해야 할 학우들의 신앙에 영적 발전이 되는 계기를 삼아야 되겠다!'는 생각으로 다음과 같이 말하였다.

"이거 분명히 하나님께서 비를 그치게 해주신 건데 다들 믿지 못하시네요. 이에 제가 이일을 여러분들이 믿도록 해드리기 위해서 지금 이 자리에서 조금 전까지 내렸던 억수 같은 비가 다시 내리도록 기도해 볼까요?" 하였다. 이에 학우들이 "어림도 없는 소리지, 해볼테면 해봐요, 하늘에 구름 한 점 없는데 어떻게 금방 비가 와요." 하였다. 이에 내가 그들과 함께 선 자리에서 잠깐 묵상기도하고 명령하되 먼저 서울까지 입고 갈 내 옷이 비에 젖지 않도록 따로 챙겨 놓고서 다음과 같이 기도했다.

"하나님 아버지 들으셨지요. 우리 학우들에게 믿음을 더하여 주시기를 위하여 한 번 더 주 예수님의 이름으로 명하겠사오니 저의 기도를 들어 주옵소서. 나사렛 예수 그리스도의 이름으로 명한다. 물러갔던 먹장구름들은 다시 나타나고 비야 지금 즉시 다시 내릴찌어다."

그러자, 10초도 못되어서 갑자기 주위가 어두워지기 시작했다.

몰려드는 먹장구름들이 이글거리던 태양을 가리운 것이다. 이어 20여초가 지나자 한 학우가 멀리 있는 강물을 보면서 소리쳐 외쳤다. "어! 어! 어! 저 앞을 보세요. 빗방울이 떨어지고 있는데 이리로 몰려오고 있어요, 비가 또 와요." 이어 몇 초도 못 되어서 세찬 장대비가 코앞으로 다가오자 놀란 학우들이 비를 맞지 않으려고 얼른 텐트 안으로 숨되 다람쥐가 숨듯이 재빨리 텐트 안으로 들어 가버렸다. 이에 나는 더 이상은 주의 이름으로 명하지 않았다. 이에 결국 우리 학우들은 비를 흠뻑 맞으면서 텐트를 걷고 영월역전 화장실로 가서 거기서 겨우 마른 옷으로 갈아입고 서울로 향했다.

그래도 어떤 학우는 끝까지 이 일을 우연으로만 여겼다. 믿지 못한 학우들의 연약한 믿음을 어찌하랴? 믿음은 성령께서 주시는 선물(은사)인 것을 ...... 이러한 일은 그 이전에도 있었고, 지금까지 20여 번이나 내게 있었으며, 지난주 부천시에 있는 한 교회의 부흥성회 인도하고 있던 주일날인 7월 28일 경기도 부천시에서 운전하는 중에 너무나 세찬 비가 옴으로 운전하기가 위험했다. 이에 곁에 앉아 있는 아내에게 "이 비가 그치도록 내가 기도하면 늦어도 20분 안에 그치게 될 것이니 지금 시간을 잘 기억해 놓으세요" 하고는 시내를 운전 해가면서도 주의 이름으로 전과 같이 명하였다. 그러자 이날도 억수같이 퍼붓던 비가 정확하게 20분 만에 완전히 그치게 해주셨다. 그러자 곧장 날씨가 폭염으로 변하였다. 이러한 〈능력 행함의 은사〉를 주신 하나님의 은혜에 감사를 드린다. 나는 이 〈능력 행함의 은사〉 통해 내가 짓던 농작물을 보호하며 국가에도 수

천억(어쩌면 일조) 이상의 큰 유익이 되게 하였으나 작은 지면을 통해서는 이러한 일들을 일일이 다 기록할 수가 없다.

(왕상17:1) 길르앗에 우거하는 자 중에 디셉 사람 엘리야가 아합에게 말하되 내가 섬기는 이스라엘의 하나님 여호와께서 살아 계심을 두고 맹세하노니 내 말이 없으면 수 년 동안 비도 이슬도 있지 아니하리라 하니라 (약5:17-18) 엘리야는 우리와 성정이 같은 사람이로되 그가 비가 오지 않기를 간절히 기도한즉 삼 년 육 개월 동안 땅에 비가 오지 아니하고 다시 기도하니 하늘이 비를 주고 땅이 열매를 맺었느니라

엘리사와 같은 〈능력 행함의 은사〉를 엘리야도 같이 받았었다. 그러나 그는 제자 엘리사보다 이 은사로써 절반 정도밖에 하나님께 쓰임 받지 못했다. 그것은 그가 제자 엘리사에 비해 절반 정도의 영권(영적 권세)밖에 받지 못하였기 때문이었다. 바로 여기에 우리가 현재 받은 능력보다 '갑절의 권능을 받아야 할 이유'가 있는 것이다. 이러한 엘리야의 모습은 〈능력 행함의 은사〉를 통해서만 아니라, 다른 여러 은사들을 통해서도 그대로 나타나며 그가 받은 은사의 가지 수 또한 그 제자 엘리사에 비해 절반 정도 밖에 되지 못했다. 이러므로 우리 모두 하나님의 크신 권능을 더욱 강하게 받자! 그러나 성령의 권능을 강하게 받지 못하는 것이 결코 죄는 아니다. 이러므로 은사자는 성령의 강력한 권능을 받았더라도 나보다 연약한 사람들에 대한 어떤 우월감도 가져서는 안 된다. 오히려 그들의

연약함을 섬겨주려 해야 한다.

2) '계시(啓示) 은사'(고전14:26)

〈계시 은사〉란? 사람의 지혜로 알지 못하는 신비로운 일이나 나아갈 길, 또는 감추어진 일에 대해 하나님께서 보여 주시거나, 음성으로 들려주시는 방법 등으로 문제를 해결하거나, 그 영적 실체를 알게 해 주시는 은사다.

엘리사는 그가 받은 이 〈계시의 은사〉를 통하여 [이스라엘]과, [암몬]과, [유다]의 3개국 연합군이 사막 가운데서 길을 잃고 목이 마르므로 그들이 치러가던 [모압]을 치키는 커녕 오히려 대적의 손에 죽임을 당할 큰 위기에 처하였을 때 이들을 위해 기도하고 물을 얻을 수 있는 계시를 받아 일러 주었다(왕하 3:14~15).

이러한 엘리사는 자신의 문둥병을 고치 받기 위해 [아람나라]에서 이스라엘로 찾아온 나아만에게 그가 문둥병에서 고침 받을 수 있는 신유의 방법도 하나님의 계시를 받아 전해주기도 하였다(왕하 5:1~14). 나아가 [아람국]의 침략으로 인해 성안이 굶주리게 되어서 물가가 크게 폭동했을 때 자신을 찾아온 한 장관에게 그 '물가가 하루만 지나면 크게 폭락할 것'이라는 예언적 계시를 받아서 곤경에 처해 있는 백성들과 왕의 귀에 들려주게도 하였다(왕하7:1~20).

3) '보는 눈(영안의 밝아짐)의 은사'(잠20:12)

〈영안의 밝음 은사〉는 하나님께서 우리 육신의 눈이 아닌 영의 눈을 밝혀 주셔서 그때그때 꼭 필요한 '영적인 실제 상황을 영의 눈으로 보여주시는 은사'다. 이러한 은사를 받은 사람을 보고 흔히 '그는 영안이 밝은 사람이다'라고 말하기도 한다.

엘리사는 그가 받은 이 은사를 통해서 자신을 잡기 위해 국경을 넘어와서 자신을 에워싼 아람 나라의 군사들만을 보고서 두려워 떠는 그 사환의 영의 눈까지도 밝혀 주기도 하였다. 이에 엘리사의 기도로 곧장 영안이 밝아진 사환은 곧 자신들을 에워싼 아람 나라의 군사들 보다 자신들을 도우러 파송된 하나님의 군대(천군 천사들)가 더 많음을 보고는 그 마음에 담대함을 얻을 수 있었다(왕하 6:11~17). 필자에게도 이와 비슷한 체험들이 많다.

청년 때의 일이다. 하루는 갑자기 어머니가 아무것도 보지 못하시면서 위독하셔서 부산의 한 병원 중환자실에 입원하셨다. 나는 '저러시다가 만일 어머니가 세상을 떠나시기라도 한다면 예수를 믿지 않으시는 어머니는 지옥에 가실 것이 아닌가?'라는 생각에 어머님을 찾아가서 그동안 계속해 오던 전도를 했다.

그때 어머니는 자리에서 일어나 앉으시더니 나를 노려보시면서 하시는 말이 "부산에 있는 유명한 도사가 그러는데 내가 이렇게 아픈 이유는 예수를 믿는 네 놈 때문이라 하더라. 그러니 내가 이대로 죽으면 나는 네 놈 때문에 죽는 것이다. 이에 나는 죽더라도 네 형제들이 반드시 너를 죽이라고 유언장을 써 놓고 죽을거니까 네 이놈 그리 알아라"고 하시면서 '빨리 병실에서 썩 나가라'시며 호통을 치셨다. 이러한 어머니는 병원에 입원하시기 전에 내가 예수 믿는 것을 포기하지 않자 하루는 부엌칼을 시퍼렇게 갈아 놓고서는 나를 안방으로 불러서 "우리 동네 누구네 집은 예수 믿다가 망했다. 그래도 네가 계속해서 예수를 믿을 바에는 차라리 이 칼을 입에 물고 앞으로 고꾸라져서 내 앞에서 죽으라."고 까지도 하신 적이 있었다. 그래도 나는 예수를 구주로 믿는 신앙을 포기하지 않았고 그로 인해서 집에서 쫓겨났다.

그러나 이번에는 그때의 상황과 달랐다. '만약 어머니가 저대로 돌아가시면 나는 어머니의 유서대로 진리에 대해서는 아무 것도 모르는 채 다만 어머님에 대한 효심만 가득한 내 동생들의 손에 죽을 수도 있지 않겠는가?'라는 생각이 들었다. 그러자 '이렇게 되면 이 무슨 집안 망신인가?' 하는 생각과 더불어 두려움이 몰려왔다. 또한 어머니의 이 말을 들은 착한 내 동생도 어머니께 계속 전도하는 나를 향해 불만 섞인 말투로 "형님, 그만 하이소" 하였다. 이러한 나는 경남 양산에 있는 [감림산 기도원]으로 올라갔고 그 기도원이 내려다보이는 높은 산에 올라가서는 무릎을 꿇고 기도에 들어갔다. 때는 해가 져서 어둡기 시작하는 저녁이었다.

나는 '이러한 집안 망신이요, 수치스런 죽임을 당치 않게 해 주실 것과 내 어머님을 고쳐 주시고 속히 내 모든 형제들을 구원해 주십사'는 기도 제목을 가지고 무릎을 꿇었다. 무릎을 꿇은 나는 그때부터 '내일 새벽에 저 산 아래에 있는 기도원에서 새벽기도 시간을 알리는 종소리가 울리기까지는 무릎 한번 펴지 않고 어떤 일이 있어도 눈 한 번도 뜨지 않은 채로 일분도 안쉬고 전심을 다해 기도하리라'는 결심을 갖고 기도에 들어갔다. 이렇게 온 밤을 기도로 꼬박 새우는 동안에 마귀와의 직접적인 방해까지도 두 번씩이나 받았을 정도로 그 날 밤의 철야 산상기도는 무척이나 힘이 들었었다.

이에 중간에 이제라도 아픈 무릎을 일으켜 세우고 잠시 기도를 쉬고 싶은 내 자신의 육욕을 수차례 죽여야 했다. 내가 계속 기도하지 못하도록 방해하는 마귀와 더불어 얼마 동안을 싸웠을까? 한번은 내 머리카락이 바짝 서고 온 몸에 소름이 돋게 하던 사탄이 내게로 다가 왔는데 이 놈은 새까만 흑암으로 그 지름이 100m나 되는 두텁고 둥근 구름처럼 저 멀리 있는 산 위에서부터 점점 내게로 다가왔다.

영안을 통해 내게로 다가오는 이 구름을 보고 있는데 이 구름이 약 100m 정도 높이의 하늘에서 멈추는데 내 머리를 중심으로 사방 50m 정도로 둘러섰다. 이어 서서히 내게로 가라앉기 시작했다. 그러자 내 머리가 쭈볏 서면서 온몸에 소름이 돋아나면서 엄청난 두려움이 나를 감싸기 시작했다. 이러한 나는 '이 상태에서 속히 벗어나지 못하거나 이 구름이 내 몸까지 감싸게 되면 내가 미쳐서 정신병자가 될 수도 있겠다!'는 생각이 들었다.

나는 이 일전에 여러 귀신들과도 싸워 보되 그 길이가 30m나 되

는 기다란 뱀과도 싸워봤고 용과도 싸워 봤었다. 또한 수백, 수천
에 달하는 군대귀신과도 싸워 이겨봤는데 이 흑암으로 내게 다가온
이것보다도 싸워서 이기기가 훨씬 더 쉬웠다. 이에 나는 다급하게
"성령님 지금 제 머리 위에서 서서히 가라앉고 있는 이 흑암은 무엇
입니까?" 여쭈었다. 그러자 성령님께서 "사탄이다. 물리쳐라" 하셨
다. 이에 이 흑암의 정체가 사탄임을 안 나는 잠시나마 놀라고 두려
워했던 내 자신에 대해서와 이 사탄에 대해 화가 났다. 이러한 나는
이 사탄을 향해 '사탄아 물러가라'고 명하지 않고 이 사탄에게 끝까
지 모욕을 주면서 내쫓고 싶었다. 이러한 나는 이 사탄을 향해 "이
못돼먹은 잡귀야, 예수 이름으로 명하노니 내게서 떠나가라. 이 쌍
놈의 귀신아 떠나가" 라고만 하여 사탄을 사탄이 아닌 잡귀 취급하
여 계속 명하였다. 그러자 내게로 점점 더 가라앉던 구름이 하늘로
높이 올라가더니 저 산 너머로 사라지기를 두 번을 반복하더니 다
시는 내 앞에 나타나지 않았다. 그러자 갑자기 너무도 아름다운 찬
양이 하늘에서 울려 퍼지면서 내 눈앞이 환해졌는데 높고 높은 하
늘에서 빛나는 별 같은 것들이 지상 500m 정도 높이로 내려오는
데 너무도 아름다웠다. 이에 저 수많은 별 같이 반짝이면서 하늘에
서 내려오는 것들이 무엇일까? 하고 자세히 바라보자 그것은 작은
별들이 아니라 하얀 날개가 달린 300여 명의 아기 천사들이 다양
한 악기를 손에 들고 두 날개로 날면서 하늘에서 나를 향해 날아오
는 모습들이었다. 이렇게 지상 300m 정도까지 내려온 아기 천사
들은 우리 한국 사람들이 서로 손을 잡고 둥그렇게 서서 강강술래

노래를 부를 때 서로 손을 잡고 춤을 추는 것처럼 300여 미터 상공까지 내려와서 두 날개로 날면서 춤을 추면서 '승전가'를 부르며 하나님을 찬양했다. 이 천사들은 여러 가지 악기를 연주하면서 찬양을 불렀는데 이들이 부르는 찬양은 내가 태어나서 듣는 가장 은혜로운 찬양이었다. 이를 황홀한 마음으로 쳐다보고 있는데 이 아기 천사들이 몇이나 될까? 그 수를 알고 싶어졌다. 그러자 이 아기 천사들이 내 앞에 있는 그 큰 풀잎들 위에 사뿐 사뿐히 줄을 지어 가라앉는데 다들 작은 고추잠자리들처럼 변하여서 기다란 풀잎마다 열 마리의 잠자리들도 줄을 지어 앉는데 그 줄이 30줄이었다. 이에 내 앞에 잠자리들처럼 앉은 천사들의 수는 300여 천사들이었다. 이러한 모습 또한 아주 신기한 모습이어서 이들을 바라보고 있는데 저 아래 기도원에서 새벽예배 드릴 시간이 되었음을 알리는 종소리가 들려 왔다.

'뎅그렁'거리는 새벽 종소리를 듣자 '아, 내가 온 밤을 새워 눈 한번 안 뜨고, 무릎 한번 안 펴고 1분도 안쉬고 계속 기도하는 일에 성공했구나! 그래서 이 아기 천사들이 나의 기도응답에 대한 승리를 축하해 주는 의미로도 하나님을 향한 승전가를 불러 주었구나! 하는 생각이 들었다. 그와 동시에 천사들도 사라졌다. 이에 나는 마음에 힘을 얻었다. 그 이유는 '내 눈 앞에 나타난 천사들이 비록 아기 천사들이었지만 이는 하나님께서 나와 함께해 주셔서 나를 지켜 주시겠다는 증거일 것'이라는 확신이 들었기 때문이었다. 이에 나는 병원 중환자실에 계시는 어머니께 전화를 드려서 '하나님께서 어머니 눈을 고쳐 주셨으니 이제 곧 눈이 밝아지게 될 것'이라고 말씀 드렸는데 이날 아침에 다시 눈이 완전히 밝아졌다.

이후 어머니는 교회 집사가 되셨다가 지난해에 소천하셨는데 예수를 구주로 믿는 첫해 겨울이 되자 내게 "나, 올해 성경 2독 했다." 말씀하셨고, 필자가 인도하는 부흥성회들에 참석하셔서 주의 이름으로 나타내 주시는 치유들을 눈으로 보고 매우 기뻐하셨다. 이어 여동생도 교회로 데리고 나가셨는데 지난해 90세에 소천하셨다.

이처럼 '보는 눈 〈영안의 밝음 은사〉'는 그때그때 이루어지고 있는 영적 실상을 우리에게 보여준다. 이로 인해 성도들이 마음에 담대함을 가지게 할 뿐만 아니라, 우리로 하여금 하나님의 영광된 승리의 삶을 살아가게 함에 있어 큰 도움을 준다.

4) '듣는 귀 은사'〈영의 귀 밝음 은사〉

[아람나라]의 군대가 엘리사 한 사람을 잡기 위해 [이스라엘]을 쳐들어 간 것은 엘리사의 영의 귀가 어찌나 밝은지 [아람나라] 왕이 그 신복들로 더불어 은밀히 말하는 1급 군사전략까지도 [이스라엘]에 있는 엘리사가 다 듣고서 이스라엘 왕에게 말해 주었기 때문이었다.

엘리사는 그 영안이 밝아졌을 뿐만 아니라, 그 영의 귀까지도 대단히 밝아지는 신령한 은사를 받았다. 이러한 은혜를 받은 그는 자신이 속한 나라를 외세의 침입에서 수차례 지켜내게 했을 뿐만 아

니라(왕하6:8~12), 자신을 죽이려고 오는 사람의 발자욱 소리까지
도 먼발치에서 미리 알아들을 수 있었다(왕하6:32).

이러한 〈영의 귀 밝음의 은사〉는 그 스승 엘리야에게도 있었다.
이러한 엘리야는 3년 6개월의 기나긴 가뭄의 끝을 예고하는 큰비
의 소리를 먼발치에서 미리 듣고 이를 아합왕에게 말해주고 일곱
번을 기도하니 바다 건너편에서 먹구름 하나가 떠오르더니 곧 큰
비가 쏟아졌다(왕상18:41~45).

이러한 〈영의 눈 밝음 은사〉와 〈영의 귀 밝음 은사〉를 강하게 받
으면 때로는 성도의 몸속에서나 그의 가정 등에서 그를 괴롭히는
귀신의 형상까지도 훤히 볼 수 있을 뿐만 아니라, 그 귀신들이 자기
네들끼리 몰래 속닥거리는 작은 소리까지도 밝히 들을 수 있다. 이
러한 신령한 은사들은 질병으로 고통 하는 성도를 고치는데도 큰
유익을 가져다주기도 한다.

  5) '신유 은사'

어떤 사람이 〈신유 은사〉를 받았다 하더라도 그가 병든 자를 고
칠 때마다 항상 주 예수의 이름으로 명령하거나 그 병든 자의 몸에
손을 얹어 안수함으로 고치지는 않는다.

신유의 방법은 무척이나 다양하다. 이에 대한 약40여 가지의 방
법들은 본인의 저서 「신유 사전」이라는 책을 참조해 보시면 많은
유익이 되리라 믿는다.

엘리사는 문둥병을 고치기 위해 자신을 찾아온 나아만이 그가 그 병에서 치료받을 수 있는 한 방법을 기도하는 가운데 계시를 받아서 그의 귀에 들려주었다. 우리가 잘 아는 대로 그 계시대로 요단 강물에 일곱 번 그 몸을 잠그고 씻은 나아만은 그 자리에서 문둥병을 깨끗하게 고침을 받았다. 즉 〈신유 은사〉를 받은 엘리사는 그의 손으로 안수해서 병자를 고친 것이 아니라, 그 병자에게 필요한 계시의 말씀만을 그에게 보내어서 이로 인해 그가 고침을 받게 한 것이다(왕하5:1~14).

엘리사가 나아만에게 보낸 말씀은 단순히 계시의 은사로만 되어진 것이 아니다. 왜냐하면, 그러한 계시의 내용은 〈신유 은사〉를 받은 자가 쉽게 받을 수 있는 치유의 말씀(신유 계시)이었기 때문이요, 실제로 〈신유 은사〉를 강하게 받게 되면 병자가 고침 받게 될 방법에 대한 성령님의 많은 음성들을 들려주신다. 이렇듯 병자에게 필요한 말씀만을 보내서 병자를 치료하는 역사는 예수께서 즐겨 사용하시던 방법이기도 하였다(마8:5~13, 요 4:46~53). 이러한 신유적 방법은 오늘날 성령께서도 우리를 통해 즐겨 사용하시는 한 방법이시기도 하다. 이 외에도 엘리사는 그 받은 〈신유 은사〉로써 수넴 여인의 죽은 아들을 살려내는 일로도 쓰임 받기도 했다(왕하 4:9~37).

엘리사의 스승 엘리야도 사렙다 과부의 죽은 아들을 살려내기도 했다. 그러나 그는 그 제자 엘리사 보다도 죽은 아이를 살려내는 일에 거의 갑절이나 더 힘들었다(왕상17:17~22). 이것이 바로 하나님께 받는 영권(靈權)의 차이요, 능력(권능)의 차이다. 여기에 오늘날의 우리가 보다 더 강력한 성령의 권능을 갑절에서 갑절까지라도 받아야 할 분명한 이유가 있다.

(시107:20) 그가 그의 말씀을 보내어 그들을 고치시고 위험한 지경에서 건지시는도다

6) '예언 은사'

엘리사도 그 전의 모든 선지자들이 하나님께 받았던 〈예언 은사〉를 받았다. 이러한 그는 장차 이스라엘 땅에 있게 될 '7년 간의 기근을 예언'하되 온갖 정성을 다해서 자신에게 맛있고도 기름진 음식을 공궤했던 수넴 여인에게만 비밀히 이 사실을 알려주었다. 이에 그 여인으로 하여금 미리 기근을 피해 [블레셋] 땅으로 가게 해서 그곳에서 하나님의 보호를 받을 수 있게 하셨다. 수넴 여인을 향한 이러한 엘리사의 마음은 그 자신의 마음에 잊지 못할 '사랑의 빚'을 지운 사람에 대한 고마움의 배려였다(왕하8:1~16, 4:13).

이러한 엘리사의 마음은 필자에게도 마찬가지여서 내게 '사랑의 빚'을 지운 몇 사람에게 다가오는 큰 복을 미리 말하여 주기도 하였다. 이에 1997년 IMF 체제가 되기 직전에 여러 사람들에게 가진 돈을 미리 달러로 환전해서 갖고 있게 함으로서 수 많은 사람들이 경제적인 고통을 이기지 못하여서 날마다 자살을 할 때도 오히려

재물의 복을 받도록 인도해 주었다. 이러한 그들은 IMF가 터지기 직전에 가진 돈들을 1달러당 905~908원에 환전해 놓았다가 달러의 가치가 최고도로 상승하였던 1970원대까지 오르자 다 팔게 하였다. 이에 그들로 하여금 하나님께서 주시는 큰 재물의 복을 받도록 인도해 주기도 하였다.

하나님께 이러한 은혜를 받은 필자는 제12대 전두환 대통령 때부터 제20대 윤석열 대통령 직전까지 하나님께서 차기 대통령으로 누구를 세워 주실지에 대한 예언을 받아 전하기도 하였다. 이에 대한 예언들은 다음과 같다.

(롬13:1-7) 각 사람은 위에 있는 권세들에게 복종하라 권세는 하나님으로부터 나지 않음이 없나니 모든 권세는 다 하나님께서 정하신 바라 그러므로 권세를 거스르는 자는 하나님의 명을 거스름이니 거스르는 자들은 심판을 자취하리라 다스리는 자들은 선한 일에 대하여 두려움이 되지 않고 악한 일에 대하여 되나니 네가 권세를 두려워하지 아니하려느냐 선을 행하라 그리하면 그에게 칭찬을 받으리라 그는 하나님의 사역자가 되어 네게 선을 베푸는 자니라 그러나 네가 악을 행하거든 두려워하라 그가 공연히 칼을 가지지 아니하였으니 곧 하나님의 사역자가 되어 악을 행하는 자에게 진노하심을 따라 보응하는 자니라 그러므로 복종하지 아니할 수 없으니 진노 때문에 할 것이 아니라 양심을 따라 할 것이라 너희가 조세를 바치는 것도 이로 말미암음이라 그들이 하나님의 일꾼이 되어 바로 이 일에 항상 힘쓰느니라 모든 자에게 줄 것을 주되 조세를 받을 자

에게 조세를 바치고 관세를 받을 자에게 관세를 바치고 두려워할 자를
두려워하며 존경할 자를 존경하라

　나는 다른 은사들은 다 받기를 사모하였으나 〈예언 은사〉는 받
고 싶지 않았다. 왠지 이 은사를 받으면 나도 무당 비슷한 언행을
하게 될 것 같은 염려 때문이었다. 이에 신령한 여러 은사들에 대해
나로 알게 해주신 한 여자 목사님이 "황 목사님도 〈예언 은사〉 받기
를 사모하고 기도하세요." 하셨어도 이에 대해서는 이 목사님 앞에
서만 몇 마디 드린 기도 외에는 기도하지 않았다. 이러한데도 어느
새 내게도 〈예언 은사〉가 임하여 있어서 사소한 일들에 대한 예언
들이 나오기 시작했다. 이렇게 시작된 〈예언 은사〉가 점점 더 커지
고, 예언의 내용이 확장되더니 우리나라의 장래에 대한 일부 예언
까지도 주셨다. 이러한 성령님은 차기 대통령은 누가 될 것인지에
대한 여러 예언들도 주셨다.
　여기서는 이에 대해 주셨던 예언들 중에 전두환 대통령 때부터
차기 대통령으로 세워주신 몇 분들에 대해 예수님께서 내게 계시해
주셨던 예언들을 기록해 드리고자 한다.
　하나님은 장래에 되어질 예언적인 일들에 대해 말씀하실 때 꼭 〈
예언 은사〉를 받은 사람의 입을 통해 음성으로만 말씀하시지는 않
는다. 이에 어떤 때는 꿈으로 말씀하시고, 어떤 때는 방언 통역으
로, 어떤 때는 환상을 통해서나 계시로도 장래 일을 말씀해 주기도
하신다.

필자가 신학교 3학년 때였던 1987년이었다. 이때 대통령은 전두환씨였는데 차기 대통령 선거를 몇 달 앞둔 상태에서 한 꿈을 꾸었다. 이때의 나는 차기 대통령이 하나님을 경외하는 좋은 정치인이 되기를 바랐다. 이에 '김영삼 씨의 부친께서 장로님이고, 김영삼 씨도 장로라'는 말을 듣고는 김영삼씨가 차기 대통령이 되기를 바라고 기도했었다. 이러한 때 한 꿈을 꾸었는데 꿈속에서 펼쳐진 배경은 '공수특전사 장교' 훈련을 시키는 연병장에서 작전지인 산속을 향해 계속 여러 대의 대포들을 발사하고 있었고, 자동소총들로도 총알을 빗발같이 쏴대고 있었다.

이 훈련은 '공수특전사 장교'가 되기 위한 마지막 훈련이었는데 이 훈련을 받는 생도들은 ① 이렇듯 퍼부어 대는 대포들과 총알에 맞아 죽지 않고, ② 훈련소장이 명령한 작전지역으로 가서 임무를 수행한 후, ③ 정해진 시간 내로 연병장 안으로 들어와야 '공수특전사 장교' 장교임관식에 참석하여 장교로의 임관을 받을 수 있었다. 이렇게 마지막 작전을 수행하고 연병장 정문으로 들어오면 연병장에서 대기하고 있는 군악대의 팡파르가 울려 퍼지면서 '공수특전사 장교 임관식'이 거행되게 되어 있었다.

이에 더 자세히 보니 연병장 앞쪽에는 한 단상이 놓여 있고, 그 단상 아래에 놓인 의자들에는 현직 대통령인 전두환씨와, 노태우씨와, 나라의 여러 관리들이 앉아서 생도들이 연병장으로 들어오기를 기다리고 있었다. 이들을 보는 순간에 장면이 바뀌더니 나와 다른 한 훈련 생도가 나와 똑같이 정한 시간 직전에 정문 안으로 뛰어 들어

왔다. 이러한 우리는 대통령께서 기다리시는 연단 앞으로 가서 경례를 한 후 차렷 자세로 서 있으면서 다른 대원들도 다 속히 연병장 안으로 들어오기를 기다렸다. 그러나 정해진 시간이 지나도 아무도 오지 못했다. 이에 10여 분이 지나자, 전두환 대통령이 오른손에 든 지휘봉을 우리 훈련소 소장(투 스타)을 향하면서 책망하였다.

"이봐! 지금도 이렇게까지나, 작전지역을 향해 대포와 총들을 쏘면서 생도들의 목숨이 위험하도록까지 훈련을 시켰으니 아직 도착하지 못한 생도들은 다 죽은 거 아니야?"
"아닙니다! 각하 조금만 더 기다려 주십시오. 저는 하나님께서 우리 생도들을 지켜 주셨으리라고 믿습니다."하였다.

이에 대통령께서 "조금만 더 기다려 보자" 하고 기다리셨으나, 여전히 아무도 오지 않자 청와대로 돌아가려고 하셨다. 이를 본 내가 대통령께 나아가 경례를 붙이고는 말했다. "각하, 제가 작전지로 가서 남아 있는 우리 생도들을 데리고 오겠습니다. 저를 믿고 조금만 더 기다려 주십시오."

이에 대통령께서 내가 다녀올 것을 허락해 주셨다. 이에 내가 뒤로 돌아서 정문을 향해 달려가자 나와 함께 왔던 한 생도도 나를 따라 함께 뛰었다. 이렇게 하여 작전지로 가는 도중에 보니 명령받은 임무를 다 수행하고 돌아오던 생도들이 훈련소에서 날아오는 포탄들과 총알에 맞아 죽을 것 같아서 더 이상은 오지 못하고 커다란 굴속에 들어가 있는데 인원이 너무 많아서 굴속으로 다 들어가지 못하고 50여명은 굴 앞에 있는 큰 바위에 앉아 있었다. 그러나 이들이 모여 앉아 있는 곳은 위에서부터 바위까지 맑고 강한 방탄유리 같은 보호막이 이들을 감싸듯이 덮고 있어서 포탄도 이 방탄유리를 뚫지 못하고 있었다. 이에 내가 "대통령께서 기다리시니 빨리 나를 따라오라, 나는 훈련소 연병장까지 총을 맞지 않고 무사히 가는 길을 안다."고 하여 다 무사히 연병장까지 데려왔다. 이러한 우리의 발걸음이 정문에 들어서자 준비된 군악대의 축하 팡파르가 울렸고, 우리가 대통령 앞에 줄을 서자, 곧장 '공수특전사 장교 임관식'이 시작되었다. 그런데 연단에 서서 연설을 하는 사람이 현직 대통령이 아닌 노태우씨가 연설을 하고 마쳤다. 그러더니 이번에는 마치 자기가 마치 대통령인 것처럼 우리 생도들에게 다가와서는 목에 화환을 걸어주고, 소위 계급장을 달아 주고는 축하의 악수를 하였다. 이러한 노태우씨는 자신이 장교 계급장을 달아주고, 악수를 하는 사람들에게 전 대통령이 듣지 못하도록 작은 목소리로 "앞으로 이 나라는 나와 당신들이 이끌어가야 합니다."라고 하였다.

이를 보고 들은 나는 속으로 생각하기를 '이 사람이 차기 대통령이 되는구나! 그렇다면 지금 장교 임명을 받고 있는 우리 사관생도들의 수는 몇 명이나 될까? 얼른 세어 봐야겠다.' 하였다. 이에 우리가 서 있는 줄을 세어보니 횡으로는 20명, 종으로 15명씩이어서 전부 300명이었다.

'공수특전사 장교 임명'을 받는 우리의 수가 300명임을 안 순간 내 마음에 '우리는 이스라엘이 범죄하여 미디안의 손에 붙여져서 7년간 압제를 받을 때 기드온이 300명 용사로서 미디안을 치고 나라를 구한 것(삿7:1-7) 같이 우리 300명도 이렇듯 우리 대한민국을 구원할 영적인 군사이구나!'를 깨닫는 순간 꿈에서 깨어났다. 이에 '차기 대통령은 노태우씨가 될 것'임을 말하였더니, 두 달 후 노태우씨가 대통령에 당선 되었다. 이러한 노 대통령의 임기가 끝나 갈 때 하나님께서 차기 대통령을 누구로 세우실지에 대해 환상으로 보여 주셨다. 이 환상 속에는 그 머리가 일찍 백발이 된 김영삼씨가 머리카락을 까맣게 염색을 하고, 강단에 서서 대통령으로 당선된 소감을 말하고 있었다. 이러한 김영삼씨의 곁에는 김종필, 김대중씨도 서있었다. 그런데 내 곁에서 이 김영삼씨를 함께 바라보고 계시던 예수님께서 너무나도 답답해하시면서 가슴을 치셨다. 이에 예수님과 나와의 대화가 이루어졌다.

  "예수님, 저 김영삼씨를 대통령으로 세우고자 하시는 분이 예수님이신데 왜 그렇게도 답답해하시나요?

  "이는 저가 대통령이 되면 내 속을 얼마나 썩일는지 내가 밝히 알기 때문이다."

  "그렇다면 예수님께서 저 곁에 서있는 김종필씨나 김대중씨를 대통령으로 세우시지요."

  "저 김대중이는 지금 대통령으로 세워 줄 수 없다. 김대중은 아직도 저 마음속에 복수심을 품고 있다. 이에 저가 지금 대통령이 되면 너희 한국은 큰 혼란에 빠져들게 된다. 너희 대한민국은 지금까지 군부정치가 계속 되었다. 하지만, 이제 너희 한국은 내가 원하는 만큼의 〈자유 민주주의 국가〉가 되어야 한다. 이를 위해서는 이 중간에 '문민정부'가 들어서야 한다. 이를 위해 내가 저 김영삼이를 이번 대통령으로 세우려 하는 것이다."

이후 두 달이 지나자, 김영삼씨가 대통령이 되었는데 예수님께서 내게 미리 말씀해 주신대로 이 김영삼 대통령은 우리 한국교회에는 해만 끼치고 대신 불교는 힘껏 밀어주면서 온갖 일들로 예수님의 속을 무던히도 썩였다. 이러한 제 14대 대통령인 김영삼씨가 우리 한국교회에 많은 해를 끼치면서 하나님의 영광을 크게 가렸다. 그러자 당시의 교계에서 '김영삼 대통령을 교회에서 출교시켜야 한다!'는 말까지도 나돌았다. 이러한 김영삼 정부는 '사고 공화국'으로 우리 역사에 칭하여졌을 정도로 온갖 큼직큼직한 사고들이 연속되었다. 이에 우리가 잘 아는 ① 출근길의 성수대교 붕괴, ② 서울발 부산행 열차 구포에서의 충돌사고, ③ 충주 유람선 침몰, ④ 대한항공 칼기 폭파 사건(1987년 11월 29일) 등이 계속되었다. 그러나 이러한 중에서도 김영삼씨는 [석가탄신일]이면 전국의 절간마다 자기 이름으로 연등을 달도록 하며 이를 국고로 지원해 주기도 하였다.

이 김영삼 정부의 끝이 다가오자, 다시 대통령 선거를 두어 달 앞둔 때에 성령께서 "하나님께서 차기 대통령으로 세우실 자는 김대중이다."고 계시해 주셨다. 그러나 나는 이때도 '이번 대통령은 누가 될 것이라'는 말을 공개적으로 하지 않고, 후일 증인이 되어줄 몇 사람에게만 말해 주었다. 이때 말해 준 사람들 중의 두 사람은 전남 지역에 사는 두 전도사였다. 이때 나는 여수시와 순천시 사이에 있는 여서에 있는 [베데스다 기도원]의 부흥성회를 인도하고 있을 때였다. 그런데 대통령 선거일이 눈앞에 다가오자 이 두 남자 전도사가 '차기 대통령은 누가 되는지 가르쳐 달라'고 졸라대는데 사흘이나 연속 졸라댔다. 이에 견디다 못해 "이번에는 정권이 바뀐다." 말해주었다. 그러자 "이번에 정권이 바뀐다면 김대중 선생이 대통령이 됩니까?" 묻기에 "그렇다!"고 대답해 주었다. 그러자 이들의 얼굴이 즉시로 환해지더니 잔치가 벌어진 것처럼 크게 기뻐하였다.

얼마 후 대통령선거일이 되었고, 이날 저녁부터 선거 개표가 시작되었다. 그러나 나는 과로로 인해 많이 피곤하였고, 결과가 어떻게 될 것을 알기 때문에 '대통령 선거 개표 방송 결과도 보지 않고 일찍 잠자리에 들려 했다. 그때 이 두 전도사 중의 한 전도사에게서 전화가 와서 대화가 이루어졌다.

"목사님, 지금 '대통령 개표 방송'을 보고 계시나요? 김대중씨 표가 계속 뒤지고 있습니다. 이게 어떻게 된 일입니까?"

"전도사님, 염려 마세요. 하나님은 거짓말하지 않으십니다."

이 말을 한 나는 곧장 잠을 청했고, 다음날 일어나보니 김대중씨가 대통령에 당선되어 있었다. 이러한 김대중 정부도 끝이 다가왔고, 차기 대통령 선거를 앞두자, 성령께서 내게 "하나님께서 차기 대통령으로 세우실 자는 노무현이다."고 말씀해 주셨다. 이에 며칠이 지나자 나를 동생같이 여기시는 일산 [아멘 기도원]장이신 정 0인 목사님에게서 전화가 왔다.

"황 목사, 이번에는 누가 대통령이 될 것 같애?"

"노무현씨입니다."

"그래? 노무현은 정치적인 배경도 약하고, 돈도 없고 힘들지 않을까?"

"두고 보세요."

이 말을 한 후 대통령 선거 하루 전날 밤에 이 정 목사님이 또 내게 전화를 했다.

"황 목사, 오늘 저녁 아홉 시 뉴스 봤어? 그동안 노무현씨를 밀어주고 함께 해주던 현대 그룹 정 00 회장님이 오늘 노무현과 결별했데. 그렇지 않아도 정치적인 배경이 너무 약한 노무현씨는 대통령이 될 수 없게 됐어!"

"황 목사, 너 이번에는 예언 잘못했다."

"하나님은 거짓말 하지 않으십니다. 두고 보세요."

다음날 대통령 선거일이 되자, 이 정 목사님에게서 또 전화가 왔다.

"황 목사, 오늘 새벽기도 시간에 강단에서 기도하는데 성령께서 나를 책망하시면서 '너는 오늘 투표할 때에 노무현씨를 찍어라'고 하셨어. 나는 이 음성을 똑똑히 들었다. 이에 우리 노인복지관에 있는 모든 할머니들을 다 차에 태워서 투표장으로 모시고 가면서 노무현씨를 찍어달라고 말했다. 우리 할머니들은 나를 무척 좋아해"

이에 하나님께서 우리나라의 제 16대 대통령으로는 노무현씨를 세워주셨다. 그러나 예수님은 선하신 의도로 각 대통령들을 세워주셨지만, 세움 받은 대통령들은 다 자기가 잘나서 대통령이 된 줄 알고, 자신이 마음에 품고 있는 합당치 못한 일들을 많이 행하기도 하였다. 이에 영(靈)으로 이들을 만날 때마다 한두 가지씩 책망을 하였으나, 대부분은 대답도 하지 않았다(고전5:1-5).

성경에는 '사람이 크게 되거나, 작게 되거나, 부하게 되거나, 존귀케 되거나, 강하게 되는 일들이 사람이 아닌 하나님께로 말미암는다.' 기록되어 있다. 이후 지면 관계상 이후는 생략하고 현 대통령에 대해서만 간략하게 기록하는 바이다.

(대상29:11-12) 여호와여 위대하심과 권능과 영광과 승리와 위엄이 다 주께 속하였사오니 천지에 있는 것이 다 주의 것이로소이다 여호와여 주권도 주께 속하였사오니 주는 높으사 만물의 머리이심이니이다 부와 귀가 주께로 말미암고 또 주는 만물의 주재가 되사 손에 권세와 능력이 있사오니 모든 사람을 크게 하심과 강하게 하심이 주의 손에 있나이다

하나님께서 차기 대통령으로 세우신 윤석열 대통령에 대해서는

아무런 예언도 미리 받지 못하였다. 다만 선거 3일 전에 성령께서 "너는 내일부터 선거가 끝나는 날 저녁때까지 이틀 동안 하루 일곱 시간씩 국가와 대통령 선거를 위해 기도하라" 명하셔서 이에 순종하였다. 이에 대통령 선거시간이 거의 끝나갈 즈음 곧 이날 나의 일곱 시간 동안의 구국 기도가 끝나갈 즈음에 눈을 감고 기도하는 내 앞에서 흰옷을 입은 어떤 사람이 나타났다. 이 사람은 그 등을 내게로 향한 채로 그동안 국가를 위해 기도한 글들이 기록되어 있는 나의 여러 종이들을 여기저기서 줍더니 어떤 기구(금향로)에 주워 담은 후 나를 힐끗 돌아보더니 "이제 됐다!"는 단 한마디의 말만 하고는 아주 다급한 듯이 하늘로 "쑝 ~ !" 올라가 버렸다.

잠시 본 이 흰옷을 입은 사람은 하나님께서 윤석열씨를 대통령으로 세우고자 하셔서 이를 위해 기도하는 분들의 기도를 모아 금향로에 담아 하늘로 올라간 천사였다. 이를 보고 눈을 떠서 시간을 보자 대통령 선거 시간 마지막 20분 전이었다. 이러므로 누가 아무리 신령하다고 해도 '나는 차기 대통령이 누가 될지 기도해서 다 응답 받아서 예언해 줄 수 있다.'고는 말할 수 없음을 깨달았다. 전지하신 하나님을 찬양하는 바이다.

7) 자신이 받은 은사를 타인에게도 나누어 주는(전가 시키는) 은사

엘리사는 자신을 잡기 위해 국경을 넘어온 아람 군대를 보고 두려워하는 자기 사환으로 하여금 담대함을 갖게 하였다. 이를 위해 엘리사는 두려워하는 사환을 위해 "여호와여 원컨대 저의 눈을 열어서 보게 하옵소서"라는 한 마디의 기도였다. 그러자 이 사환의 영의 눈이 곧장 밝아졌다. 이는 그가 받은 '보는 눈' 곧 〈영안의 밝음 은사〉를 두려워 떨고 있는 자신의 한 사환도 받게 하여 그들 앞에 벌어지고 있는 영적인 실상을 바로 볼 수 있게 하려는 행위였다.

그러나 이렇듯 자신이 받은 은사를 그가 원하는 다른 사람도 받게 하는 이러한 일은 아무나 할 수 있는 것이 아니다. 그가 받은 은사를 다른 사람에게도 나누어 주려면 먼저 그 자신이 그러한 은사를 타인에게까지 나누어 주는 은사까지도 받아야 만 할 수 있는 일이다. 사도 바울에게는 이러한 은사가 강하였었다(롬1:11).

오늘날 자신이 받은 은사를 다른 사람도 받을 수 있도록 그 은사를 나누어 주는(전가시키는)데 쓰임 받는 많은 사람들이 있는데 이들 중 대부분은 〈방언 은사〉와, 〈방언 통역은사〉와, 〈신유 은사〉 등을 나누어 주는 선이다.

하나님께서는 나같이 부족한 자에게도 엘리사처럼 내게 주신 여러 은사들을 나누어 주는 은사를 주셨다. 이러한 은혜를 받은 나는 가까이 지내는 여러 사람들에게 그가 원하는 여러가지 은사들을 받도록 안수해 주거나 인도해 주되 각 사람마다 적어도 서너 가지에서 20여 가지의 은사까지도 받도록 해주는 일로도 쓰임 받고 있다.

이는 내 자신이 하나님의 사랑을 받을 만한 의인이어서가 아니다. 나 같은 사람은 부족함이 너무 많은 사람이다. 이에 다른 사람들은 흙 속에서 취함을 입은 것 같아도 나는 거름더미에서 주님의 품에 안긴 것 같기 때문이다(고전1:26-29). 이러한 하나님께서는 내게 주신 여러 은사들을 다른 여러 주의 종들에게도 주기를 명하셔서 여러모로 부족하기 그지없는 나이지만 조용히 이 일에도 쓰임 받고 있다. 나의 경험으로 볼 때면 하나님께서는 내게 나아오신 거의 모든 주의 종들에게 〈신유 은사〉를 주셨거나 주기를 원하셨다.

(롬1:11) 내가 너희 보기를 간절히 원하는 것은 어떤 신령한 은사를 너희에게 나누어 주어 너희를 견고하게 하려 함이니

8) '믿음의 은사'(왕하4:42~44)

〈믿음의 은사〉가 함께하지 않고는 어떤 신유나 이적도 대부분 일어나지 않는다. 이러므로 〈신유 은사〉가 약화 되거나 소멸되는 사람에게는 신유 사역에 필요한 〈믿음의 은사〉도 함께 약화 되거나 소멸된다. 그에게 주신 〈믿음의 은사〉가 약화 되기 전에는 병자를 보면 '저 사람을 고칠 수 있다!' '저는 내 밥이다!' 라는 믿음부터 들었으나 〈신유 은사〉가 소멸되거나 약화 되면 그 후부터는 병자만 보면 부담감부터 갖게 된다. 이 외에도 능력의 종 엘리사가 받은 성령의 은사들은 대략 아래와 같은 은사들이다. 이에 대해서는 해당 성구들만으로서 이에 답해 드리고자 한다.

9) '심령투시의 은사'

(왕하5:20-27) 하나님의 사람 엘리사의 사환 게하시가 스스로 이르되 내 주인이 이 아람 사람 나아만에게 면하여 주고 그가 가지고 온 것을 그의 손에서 받지 아니하였도다 여호와께서 살아 계심을 두고 맹세하노니 내가 그를 쫓아가서 무엇이든지 그에게서 받으리라 하고 나아만의 뒤를 쫓아가니 나아만이 자기 뒤에 달려옴을 보고 수레에서 내려 맞이하여 이르되 평안이냐 하니 그가 이르되 평안하나이다 우리 주인께서 나를 보내시며 말씀하시기를 지금 선지자의 제자 중에 두 청년이 에브라임 산지에서부터 내게로 왔으니 청하건대 당신은 그들에게 은 한 달란트와 옷 두 벌을 주라 하시더이다 나아만이 이르되 바라건대 두 달란트를 받으라 하고 그를 강권하여 은 두 달란트를 두 전대에 넣어 매고 옷 두 벌을 아울러 두 사환에게 지우매 그들이 게하시 앞에서 지고 가니라 언덕에 이르러서는 게하시가 그 물건을 두 사환의 손에서 받아 집에 감추고 그들을 보내 가게 한 후 들어가 그의 주인 앞에 서니 엘리사가 이르되 게하시야 네가 어디서 오느냐 하니 대답하되 당신의 종이 아무데도 가지 아니하였나이다 하니라 엘리사가 이르되 한 사람이 수레에서 내려 너를 맞이할 때에 내 마음이 함께 가지 아니하였느냐 지금이 어찌 은을 받으며 옷을 받으며 감람원이나 포도원이나 양이나 소나 남종이나 여종을 받을 때이냐 그러므로 나아만의 나병이 네게 들어 네 자손에게 미쳐 영원토록 이르리라 하니 게하시가 그 앞에서 물러나오매 나병이 발하여 눈같이 되었더라

10) '강력한 축복권'

(왕하4:8-17) 하루는 엘리사가 수넴에 이르렀더니 거기에 한 귀한 여인
이 그를 간권하여 음식을 먹게 하였으므로 엘리사가 그 곳을 지날 때마
다 음식을 먹으러 그리로 들어갔더라 여인이 그의 남편에게 이르되 항상
우리를 지나가는 이 사람은 하나님의 거룩한 사람인 줄을 내가 아노니
청하건대 우리가 그를 위하여 작은 방을 담 위에 만들고 침상과 책상과
의자와 촛대를 두사이다 ...... 하루는 엘리사가 거기에 이르러 ...... 이 수
넴 여인을 불러오라 하니 곧 여인을 부르매 여인이 그 앞에 선지라 엘리
사가 자기 사환에게 이르되 너는 그에게 이르라 네가 이같이 우리를 위
하여 세심한 배려를 하는도다 내가 너를 위하여 무엇을 하랴 ...... 엘리
사가 이르되 그러면 그를 위하여 무엇을 하여야 할까 하니 게하시가 대
답하되 참으로 이 여인은 아들이 없고 그 남편은 늙었나이다 하니 이르
되 다시 부르라 하여 부르매 여인이 문에 서니라 엘리사가 이르되 한 해
가 지나 이 때쯤에 네가 아들을 안으리라 하니 여인이 이르되 아니로소
이다 내 주 하나님의 사람이여 당신의 계집종을 속이지 마옵소서 하니라
여인이 과연 잉태하여 한 해가 지나 이 때쯤에 엘리사가 여인에게 말한
대로 아들을 낳았더라

11) '강력한 저주권'

(왕하2:23-24) 엘리사가 거기서 벧엘로 올라가더니 그가 길에서 올라

갈 때에 작은 아이들이 성읍에서 나와 그를 조롱하여 이르되 대머리여 올라가라 대머리여 올라가라 하는지라 엘리사가 뒤로 돌이켜 그들을 보고 여호와의 이름으로 저주하매 곧 수풀에서 암곰 둘이 나와서 아이들 중의 사십이 명을 찢었더라 (왕하5:23-27)

12) '말씀의 은사' 등이다.

이 〈말씀의 은사〉에 대해서는 특별한 설명을 덧붙일 필요가 없다. 그것은 이 〈말씀의 은사〉는 그가 참으로 하나님께서 부르신 주의 종이라면 하나님께서 누구에게든지 거의 다 주시는 은사이기 때문이다. 문제는 다만 그가 이 〈말씀의 은사〉를 얼마나 강하게 받았느냐? 아니면 약하게 받았느냐? 하는 것일 뿐이다.

제7단계 - 믿고 구한 것은 받은 줄로 믿고 행하라

하나님의 능력을 강하게 받으려 하는 대부분의 사람들은 '하나님의 능력을 받는 일'이 엄청나게 힘든 것으로 잘못 생각하고 있다. 이러한 생각은 신령한 일에 대한 무지나 또는 성령의 능력을 아주 쉽게 받는 방법을 잘 모르는데서 기인된다. 이러한 생각을 하는 사람들은 〈병 고치는 은사〉 한 가지만 받으려 해도 며칠간을 금식하며 기도하거나 이에 상응하는 어떤 노력들을 기울여야 되는 줄로 생각한다. 그러나 본서의 이 7단계와 다음 제3장 부분에 수록된 대로만 믿고 행하여도 ① 성령의 권능은 우리의 상상을 초월할 만큼 너무도 손쉽게 받을 수 있고, ② 폭넓게 받으면서도, ③ 강하게 받을 수 있다. 이를 위해 먼저 아래에 기록된 말씀들을 자세히 읽어보기 바란다.

(1) 그동안 믿고 구한 것은 받은 줄로 의심없이 믿으라

(막11:20-24) 그들이 아침에 지나갈 때에 무화과나무가 뿌리째 마른 것을 보고 베드로가 생각이 나서 여짜오되 랍비여 보소서 저주하신 무화과나무가 말랐나이다 예수께서 그들에게 대답하여 이르시되 하나님을 믿으라 내가 진실로 너희에게 이르노니 누구든지 이 산더러 들리어 바다에 던져지라 하며 그 말하는 것이 이루어질 줄 믿고 마음에 의심하지 아니하면 그대로 되리라 그러므로 내가 너희에게 말하노니 무엇이든지 기도하고 구하는 것은 받은 줄로 믿으라 그리하면 너희에게 그대로 되리라

하루는 전남 순천시에 있는 '미스바 기도원'에서 집회를 인도하고 있는데 한 소경 처녀가 내게 안수기도를 받으러 나왔으나 필자가 기도해 주어도 보지 못하였다. 그러나 다시 기도해 줄 때는 그 마음 속에 의심을 떨치게 한 후 확실한 믿음을 갖게 하고 안수를 받자, 그 즉시 눈이 밝아지게 해주셨다. 이러므로 믿고 구한 것은 받은 줄로

의심 없이 믿으라. 그리하면 그 믿음대로 역사해 주심이 하나님께서 만드신 법칙이요, 영적인 법칙이다.

'믿음'은 의심없는 선포다. 이러한 믿음의 선포로서 귀하의 마음에 의심을 주는 원수 마귀에게 자꾸 고춧가루를 뿌려라. 이러므로 '그동안 믿고 구한 대로 되지 않을 수 있다.'는 의심, 곧 마귀가 주는 의심을 앞에 기록된 말씀으로 물리쳐서 이겨라

(약1:6-8) 오직 믿음으로 구하고 조금도 의심하지 말라 의심하는 자는 마치 바람에 밀려 요동하는 바다 물결 같으니 이런 사람은 무엇이든지 주께 얻기를 생각하지 말라 두 마음을 품어 모든 일에 정함이 없는 자로다

(눅7:2-10) 어떤 백부장의 사랑하는 종이 병들어 죽게 되었더니 예수의 소문을 듣고 유대인의 장로 몇 사람을 예수께 보내어 오셔서 그 종을 구해 주시기를 청한지라 이에 그들이 예수께 나아와 간절히 구하여 이르되 이 일을 하시는 것이 이 사람에게는 합당하니이다 그가 우리 민족을 사랑하고 또한 우리를 위하여 회당을 지었나이다 하니 예수께서 함께 가실새 이에 그 집이 멀지 아니하여 백부장이 벗들을 보내어 이르되 주여 수고하시지 마옵소서 내 집에 들어오심을 나는 감당하지 못하겠나이다 그러므로 내가 주께 나아가기도 감당하지 못할 줄을 알았나이다 말씀만 하사 내 하인을 낫게 하소서 나도 남의 수하에 든 사람이요 내 아래에도 병사가 있으니 이더러 가라 하면 가고 저더러 오라 하면 오고 내 종더러 이것을 하라 하면 하나이다 예수께서 들으시고 그를 놀랍게 여겨 돌이키사

따르는 무리에게 이르시되 내가 너희에게 이르노니 이스라엘 중에서도 이만한 믿음은 만나보지 못하였노라 하시더라 보내었던 사람들이 집으로 돌아가 보매 종이 이미 나아 있었더라

(2) 믿고 구한 것은 '내게 이루어졌다.' 선포하라

사랑하는 독자들이여, 그동안 더 큰 능력, 이미 받은 능력 위에 갑절의 능력을 사모하고 이를 주십사고 간구하였는가? 성경과 본서에 기록된 대로 힘써 부르짖었는가? 그렇다면, 이제는 그동안 믿고 구한 것은 받은 줄로 믿고 귀하께서 구한 대로 다 이루어졌음을 선포하라, 귀하가 그토록 사모하고 구한 능력이 이미 귀하에게 임하였음을 선포하라, "이제 나도 성령의 권능으로 충만하다!! 하나님 감사합니다." 감사기도와 감사의 예물을 드리라, 이것이 그동안 귀하께서 힘쓰고 애써 부르짖은 기도에 대한 '믿음의 선포식'이다. 이는 귀하의 곁에 있는 천사들도 듣고 녹화하여 하나님께 보고한다.

앞에 기록된 말씀대로 '태산이라도 들리어 바다에 던져지라' 하면 즉시, 또는 언젠가는 이 산이 들리어 바다에 던져지게 됨이 영적인 법칙이다. 하나님께서 사람에게 주신 혀의 권세는 실로 대단함을 알게 될 것이다.

(민14:28) 그들에게 이르기를 여호와의 말씀에 내 삶을 두고 맹세하노라 너희 말이 내 귀에 들린 대로 내가 너희에게 행하리니

(약3:4-5) 또 배를 보라 그렇게 크고 광풍에 밀려가는 것들을 지극히 작은 키로써 사공의 뜻대로 운행하나니 이와 같이 혀도 작은 지체로되 큰 것을 자랑하도다 보라 얼마나 작은 불이 얼마나 많은 나무를 태우는가 (잠18:20-21) 사람은 입에서 나오는 열매로 말미암아 배부르게 되나니 곧 그의 입술에서 나는 것으로 말미암아 만족하게 되느니라 죽고 사는 것이 혀의 힘에 달렸나니 혀를 쓰기 좋아하는 자는 혀의 열매를 먹으리라

(3) 믿고 순종한 것은 이룬 줄 믿고 행하라

'행함이 없는 믿음은 죽은 것이다.' '행함이 없는 믿음은 아무런 유익도 주지 못한다(약2:14-20).' 이러므로 그동안 〈강력한 신유 은사〉 받기를 구하였다면 이제는 성령의 재충만(기름부으심)으로 무장하고 귀신들린자, 중병에 들려 고통하는 자에게로 그를 향한 사람과 성령께서 함께해 주실 것을 굳게 믿는 믿음으로 그에게 다가가서 기도해 주라, 우리의 모든 질고를 대속해 주신 예수 이름으로 명령하라. 그 병자 속에 있는 귀신도 귀하가 하나님을 향해 가진 믿음을 꿰뚫어 보고 있다. 이에 귀하가 성령의 재충만함을 받고 믿음으로 나아가면 병자 속의 귀신들도 겁을 먹고 떨게 되고 이어 쫓겨난다. 그러나 아주 특별한 일이 없는 이상 믿음의 기도가 없는 기도에는 겁도 먹지 않고 쫓겨나지도 않는다.

(약5:15) 믿음의 기도는 병든 자를 구원하리니 주께서 그를 일으키시리라 혹시 죄를 범하였을지라도 사하심을 받으리라

성령의 신령한 은사들은 그 영적인 물줄기를 타고 내려가 임하는 맥이 있다. ① 모세에게 임하였던 〈능력 행함 은사〉와 〈지혜의 은사〉 등이 여호수아에게도 그대로 전가 되었고, ② 이미 말씀드린 엘리야에게 임하였던 다양한 은사들도 엘리사에게 갑절로 전가 되었으며, ③ 예수님께서 행하시던 다양한 은사들이 그 제자들에게도 임하였다. 이처럼 성령의 은사들은 그 영적 물줄기(맥)를 타고 내려가 임하는 예가 많다. 이러한 일을 바울은 잘 알고 있었다. 그래서 다음과 같은 말을 그 믿음의 아들 디모데에게 한 것이다.

〈신유 은사〉가 강력하였던 빌립 집사에게 주신 네 딸들에게 다 〈예언 은사〉가 임하였던 것과 같이(행21:8-9) 필자에게 주신 아들이 여덟 살 되던 때에도 여러 성령의 신령한 은사들을 부어 주셨다. 이러한 필자의 아들이 초등학교 5학년 때 우리 교회 부흥성회를 인도하러 오신 강사님이 찬양을 부를 때 드럼을 치는데 아주 은혜롭게 쳤다. 이를 본 강사님이 '드럼을 어떻게 배웠냐?'고 묻자. 아들은 "이것은 어디서 배운 것이 아니고 어느 한 날 갑자기 '나도 드럼을 쳐보고 싶다. 나도 드럼을 잘 칠 수 있을 것 같다!'는 믿음이 생겨서 아빠가 인도하는 집회 때 처음으로 스틱을 잡고 드럼을 쳤는데 그 날부터 〈드럼 치는 은사〉가 제게 주어져서 이렇게 치고 있어요."

하였다. 그러자 이 목사님이 곧장 자신의 부인(사모)에게 전화를 해서 자신의 두 쌍둥이 아들을 다 우리 교회로 빨리 오게 하더니 "내 두 아들도 너와 같은 나이니까 서로 좋은 친구가 되고 내 아들들도 너처럼 드럼을 잘 치게 해달라고 네가 안수기도 좀 해주라" 하셨다. 이에 아들이 이들에게 안수해 주자, 이 두 아들도 그 시로부터 곧장 드럼을 잘 치는 아이들이 되어 하나님과 성도들을 기쁘게 해드렸다.

그의 위에 여호와의 영 곧 지혜와 총명의 영이요

모략과 재능의 영이요 지식과 여호와를 경외하는

영이 강림하시리니_사 11:2

제3장

성령의 능력을
갑절로 받은 실화들

제3장

성령의 능력을 갑절로 받은 실화들

성령님은 3위 일체 하나님의 한 위(位)로서 전지, 전능하시다. 이러한 성령님은 전 세계 모든 나라들의 정치, 경제, 군사, 문화 등을 다 아시며, 전세계 모든 사람들의 심령까지 다 아신다. 나아가 성부 하나님의 깊은 것까지도 통달하신다. 이러므로 성령의 권능으로 충만한 삶을 살아가려는 사람은 반드시 이 성령님께서 자신에게 어떠한 방법(감화, 감동, 음성, 지시, 꿈, 방언 통역, 예언, 확신 등)으로 말씀하시든지 그 모든 말씀과 인도하심에 가감 없이 순종하면서 살아가는 종의 자세를 갖추고 살아가기 위해 힘써야 한다. 이러한 사람에게는 성령께서 끊임없이 기름 부음을 더하여 주시면서 그로 하나님의 영광을 드러내면서 살게 하여 주신다.

"오직 하나님이 성령으로 이것을 우리에게 보이셨으니 성령은 모든 것 곧 하나님의 깊은 것이라도 통달하시느니라 사람의 사정을 사람의 속에 있는 영 외에는 누가 알리요 이와 같이 하나님의 사정도 하나님의 영 외에는 아무도 알지 못하느니라" (고전2:10-11)

이러므로 나 자신의 이성적인 판단이나 계산 등을 부인하고 기록된 말씀 위에 굳게 서서 성령님의 인도하심을 따라 사는 일은 세계 제일의 정치, 경제, 군사, 문화 등 전문분야의 석학들을 내 비서로 두고 살아감보다도 더욱 현명한 일이다.

본서의 마지막 장인 여기서 먼저 드리고자 하는 유익은 ① 설교를 잘하는 일과, ② 강력한 〈신유 은사〉를 쉽게 받는 방법과, ③ 탁월한 신학 교수가 되는 지혜와, ④ 강력한 영권과 인권이 따르는 부흥강사가 되는 방법과, ⑤ 많은 재물이 따르는 일 곧 강한 물권과, 성령의 권능을 강하게 받는 여러 가지 방법들에 대해 성경과 필자의 경험을 바탕으로 이를 간략하게 말씀드리고자 한다.

1. 〈지식의 말씀 은사〉를 강하게 받은 여전도사

〈지혜의 말씀 은사〉와 〈지식의 말씀 은사〉를 강하게 받을수록 설교에 탁월한 자가 된다. 이는 〈지식의 말씀 은사〉를 강하게 받은 자의 속에 계신 성령께서 ① 진리의 말씀인 성경을 깊숙하게 보는 눈과, ② 성경을 폭넓게 알게 해주는 깨닫는 마음과, ③ 문자로 기록된 성경 말씀 속에 감추인 신령한 비밀들을 들을 수 있는 귀를 활짝 열어 주시기 때문이다. 이러한 〈지식의 말씀 은사〉를 강하게 받은 사람은 기록된 성경뿐만 아니라, 하나님의 마음도 더욱 깊고, 폭넓게 알게 된다.

성경은 '광산'에 비유되기도 한다. 이에 같은 목사라 할지라도 이 〈지식의 말씀 은사〉를 가장 약하게 받는 분은 죽기까지도 이 광산과 같은 성경의 본문에서 석탄 수준의 설교밖에 캐내지 못한다. 그러나 이보다 갑절의 은사를 더 받으면 이 〈지식의 말씀 은사〉로서 같은 본문 속에서도 철과 같은 성분을 캐내서 설교하게 되고, 이보다 갑절로 〈지식의 말씀 은사〉를 더 강하게 받는 분들은 같은 본문 속에서도 금이나 은 같은 성분을 캐내서 설교하게 되고, 〈지식의 말씀 은사〉 중에 최고도의 '학자의 혀(사50:4)'와 같은 은사를 받는 분들은 같은 본문 속에서도 열두 보석을 캐내서 양들에게 먹인다. 이는 ① '보는 눈'과, ② '듣는 귀'와, ③ '깨닫는 마음'이 하나님께 있기 때문이다(눅10:22-24).

"듣는 귀와 보는 눈은 다 여호와의 지으신 것이니라" (잠20:12)
"모세가 온 이스라엘을 소집하고 그들에게 이르되 여호와께서 애굽 땅에서 너희 목전에 바로와 그 모든 신하와 그 온 땅에 행하신 모든 일을 너희가 보았나니 곧 그 큰 시험과 이적과 큰 기사를 네가 목도하였느니라 그러나 깨닫는 마음과 보는 눈과 듣는 귀는 오늘날까지 여호와께서 너희에게 주지 아니하셨느니라" (신29:2-4)

이 〈지식의 말씀 은사〉를 강하게 받고 싶다면 본서의 제2장에 기록한 필자의 간증대로 한 개척교회의 여전도회 헌신예배 설교 한 편의 준비를 위하여서 직장도 그만두고 기도원으로 들어가서 40일 작정기도를 하였던 것처럼 최선의 노력과 기도를 다하는 설교로서 성도들의 영혼과 주의 몸 된 교회를 섬겨 봄도 좋다.

이 외에도 다음과 같이 행함으로서 〈지식의 말씀 은사〉를 강하게 받은 한 여전도사처럼 심어보기를 바란다. 이 여전도사님은 필자가 일산에 있는 [아멘 기도원]의 부흥성회를 인도할 때 필자가 전하는 말씀에 큰 은혜를 받고 내게 다가와서 "목사님, 저도 목회를 해야 하는데 설교는 도저히 자신이 없습니다. 저도 목사님처럼 설교를 잘하도록 〈지식의 말씀 은사〉를 강하게 받도록 안수 해주세요." 하였다. 이러한 전도사님은 안수기도를 받기 전에 먼저 내게 집회 중에 맛있는 식사를 세 번이나 대접해 주고 나서 축복기도를 받았다. 그러자, 이 전도사에게도 〈지식의 말씀 은사〉가 강하게 전가되었다. 이 일이 이루어지자, 경기도 양평의 한 기도원에서 40일 금식기도 중에 20일이 지나자, 전남 순천시에 있는 자신의 교회로 매 주일 설교하러 가는 일에 체력이 부족해서 못 가고 있는 한 목사님에게서 다음과 같은 전화가 왔다.

"목사님, 지난해에 이어 드리는 이번 40일 금식기도가 20일이 지나자, 몸에 기운이 없어서 이제는 순천에 있는 저희 교회로 주일 설교를 하러 가지 못하겠습니다. 이에 목사님께서 제가 40일 금식기도를 마치고 힘을 얻어서 순천으로 내려가기까지 매주일마다 제가 섬기는 교회로 가서 주일 오전과 오후 예배를 인도해 줄 여전도사님 한 분을 소개해 주시기 바랍니다."

이에 어제 〈지식의 말씀 은사〉를 강하게 받은 이 여전도사님을 소개해 드렸고, 이 전도사님이 며칠 후 주일날 일산에서 순천에 있는 교회로 가서 첫 주일 오전과 오후 예배를 인도하고 올라와서는 내게 다음과 같이 말했다.

"목사님께 안수 받음으로서 제게도 전가 된 이 〈지식의 말씀 은사〉 참으로 대단합니다. 이전에는 설교를 너무 못해서 성도들 보기가 너무 민망했었는데 어제 주일날 순천교회에서 설교하자, 큰 은혜를 받고 성도들 ⅔가 울므로서 눈물바다를 이루었습니다. 이제 설교에 자신이 있습니다. 하나님의 은혜가 너무 감사하고, 저를 위해 축복기도해 주신 목사님께도 감사드립니다."

이러므로 어떤 부분에 탁월한 은사를 받은 은사자를 통해 어떠한 신령한 은사(능력)를 전가 받으려 한다면 그저 말로만 부탁하지 말고 이 여전도사님처럼 먼저 그 은사자에게 맛있는 식사라도 몇 번 대접해 드리거나 작은 것이라도 무엇을 선물해드림으로서 그의 마음에 사랑의 빛을 지운 후(왕하4:13)에 그의 안수기도를 받는 것이 지혜로운 빙법임을 알기 바란다.

2. 필자에게서 보고 배운대로 행한 순복음교회 목사

오래전의 일이다. 이때 필자는 [부산 금식기도원] 제3차 부흥성회를 인도하고 기차를 타고 서울 내 집으로 가기 위해 기도원을 나서려 하자, 부산에서 목회하시는 세분 목사님들이 내 앞을 가로막고는 다음과 같은 부탁을 하였다.

"목사님, 서울로 가시려면 구포역에서 11:50분에 출발하는 기차 시간이 아직도 한 시간 50분이나 남았습니다. 저희 세 교회 목사님들(순복음, 성결교, 장로교)이 이곳에서 20분 거리에 있는 한 교회에 성도들을 모아놓고 목사님을 기다리게 해놓았습니다. 지금 곧장 저희들과 함께 가주셔서 한 시간 20분 동안 설교를 부탁합니다. 성도들을 모아놓은 교회가 구포역에서 가깝습니다. 이를 허락해 주시면 저희가 구포역에서 11:50분 기차를 타도록 늦어도 7분 전까지 기차역으로 모셔다 드리겠습니다."

일이 이렇게 시작되어 부족한 필자를 통해서도 하나님의 권능을 받겠노라고 나를 따라 다니시는 세분의 목사님이 계셨다. 이 중의 한 순복음교회 목사님은 말씀으로 제자 양육에 힘쓰시던 분인데, 하루는 내게 찾아오셔서 하는 말이 "목사님, 나는 우리 교회 성도들뿐만 아니라, 전국으로 뛰어 다니면서 여러 주의 종들을 말씀을 통하여 예수님의 제자로 양육하는 일에 힘쓰고 있습니다. 그러나 나는 하나님의 말씀만을 가지고서 이 모든 목사님들을 예수님의 제자로 삼는 일에 한계를 느끼고 있었습니다. 이에 나는 예수님의 참된 제자는 하나님의 말씀만을 체계적으로 가르쳐 드릴 것이 아니라, 성령의 충만한 권능도 함께 받게 해드려야 한다는 것을 깨달았습니다. 이에 나는 저의 세미나에 참석하시는 분들이 성령의 권능까지도 받게 해드리려면 먼저 제 자신부터 성령의 권능으로 충만해야 한다고 생각하고 목사님과 같은 분을 만나기를 오랫동안 찾고 있었습니다."

이러한 목사님은 자신도 나와 같은 능력들을 받을 수 있도록 인도해 달라고 하셨다 그 목사님은 방언 기도조차 제대로 못하여서 '루루루루' 하는 정도로 10년이 넘도록 지내오신 분이셨다. 이에 나는 내가 나가는 부흥성회나 여러 집회에 나를 따라다니면서 내가 하는 여러 말을 잘 귀담아 듣고 그대로 해보라고 했다. 그 후 목사님은 내가 인도하는 여러 부흥성회에 부지런히 참석하시되 어떤 때는 수요 저녁 예배만 빼놓고는 다 참석하실 정도로 아예 나와 숙식을 같이 하시면서 집회에 부지런히 참석하셨다. 이에 하루는 안수해 드리고 싶은 마음이 들어서 안수기도를 해드렸더니 10년이 넘도록 발전이 없던 방언이 유창하게 터지기 시작했다. 그 후 또 기도해 드렸더니 〈방언 통역 은사〉가 임했다.

또 하루는 먼 지방인 부산을 다녀오는데 그 주간 내내 자신의 차로 나를 태우고 운전해 주시길래 기도해 드리고픈 마음의 감동이 또 와서 운전대를 잡고 운전하고 있는 목사님의 어깨에 손을 얹고 기도해 드렸더니 〈신유 은사〉가 임하는 등 그 후에도 여러 은사들이 그 목사님께 주어졌다.

    지금의 그 목사님은 제자 양육 세미나를 인도하는 중에도 거기 참석하는 대부분의 사람들이 〈방언 은사〉 정도는 쉽게 받게 할 정도로 '영력이 강한 주의 종'이 되셨다. 이에 한번은 한 교회의 부흥성회를 인도하고 와서는 내게 말하기를 "목사님, 이제 저도 목사님처럼 교회의 부흥성회를 인도하면 그 교회 성도들 100% 다 〈방언 은사〉를 받게도 해주십니다." 하며 크게 기뻐하였다.

    우스꽝스런 것은 그 일 후로 그 목사님이 하는 기도형태나 행동이 나를 너무 닮았다는 것이다. 그 후 하루는 우리 교회 한 성도님이 나를 찾아와서 하는 말이, "목사님, 어느 목사님이 인도하시는 집회에 갔더니 그 하시는 언행이 꼭 목사님을 닮았어요. 혹시 그 목사님을 아세요?"라고 하기에 나는 "이 세상에는 서로 닮은 사람도 많잖아요." 말하고는 돌아서서는 그가 순복음교회 목사인지 알므로 나 혼자서 피식 웃고 말았다. 이러한 목사님은 초등학교에 다니는 자신의 두 아들도 필자의 아들처럼 〈입신 은사〉 받기를 사모하고 구함으로 이에 기도해 주니 두 아들에게도 〈입신 은사〉가 임하여서 어릴 때부터 자주 천사도 만나고, 예수님도 뵈면서 성도들의 곤란한 문제해결에 대한 계시들도 받아줌으로 교회에 큰 유익들을 주었다.

3. 거의 필자의 수준에 이른 성결교회 목사

　이분은 성결교회 목사로서 앞에서 말한 [순복음교회] 목사와 함께 말씀으로의 제자훈련에 힘쓰시던 분이시다. 이 목사님도 앞에서 말한 [순복음교회] 목사님과 함께 자주 교제하면서 필자에게서 신령한 은사들에 대해 많은 것들을 배우면서 함께 기도에 힘썼다. 이는 필자가 얼마후 부산과 접한 김해시에서 다시 교회를 개척하여 섬겼기 때문에 [순복음 교회] 목사와 [성결교회 목사]님 부부와 이 두 교회에 속한 청년들과 매주 토요일 저녁에 만나서 신령한 일들에 대해 가르쳐 주면서 함께 기도하였기 때문이다. 이에 몇 달이 지난 후 이 [성결교회]의 부흥성회를 인도하고 마치는 마지막 광고시간이었다. 설교를 마친 내가 축도로써 이 주간의 부흥성회를 마무리 하려 하자, 이 목사님이 "목사님, 잠깐만요, 하나님께서 이 시간에 우리 교회 한 여청년에게 주신 〈찬송시 은사〉로 저희 교회에 주고자 하시는 말씀을 주신답니다."

　이 말을 한 목사님은 그동안 필자가 훈련시키는 중에 〈찬송시 은사〉를 강하게 받은 한 여청년을 강단 앞으로 불러내고는 "자매님(이름이 기억나지 않는다), 이 시간 하나님께서 자매님에게 주신 〈찬송시 은사〉를 통해서 우리 교회에 주고자 하시는 말씀이 계시 답니다. 지금 자매님 마음에 주시는 감동(계시)대로 찬송을 불러 보십시오." 하였다(이러한 목사님의 영적 수준은 이미 필자의 수준에 거의 다가와 있을 정도로 고차원이었다).

이에 이 자매가 두 곡의 찬송(즉시로 자작곡이 되어 나오는 찬송)을 불렀다. 이중 먼저 부른 찬송은 '교회 개척가'로서 그 핵심 내용은 "너희 교회는 지금 마음에 감동이 오는 대로 헌금을 하여 상가건물을 얻어서 한 목사를 파송하여 하나의 교회를 개척케 하라"는 내용이었다. 이어 나온 찬송은 '성전건축가'였는데 그 핵심 내용은 "너희는 일어나 너희 교회 성전을 건축하라"였다. 이 모든 내용은 발람이 타고 기던 나귀의 입을 열어서도 사람의 말로 하나님의 계시를 전하게 하셨던 것처럼(민22:23-31), 성령께서 이 자매의 입을 통해 주신 계시의 말씀이었고, 필자도 '교회 개척가'와 '성전건축가'와 같은 찬송은 처음 듣는 찬송이었다. 이에 대한 열매는 둘 다 대단히 좋았다.

그 즉시로 부산 시내에 있는 한 상가건물을 얻고 강대상과 음향 시설 등을 갖출 수천 만원의 헌금이 작정 되어 이달에 한 교회를 개척하였고, 이 [성결교회] 성도 수는 70여 명이었는데 2년 안에 아름다운 성전이 건축되었다.

4. 생각지 못했던 〈신유 은사〉를 강하게 받은 일

오늘날 많은 분들이 〈병 고치는 은사〉 받기를 위해 열심히 기도한다. 이에 사모하는 이 은사를 받기도 한다. 하지만 더러는 약하게 받거나, 아예 받지 못하는 안타까운 분들도 있다. 이러한 분들은 다음에 기록된 필자가 행한대로 노력하기를 바란다.

하나님께서 필자에게 주신 강력한 〈신유 은사〉는 나를 위해서가 아니라, 죽어가는 병자를 위해 금식하면서 전심, 전력을 다해 기도하며 섬겨 드렸을 때 하나님께서 내게 주신 선물(은사)이다. 이에 지금까지 2만여 명이 넘는 중한 병자들을 고쳐 주고 계시되 지난주에 부천시에서 가진 부흥성회 때도 중한 병자들을 고쳐주셨다.

많은 분들이 〈신유 은사〉 받기를 구하되 하나님의 마음이 기쁘도록 지혜롭게 구하지 못한다. 이에 속한 분들은 그저 이 은사 받기를 사모하고 구하기만 한다. 이러하지 말라. 이 〈신유 은사〉를 받되 강하게 받으려면 먼저 중한 병에 든 병자의 치유를 위해 그 병자가 모르게(오른손이 하는 일 왼손이 모르도록, 나팔을 불면 헛기도가 된다.) 사랑으로 이러 저러한 병자의 치유를 위해 3일 금식기도를 간절하게 두세 번만 해보라, 귀하에게도 필자에게 주신 강력한 〈신유 은사〉를 부어 선물로 주실 것이다. 이에 대한 일은 다음에 기록하는 필자의 간증으로 답하여 드리는 바이다.

필자의 나이 26세 되던 해인 1981년 겨울이었다. 그때 내게 한 중학교 동기가 자신이 다닌 고등학교 동기 친구의 모친을 소개해 주었다. 그 모친은 나와 같은 부산에 사셨는데 '폐암에 걸려서 앞으로 6개월 밖에 살지 못한다는 중한 병자'였는데 친구가 내게 말했다.

"친구야, 네 말대로 예수 믿어서 불치병자도 고침 받는다면 내 고등학교 동기 어머니도 네가 전도해서 고침 받도록 인도 해주라"

이 말을 들은 나는 그 모친에게 전화를 걸어서 '아주머니께서 예수를 믿기로 마음을 먹겠다면 저와 같이 경기도 파주에 있는 [오산리 금식기도원]으로 올라가서 3일을 금식하면서 하나님께 매달려 봅시다.' 하였다. 이에 가족회의 끝에 모친이 예수를 믿기로 하여 나와 같이 기도원으로 올라가는데 20세 되는 그의 딸도 모친과 함께 기도원으로 올라갔다. 이러한 모친은 '폐암 말기 환자'일 뿐만 아니라, 심한 '기관지 천식'으로 한번 기침이 시작되면 한참 동안 기침을 계속하면서 가래를 뱉으셔야 했는데 심한 '전신 류마티스 관절염'으로 인해 그 열손 가락의 마디들도 다 변형되어 있었다.

우리가 기도원으로 올라간 때는 여름철이었으나, 모친 딸의 머리에는 한겨울에 깔고 덮는 이불이 큰 보자기에 싸여 있었다. 이러한 이유는 모친이 너무 말라서 푹신한 이불 위에 눕거나 앉지 않으면 그 엉덩이 살이 뼈에 눌려서 벗겨질 수밖에 없을 정도로 몸이 너무 바짝 말라 있었기 때문이었다(이때는 기도원 가는 성도들이 자기가 덮을 이불까지 다 갖고 다녔었다.)

부산에서 먼 경기도 파주군 조리면 오산리까지 가는 동안에 나는 수년째 걷지 못하시는 모친을 부산에서부터 업고 갔다. 그러다 드디어 마지막 버스 한 번만 타고 가면 [오산리 국제금식기도원] 입구까지 가게 되었는데 성령께서 내게 말씀하셨다.

"지금 저들의 짐 보따리 안에는 이 아주머니가 온전하게 금식하면 죽게 될까 봐서 너 몰래 먹게 하려고 가족들이 깎아준 많은 밤이

들어있다. 너는 그 밤을 꺼내서 이 버스 안에 있는 사람들에게 나눠 주면서 예수 믿고 천국 갑시다. 전도하라"

필자가 딸에게 이를 말하고 한 보자기를 풀어 보게 하니 맛있게 깎아 놓은 밤들이 수두룩하게 나와서 성령께서 명하신 말씀대로 순종하였다. 이어 기도원에 도착한 우리는 다같이 3일 금식기도에 들어갔는데 문제가 생겼다. 그 이유는 아주머니께서 예배 시간마다 말씀이 전파되기 시작하면 곧장 깊은 잠에 빠져드는 것이었다.

나는 아주머니의 가족들(남편과 두 아들)과 한가지 약속을 하고 모친을 기도원으로 모셔왔다. 그 약속은 '아주머니가 하나님께 병 고침을 받으면 온 가족들이 다 예수 믿기로 약속' 한 것이었다. 이에 내 마음에 비상이 걸렸다. 이러한 나는 예배를 마칠 때마다 성전에서 안수기도를 받았다. 그래도 고침을 받지 못하면 곧장 아주머니를 등에 업고 그 주간에 기도원에 와 계시던 최 자실 목사님 사무실 앞으로 달려가서 안수기도 받기를 이틀 연속하였다.

예배 후에 최 자실 목사님께 안수기도를 받기 위해 아주머니를 업고 달려 가보면 사무실 앞에는 항상 백여명의 성도들이 나무 그늘 하나 없는 뙤약볕의 비탈진 길 위에서 길게 줄을 서서 기다리고 있었다. 그때는 무더운 때였고, 작렬하는 햇볕도 피할 데가 없어서 아주머니를 업고 나도 길 위에서 한 시간 이상 기다리고 서 있어야 했다. 이에 금식 중인지라, 점점 더 다리에 힘이 빠져서 아주머니를 업고 장시간 서 있기가 너무 힘들었다. 그래도 나는 '아주머니가 병 고침을 받아서 내려가면 온 가족들이 다 예수를 믿게 된다.'는 생각으로 버렸다. 그러나 금식 3일째 오전 예배 후에는 더 이상은 아주머니를 업고 안수기도를 받으러 갈 힘이 남지 않았다. 이러한 나는 낮 예배 후에 성전에 앉아서 단 한 번의 기도를 드렸다.

"하나님, 이제는 제 몸에 힘이 너무 빠져서 저 아주머니를 업고 더 이상은 안수기도를 받으러 다닐 수 없습니다. 제가 너무 부족한 자이지만, 하나님께서 제게 저 아주머니의 세 가지 병들을 다 고칠 정도로 〈병 고치는 은사〉를 주시면 좋겠습니다."

그러자, 신기하게도 일백여 미터 높이의 하늘 높은 곳에서 "네가 내게 구하였으니 받은 줄로 믿으라."는 성부 하나님의 음성이 처음으로 들려왔다. 성부 하나님의 음성을 들은 나는 한 번도 누구에게 안수기도를 해준 적이 없었기에 아주머니에게 어떻게 기도를 해드려야 할지 몰랐다. 그러자, 이번에는 내 속에 계신 성령님께서 말씀해 주셨다.

"아주머니를 기도실로 데려다 앉혀놓고 그 혼자서 기도하게 두라. 너는 그 딸과 함께 밖에 나가서 있되 해가 지기까지는 아주머니에게 가지 않다가 해가 진 후에 들어가서 그의 손을 잡고 기도해 주어라" 이에 성령님께 순종하여 아주머니를 업고 기도굴에 앉혀놓고 그 딸과 함께 기도굴 근처에서 해가 지기까지 기다렸다. 이에 해가 지자, 그 딸과 함께 아주머니 혼자서 기도하고 계신 기도굴로 들어갔다. 이에 우리를 본 아주머니가 말했다.

"어딜 가려면 휴지나 한 통 더 주고 갔으면 좋았을 텐데" 이 말씀을 하시는 아주머니 곁에는 그동안 아주머니가 울면서 닦은 휴지한 통이 다 벗겨져서 눈물에 젖은 채로 사방에 어지럽게 흩어져 있었다. 이를 본 나는 아주머니와 딸의 사이에 앉아 셋이 무릎을 꿇고 두 분의 한 손을 머리 위로 들고 전심으로 부르짖어 기도하였다. 그러자, 먼저 아주머니 딸의 입에서 "라라라라라" 하면서 방언이 터져 나왔다. 이어 아주머님의 머리 위에서 사람 얼굴과 같은 쟁반 형체의 귀신 하나가 '쏙!' 나오더니 나를 노려보았다. '귀신이 있다!'는 말을 들어보긴 했으나, 실제로 귀신을 생전 처음 본 나는 겁이 났다. 그러자, 내 속에 계신 성령께서 "두려워 말고 주의 이름으로 명하여 쫓으라." 하셨다. 이에 "예수 이름으로 명하노니 이 아주머니를 괴롭히는 귀신아, 떠나가라" 호통을 쳤다. 이에 아주머니 머리위에서 나를 노려보던 귀신이 즉시로 빠져나가는데 마치 사람이 얇은 쟁반을 힘껏 하늘로 던짐같이 납작해져서 쟁반이 허공에 날리듯이 날아가 버렸다. 이어 또 하나의 귀신이 조금 전과 같이 아주머니몸속에서 그 머리 위로 또 '쏙!' 빠져 나와서 나를 노려보았으나, 이귀신도 같은 방법으로 도망갔다. 이어 또 한 놈의 귀신이 아주머니의 머리 위로 '쏙!' 빠져 나와서 나를 죽일 듯이 노려보는데 이놈의눈이 얼마나 날카롭고 매서운지, 그 눈을 보는 순간 섬짓한 마음까지 들 정도였다.

조금 전에 빠져나온 두 귀신은 '기관지 천식'과 '전신 류마티스관절염'을 준 귀신으로서 아주머니를 질병으로 괴롭히는 귀신이었다. 그러나 세 번째로 나온 이 귀신은 아주머니에게 '폐암'을 주어서 아주머니를 죽이기 위해 들어간 귀신임을 성령께서 알게 해주셨다. 이에 또 예수님의 이름으로 명령하자, 이 귀신도 부리나케 도망쳐 버렸다. 그러자, 아주머니의 입에서도 곧장 "라라라라라" 하면서 방언이 터져 나왔다. 이에 약 5분 정도 더 기도하자, 아주머니도 그 따님의 입에서 나오는 방언도 점점 다듬기더니 '이제 됐다! 병 고침을 받았다!'는 확신이 왔다. 이에 기도를 마쳤다. 그러자, 지난 5년동안 걷지도 못하시던 아주머니가 "나 이제 병 고침 받았다. 나를 보라"면서 맨발로 기도실로 나와서 산길로 마음껏 걸어 다니셨다. 아주머니가 이처럼 신발을 신지 않고 맨발로 다니신 것은 병들어 누우셨던 5년 동안 걸어 다니지 못하셨던 까닭에 집에서 신발을 챙겨 오지 않은 때문이었다.

필자는 '아주머니 이 한 사람이 하나님의 능력으로 병 고침을 받으면 아주머니뿐만 아니라, 그 가족들이 다 예수를 믿게 되어 천국 갈 수 있다!'는 생각으로 복음을 전하며 같이 3일을 금식하며 섬겨 드렸을 뿐이었다. 이러한데도 하나님께서는 내가 전혀 생각지도 못하였던 〈신유 은사〉를 이날에 강력하게 부어 주셨을 뿐만 아니라 '이 병자는 이렇게 해야 고침을 받는다.' 라고 계시해 주시는 〈신유 계시 은사〉도 주셔서 이 〈신유 은사〉를 받은 첫날에만도 다른 암 병자 두 사람과 정신 병들었던 청년 등 열 명의 병자들을 고쳐주셨다.

하나님께서는 이때로부터 44년 세월이 흐르고 있는 2025년 오늘날까지도 이러한 신유 역사들로서 약 2만여 명이나 되는 수많은 병자들을 고쳐주고 계신다. 나는 이 아주머니 단 한 분의 병든 것을 고침 받게 하려고 힘썼지만, 하나님은 내가 상상도 하지 못하였던 이만큼의 엄청난 열매를 맺게 하시니 나는 이때 드린 3일 금식기도로 인해 영적인 큰 횡재(橫財)를 누리고 있는 복을 받은 자이다.

성도여! 이러므로 그저 〈신유 은사〉 주시기를 기다리지만 말고, 당신 주위에 있는 병자들을 위해 남몰래 ① 금식하거나, ② 철야 기도나, ③ 작정기도를 드리는 등의 적은 일들에 충성해 보라. 이러한 선행부터 심어보라. 그리하면 성령님은 필자에게 주신 〈강력한 신유 은사〉를 귀하에게도 얼마든지 부어 주실 것이다.

5. 강력한 영권, 인권이 따르는 부흥강사가 된 방법

하나님께로부터 강한 영권(靈權) 곧 영적인 권세들을 강하게 받은 분이 부흥성회 같은 집회를 인도하면 병자가 보다 더 쉽고도 많이 낫기도 하는 등 〈방언 은사〉 등의 갖가지 신령한 은사들도 많이 임한다. 이는 그가 하나님께 받은 영권이 강하기 때문이다. 이러한 영권은 99%의 사람이 하나님께 전심을 다한 많은 기도를 드리는 사람에게 하나님께서 부어 주시는 권세다. 이러한가 하면, 그가 가는 곳마다 많은 사람들이 따르는 강한 인권(人權)이 따르는 성도들이나 목사님도 있다. 이 일에 대표적인 사람이 영웅호걸이었던 다윗이다, 이러한 그가 왕이 되자, 무술에 탁월한 많은 사람들이 다윗

왕에게로 몰려와서 다윗을 도와 나라를 부강하게 하였다. 그가 이러한 인권을 강하게 받았음은 세 가지가 이유가 있다. 이중 첫째 원인은 그를 향하신 하나님의 예정(섭리)으로 말미암는 것이고, 두 번째 이유는 그가 원수 같은 사울 왕에게도 복수하지 않고 하나님께 맡긴 것처럼 최대한 어떤 사람과도 불화하지 않고 바른 대인관계를 가졌기 때문이요, 세 번째 이유는 그가 어떤 선한 일에 최선의 정성을 다한 헌신이나 기도를 드렸기 때문에 하나님께서 그에게 많은 사람들이 따르는 인권을 주셨기 때문이다.

필자의 다음에 기록한 간증처럼 행한 후에는 강력한 영권이 따르는 부흥강사요, 집회 때마다 많은 성도들이 모이는 성회가 되게 해주신다. 이에 필자가 잘 아는 목사님이 자기 교회 성도라고는 한 명도 없는 교회의 부흥성회를 인도할 때도 하나님의 명령을 받은 천사들이 동서남북에서 성도들을 불러 모아서 20여명이 모이게 해주셨고, 어떤 기도원은 국내의 유명한 목사님들을 강사로 초청해서 널리 광고하고 부흥성회를 가져도 성도들이 너무 오지 않아서 기도원 문을 닫은지 수년이 된 기도원도 나를 강사로 초청하여 세 번만 부흥성회를 인도케 하면 그 성전에 성도들이 가득할 정도로 부흥시켜 주시니 기도원장님들이 다 깜짝깜짝 놀란다. 이는 필자가 청년 때 다음 간증과 같이 심은 선한 일을 하나님께서 기쁘게 여기셔서 필자로 부흥강사로도 쓰임 받는 달란트를 주시되 강한 영권과, 인권까지 함께 주셔서 탁월한 부흥강사가 되게 해주셨기 때문이다.

이러므로 탁월한 부흥강사요, 강력한 영권과 인권이 따르는 부흥강사가 되려면 이 부분에도 다음 내용같이 행한 필자처럼 하나님께 정성을 다해 심기 바란다. 이 일은 '그 나무가 어떠함에 따라 그 같은 열매를 맺게 됨'이기에 단순하게 이 같은 부흥강사가 되기 위해 단순하게 그저 기도만 드림보다 100배나 더 효과적이다.

성도들이 주의 종들을 위해 드리는 기도는 주의 종들로 엄청난 큰일을 하게 한다. 이같이 주의 종들이 성도들을 위해 드리는 '도고' 또한 성도의 삶에 엄청난 영향을 끼친다. 그 영향은 성도들로서는 도저히 해결할 수 없는 문제도 해결 받도록 도와준다. 이것이 성도들을 향한 주의 종들의 기도이다. 이에 대해 자세하게 알고 싶으신 분은 주님께서 부족한 사람으로 집필케 해주사 곧 출간케 될 〈주의 종들의 축복기도〉라는 책을 보시면 큰 유익이 되실 줄 믿는다.

필자가 [오산리 금식기도원]에서 은혜를 받고 내려온 지 일 년이 채 못 된 때였다. 어느 주일 오전 예배 설교를 마치신 우리 교회 목사님께서 광고시간에 다음과 같은 부탁을 하셨다.

"제가 내일부터 경북지역의 한 산골에 있는 천막 교회의 부흥성회를 인도하러 갑니다. 이 교회는 성도들이 전부 다섯 명이라 합니다. 이러한 교회의 부흥회를 인도하는 것은 수백 명 이상 모이는 교회 부흥회를 인도하는 것보다 훨씬 더 힘이 듭니다. 이러므로 이번 집회와 저를 위해서 성도님들이 많이 기도해 주시기를 바랍니다."

이 말을 들은 나는 즉시로 다음과 같이 마음을 먹고 아무도 듣지 못할 정도로 조용히 말했다. '저, 내일부터 [부산 금식기도원]으로 가서 우리 목사님과 이 부흥성회만을 위해 3일간을 금식하면서 부르짖고 기도해 드리겠습니다.' 였다. 왜냐하면, 이때의 나는 성령의 충만함은 받았어도 말씀에 깊이 뿌리박지 못한 신앙이어서 주일날 우리 교회 목사님께서 전해 주시는 말씀을 통해 은혜 받을 때는 좋아도 그 주의 주말쯤에는 여러 고난들을 이기기 힘들어서 휘청거렸다. 이러한 중에 주일 날 목사님의 말씀을 들으면 또 새 힘이 나서 겨우겨우 승리하는 삶을 살았었기 때문이었다. 이에 나는 목사님께 너무 감사해서 식사를 대접해 드렸다. 그 방법은 횟집을 운영하는 내 후배에게 '목사님이 잡수실 만큼 생선회를 푸짐하게 사드리되 절대로 내가 외상으로 사드리는 것 눈치채지 못하게 해 달라'고 부탁함으로서였다.

그런데도 목사님께 '이제는 은혜를 갚았다.'라는 생각이 들지 않을 정도로 무언가가 계속 아쉬웠다. 이러한 중에 이 광고를 듣자, 나는 마음으로 생각하기를 '그래! 내가 우리 목사님께 영적으로 빚졌으니까 이번에는 내가 영적으로 빚을 갚아보자! 이를 위해 내일부터 3일간을 금식하면서 부르짖되 나나 내 가족이나 다른 사람들을 위해서는 단 한 마디의 기도도 하지 말고 오직 우리 목사님과 이번 부흥성회만을 위해 전심으로 부르짖어 기도하자' 마음먹은 것이다.

이 주일은 우리 교회 청년회 총무님이 지난주에 결혼식을 하고 신혼여행지로서 멀리 있는 [오산리 금식기도원]으로 가서 두 사람 다 3일간을 금식기도를 드리고 왔다. 이 총무 부부는 이 주일 새벽에 목사님 사택에 도착해 있다가 밤 예배까지 드리고서야 집으로 갔다. 그런데 이날 밤에 사고가 났다. 이러한 이유는 내가 이 총무님의 집에서부터 성령님의 말씀에 불순종하였기 때문이었다.

이날 주일 밤 예배까지 마친 우리 교회 청년회원들 10여명이 청년회 총무의 집에 꾸며진 신혼 방으로 몰려가서 놀았다. 신부는 며칠 전에 결혼식장에서 처음 본 자매로서 부산 시내의 큰 교회에 다니다가 이제 우리 교회 식구가 된 사람이었다. 신혼 방에 도착한 우리들은 이런저런 이야기꽃을 피우다가 자정이 가까워지자, 그 집을 나오는데 새신랑인 청년회 총무님이 내게 말했다.

"황 선생은 집으로 가지 말고 오늘 밤 나하고 여기서 놀다가 가요, 이제 5분만 더 있으면 주일 지나니까, 오락해도 되잖아. 그러니 오늘 밤에 나하고 같이 바둑 두고 놀이요." 하였다. 그러자 신부도 하는 말이 "그래요, 황 선생님은 오늘 밤에 여기 저희 집에서 노시다가 가세요." 하였다. 이에 내가 속으로 '나 참. 부부일심동체라더니 벌써부터 하나이시네!' 그렇지만 신혼 첫날밤에 신랑 신부랑 같이 밤을 지낼 수는 없지!' 생각했다. 이에 "아닙니다. 저는 오늘 집에 가봐야 합니다." 하고는 방에서 나와서 구두를 신고는 서너 발짝을 걷는데 내 속에서 말씀하시는 성령님의 음성이 또렷하게 들렸다(대개 성령님의 음성은 우리 속에서 들리고, 주님은 항상 우리 앞에서 말씀하시며, 성부 하나님의 음성은 하늘 높은 곳에서 들린다). 이때 성령님께서 분명한 음성으로 내게 명령하셨다.

"여기 머물라"

"성령님, 여기는 머물 곳이 못 됩니다. 여기는 오늘 신혼 첫날 밤을 지내야 하는 신혼부부의 집입니다." 그러자 성령님께서도 더는 아무 말씀도 안 하셨다. 이에 나는 그 집을 나와서 우리 집으로 걸어가는데 시간은 이미 자정을 넘겼는데 그믐밤인지라, 온천지가 깜깜했다. 이에 나는 '기왕 어두운거 안전한 먼 길을 돌아서 가지 말고 가까운 둑길을 따라서 직진해서 집으로 가자' 마음먹고 두 동네를 지나는 곧은 제방 길을 따라서 나 혼자 걸어서 집으로 향했다. 이러한 중에서도 신혼집에서 나올 때 성령께서 내게 명하신 말씀이 자꾸 마음에 걸렸다. 그때까지도 나를 향한 마귀의 계획을 전혀 눈치채지 못한 나는 그저 생각하기를 '성령님은 인격적인 분이신데, 아까는 참 이상한 말씀을 하셨네! 전지하신 성령님이 대체 왜 나보고 신혼 첫날밤을 지내는 부부랑 같이 오늘 밤을 함께 지내라고 하셨을까? 혹시 오늘이 그믐이라, 길이 너무 어두워서 돌부리에라도 걸려 넘어져서 다칠까 싶어서 그러하신 것일까? 그렇다면 오늘 밤만큼은 집에까지 천천히 걸어가면서 발밑을 잘 보면서 걸어가야겠다!' 이러한 생각으로 걷던 내가 드디어 집에까지 도착하였다.

집에 도착하고 보니 그동안 긴장했었던 일로 소변이 마려웠다. 이에 나는 집 대문을 열고는 좌측 담벼락을 따라가서 캄캄한 푸세

식 화장실(변소) 안으로 들어가서 머리 위를 더듬어서 5초짜리 전구를 켜서 소변을 보았다. 그리고는 전구를 끄고 뒤로 돌아서 변소 안을 나오려 하자 앞이 더욱 캄캄해져서 전혀 보이지 않았다. 그러자, 성령께서 또 아까처럼 "머물라" 하셨다. 이에 나는 "아이참! 성령님, 여기는 냄새나는 변소에요. 그리고 여기는 이제 제 집입니다. 여기서부터 제 방까지는 눈감고도 찾아갈 수 있어요. 지금 대단히 어둡지만 여기서는 아무 염려 안하셔도 돼요." 말씀드렸다. 그리고는 곧장 변소 안에서 마당으로 나오니까 조금 전보다 더 캄캄해서 아무 것도 보이지 않았다. 왜냐하면, 조금 전에 전구를 켜고 잠시나마 밝은 곳에 있다가 어두운 곳으로 나왔기 때문이었다. 그러나 나는 '이처럼 어두워도 여기서는 눈 감고도 내 방을 찾아갈 수 있다!' 생각하고는 변소에서 내 방 쪽으로 가기 위해 마당을 대각선으로 걸어가기 시작했다. 겨우 일곱 발짝이나 걸었을까? 그때 내 왼쪽 정강이가 뭔가에 걸리면서 그대로 앞으로 넘어졌다. 넘어지면서 생각하니 그것은 리어카 채였다. 그러나 달리 손쓸 시간도 없이 그대로 앞으로 고꾸라졌는데 내 왼쪽 눈 주위가 리어카 건너편 바퀴가 있는 모서리 쇠에 '콱!' 찍히면서 그대로 우측으로 굴러서 바닥에 드러누워 버렸다. 이에 왼쪽 눈언저리에서 따뜻한 피가 얼굴로 흘러내리는 것이 느껴졌지만 나는 숨이 멈춰있었다.

그제서야 나는 '아차! 아까 낮 예배시간 광고 때 내일부터 3일 동안 우리 목사님과 부흥회를 위해 금식기도 드리겠습니다.'고 작은 소리로 말씀드린 것을 마귀가 들었구나! 그래서 마귀가 나를 다치게 해서 기도원에 못가도록 막으려는 계획을 성령께서 아시고 나를 보호해 주시려고 신혼집에까지도 머물라고 하신 거였구나! 그러나 지금 내가 이대로 있다가는 숨을 쉬지 못해서 죽을 수밖에 없다! 숨이 막혀서 입에서 말 한마디도 나오지 않으니 이럴 때는 어떻게 하면 숨을 쉴 수 있을까?'를 생각했다. 그러자 한 가지 지혜가 떠올라서 그대로 행하였다. 그 방법은 '나로 숨을 쉬지 못하게 하여 죽이려는 이 귀신부터 물리쳐야 한다!' 지금은 숨이 막혀서 목소리로 말은 안 나오는 상태일지라도 내 팔은 조금 움직일 수 있으니까, 힘껏 두 팔을 내 가슴 위에 십자가 형태로 올려놓고 마음속으로 '이 귀신아! 예수 이름으로 명하노니 물러가라' 하였다. 그러자 숨이 탁 트였다. 이에 나는 "성령님 죄송합니다." 하고는 내 오른손가락으로 왼쪽 눈언저리 부근을 만져 보니까, 피범벅이 되었는데 내 인지 손가락 두개가 눈언저리 윗부분에 길게 찢겨진 구멍 속으로 '쑥~!' 들어가 버렸다. 이에 '이거 큰일 났구나!' 생각하면서 일어나는데 눈에서 흐르는 피가 내 바지로까지 '쭉~! 쭉~!' 흘러내렸다.

내 집 안방에는 항상 상비약과 구급품이 있었다. 그런데 지금 내 모습이 어떠할지 대충 짐작이 갔다. 이 상태로 안방에서 주무시는 어머니를 깨웠다가는 심장병이 있으신 어머니가 나를 보시고 기절하실 것 같았다. 이에 나는 마루 앞으로 가서 어머니를 불러 깨우되

"어머니, 놀라지 마시고 먼저 제 이야기부터 들으시고 나서 방문

을 열어 주세요. 제가 넘어져서 좀 다쳤는데 피를 꽤 많이 흘렸습니다. 이러하니 어머니가 저를 보시고 놀라지 않겠다는 마음부터 먼저 갖추신 뒤에 불을 켜주시고 저를 좀 치료해 주세요." 하였다.

이에 어머니가 "오냐! 놀라지 않고 불을 켤 테니까, 내 방으로 들어오너라." 하셨다. 그리고는 얼굴에 묻은 피를 닦아 주시고, 소독약을 바른 후 가재에다 머큐롬을 묻혀서 찢어진 살 속으로 집어넣어 주시고는 가루약을 발라서 지혈을 해주셨다.

어머니가 내게 이렇게 해 주실 수 있으셨던 것은 어머니는 그때 국가에서 '분만 위원(산파)'으로 나라에서 위촉장까지 받으셨기 때문이었다. 응급치료를 받은 나는 내 방으로 돌아와서는 곧장 내일 새벽 첫차로 [부산금식 기도원]으로 가기 위해 이불과 성경과 세면도구를 챙기고 큰 보따리에 싸서 담장 너머로 내다 낫다. 그리고는 어머니께 편지를 써서 남겨 놓되 '제가 급한 일이 생겨서 며칠 동안 어디 갔다 와야 하므로 새벽 첫차를 타고 떠납니다. 찢어진 눈언저리는 어머니 말씀대로 병원에 가서 꿰멜테니 염려 마십시오.' 써 놓고는 새벽에 기도원으로 향하였다. 이에 나는 3일 내내 부르짖고 간구하되 목이 잠기도록 기도하였으나, 나를 위해서는 단 한마디도 기도하지 않고 오직 우리 목사님과 성공적인 부흥성회만을 위하여 목이 쉬도록 간구하였다. 이러하던 중에 3일 째에는 꿰메지도 않은 눈언저리에서 어머니께서 넣어 주셨던 가재가 슬슬 다 풀려 나오면서 우측 인지 손가락 한마디 반이 쑥 들어갔을 정도의 크기로 깊고 넓게 찢어진 곳이 자연스럽게 아물어버렸다. 이렇게 아무도 모르게

금식기도를 마치고 돌아온 그다음 주일 오전 예배 후 우리 목사님
께서 활짝 웃으시면서 말씀하셨다.

  "여러 성도님들 감사합니다. 여러분들이 저를 위해 많이 기도해
주셔서 지난주 집회 때 큰 은혜가 임하였습니다. 집회할 교회로 가
보니까, 그 교회 성도는 정말 다섯 명밖에 없었습니다. 그런데 성회
이틀째 낮 집회 때 이 교회가 있는 동네에 정신 병든 남자 청년 하
나가 집회를 따라 나왔는데 하나님께서 제가 안수할 때에 그 자리
에서 깨끗하게 고쳐 주셨습니다. 이 청년은 정신병원에 입원시켜도
안되고 쇠고랑으로 묶어놔도 맨손으로 쇠고랑을 끊어버린 귀신들
린 자였습니다. 이 소식을 들은 동네 사람들이 놀라서 이날 밤 집회
에 참석해서 예수 믿기로 하였습니다. 이어 그 다음 날에는 이 동네
이장님과 유지들이 '정신병 든 청년이 깨끗하게 고침 받고서 집회
에 참석해 있다.'는 말을 듣고는 교회로 몰려와서 집회에 참석했는
데 성령께서 이분들의 병든 것들도 다 고쳐 주셨습니다. 그리고 그
들이 잠시 후에 일어날 일들에 대해서도 예언의 말씀들을 전해 드
렸는데 그대로 다 이루어졌습니다.
  우리 목사님은 큰 일에 대한 예언은 못하시는데 자그마한 세세
한 일들에 대한 〈예언 은사〉가 강하셨다. 예를 들자면 "낮 집회에
참석한 이장님이 집에 돌아가시면 노모께서 '내가 낮에 바느질을
하고 어디다 두었는데 어디에 뒀는지 도저히 못 찾겠다.'고 하실 겁
니다. 이 바늘은 방문 우측 손 고리 옆의 벽지에 꽂혀 있습니다. 찾

아서 모친께 드리세요." "오늘 처음으로 교회에 나오신 조 선생님 집에는 내일 멀리서 손님이 찾아오실 겁니다. 그분도 모시고 예배에 참석하세요." "오늘 처음으로 교회에 나오신 박 선생님 며느리가 이틀 후에 순산을 하실 건데 건강한 아들을 낳을 것입니다."와 같은 작은 일들에 대한 예언이었다. 이러한 예언들이 그대로 다 이루어졌다. 그러자 집회에 처음 참석해서 자신들의 병도 고침 받고, 이제 막 예수 믿기로 한 그(성도)들의 마음이 전지하신 하나님의 역사로 인해 '하나님이 참 신이심'을 알고 뜨거워졌다.

이에 집회 3일째인 수요일에는 이 추운 겨울 날씨 가운데서도 예수 믿기로 하고 참석하신 분들이 많아서 천막 안에 앉을 자리가 없게 되었다. 그러자, 천막의 양쪽 끝을 들어 올리고는 그 밑에 가마니를 깔고 앉아서 예배를 드렸다. 이어 성회 마지막 목요일 오전 예배 때는 정신병을 고침 받은 청년의 이웃 동네 사람들도 와서 '우리도 예수 믿겠다.' 면서 집회에 참석함으로서 목요일 낮 집회 때는 천막 교회의 입구까지 들어 올려서 그 밑에 가마니를 깔고 예배를 드렸다. 이에 천막이 원래 대로 쳐진 곳은 강단 쪽의 한 면뿐이었다.

이렇게 이제 막 예수 믿기로 하고, 예배에 참석하신 분들이 은혜를 받고서는 집회 마지막 날인 목요 낮집회 후에는 전도사님 허락도 없이 서로 자진해 모여서 성전건축을 위해 의논하였다. "우리가 이 추운 날에 언제까지 이렇게 예배를 드릴 수 없지 않느냐? 예배당을 건축하자. 그러나 지금은 땅이 얼어붙어 있으니 봄이 되어 얼어붙은 땅이 녹으면 그때 가서 성전을 짓자."면서 서로 성전건축을 위해 의논을 하였다. 이러한 분들은 그 교회 담임 전도사님도 저도 시키지 않았는데도 서로 모이고 자진해서 ① '나는 예배당 짓는데 들어가는 나무 값을 내겠다.' ② '나는 벽돌값을 대겠다.' ③ '나는 세멘트와 모래값을 대겠다.' ④ '나는 인건비를 대겠다.' 하였습니다. 이에 목수와 미장이를 불러놓고 나무, 벽돌, 모래 등과 인건비까지 계산하여 다 헌금하기로 작정하셨습니다. 이에 언 땅이 녹는 다가올 내년 봄이면 예배당을 건축하기로 마음을 모았습니다. 하나님의 은혜에 영광을 돌립니다." 하셨다.

이 말을 들은 나는 마음속으로 하나님께 뜨거운 감사의 기도를 드렸다. 하지만, 이 일 또한 우리 목사님께나 누구에게도 내가 그 집회를 위해 얼마나? 어떻게 간구하였었는지에 대해 일체 말하지 않았다.

사랑을 따라 이웃을 위해 드리는 순수한 도고는 이처럼 엄청난 위력을 가졌다. 이를 잘 알고 있는 마귀는 내가 금식하며 간구하지 못하도록 하기 위해 나를 다치게 하였으나, 나는 그 일에 굴하지 않았던 것이다.

그런데 하나님께서는 이 부흥성회를 위해 목이 잠기도록 부르짖어 간구한 내게 '부흥강사'로서의 영광스러운 달란트를 선물로 주셨다. 이러한 하나님께서는 필자가 신학교 4학년 학생으로서 당시의 신현균 목사님께서 [성민교회]에서 운영하시던 초교파적으로 모이는 '부흥사 연수원 설교대회'에서 쟁쟁한 여러 목사님들까지도 제치고 일등을 하게 하셨다. 이 소문이 학교에 퍼지자, 수백 명의 우리 신학교 학생들이 큰 자부심을 느꼈는데 이 소문이 교수님들의 귀에까지 들렸다. 이에 필자가 공부하던 4학년 때에 신학교의 교수님이 나를 자신이 섬기시는 교회 부흥강사로 불러주시더니 이후로부터 내 인생에 '부흥강사'로의 새로운 한 장이 활짝 열리게 되었다.

청년 때 다니던 '우리 교회 목사님이 성공적인 부흥성회를 인도하게 해주십사'고 드린 3일 금식기도로 인해 성령께서 주신 '부흥강사'로서의 달란트는 아주 강하게 주셨다. 이에 필자를 아는 목사님들은 대형교회를 담임하고 계시며 국내에 유명한 목사님들이라 할지라도 은혜롭고, 능력있게 부흥성회를 인도하는 나를 보고 부러워할 정도로 큰 은혜를 주셨다. "할렐루야!"

고 신현균 목사님께서 생존해 계시던 때의 일이다. 여름방학 때인 '8.15 연합 구국성회'를 한 기도원에서 가질 때였다. 이 당시의 나는 우리 국내에서 두 번째로 큰 부흥사협회의 부회장으로 있을 때였다. 이 '8.15 연합성회'를 갖는 기도원장님은 남편분이 경찰국장(경찰청장? 정확한 기억이 나지 않는다. 이는 내 PC가 두번이나 바이러스에 감염되어 많은 내용들이 삭제 되었기 때문이다.)이셨을 정도로 영성뿐만 아니라, 지성도 갖추신 원장님이셨고, 당시의 '한국기독교 부흥협의회 총재'이셨던 신현균 목사님도 자주 부흥성회를 인도하시던 이름 있던 기도원이었다. 이 집회는 월요 밤부터 화, 수 목요일 새벽과, 낮, 밤 10회로 열리는 부흥성회였는데 화, 수, 목요일 새벽 예배는 이 기도원 원장님이 인도하셨고, 나머지 일곱 시간 중 여섯 시간 집회는 그해의 유명한 교단들이었던 ① 예장통합, ② 합동, ③ 감리교. ④ 성결교, ⑤ 침례교, ⑥ 순복음 교단들에 속한 부흥협의회 회장 목사님들이셨다. 이 목사님들의 명성은 적어도 2~30년 동안 국내에 널리 알려진 목사님들이셨는데 일곱 번째 강사로 내가 뽑혔다. 그러자, 원장님이 이 집회를 주관하는 총무 목사님과 다음과 같은 대화가 이루어졌다.

"목사님, 이 집회가 어떠한 집회인지 잘 아시면서 이름도 알지 못하는 황을삼(개명전 이름) 목사를 이 집회 강사로 세우려 하십니까? 안됩니다."

"원장님, 저를 믿으시나요?"

"목사님이야, 제가 잘 아니까 믿지요."

"원장님, 저라도 이 집회에 강사로 나서지 못하지만, 원장님이 저를 믿듯이 황을삼 목사를 믿어 보세요. 결코 실망하지 않으실 것입니다."

"그렇다면, 목사님을 믿고 황 목사님에게도 한 타임을 맡기겠습니다."

이렇게 시작된 '8.15 연합성회'는 모여든 수많은 성도들로 성전에 가득 찼는데 수요 낮 집회에 내가 강단에 서서 〈나를 건지시는 주님〉이라는 제목으로 설교하기 시작했다. 그러자, 전파하는 말씀에 기름 부음이 강하게 주어지면서 온 성전에 성령의 강력한 임재가 느껴지며 은혜가 충만해졌다. 이에 설교를 마친 나는 성령께서 내게 들려주시는 대로 강단에서 선포했다.

"지금 이 시간 성전 중간에 앉아 계시는 한 분에게 성령의 충만함과 〈방언 은사〉가 임합니다."

나의 이 말이 떨어지자, 중간에 앉아 있던 한 성도의 몸이 강하게 진동하더니 큰 소리로 그 입에서 "라라라라"하면서 방언이 터졌다. 이어 조용기 목사님이 강단에서 선포하실 때 이루어진 신유 역사처럼 나도 성령의 인도하심을 따라 주의 이름으로 선포했다.

"지금, 어떤 성도에게 〈방언 통역함 은사〉 ...... 〈신유 은사〉가 몇 분에게 임합니다."

"지금, 이러 이러한 병자를 하나님께서 고쳐 주십니다." 그러자, 몇 성도들이 자리에서 벌떡 일어나서 큰 소리로 "아멘! 아멘!" 하면서 순식간에 자신의 질병을 고쳐주신 하나님께 영광을 돌려 드렸다. 이는 성령께서 내 귀에 들려주시는 대로 선포하였고, 주의 이름으로 선포하는 즉시 그 자리에서 다 이루어졌다.

이 집회가 마친 다음날 여러 성도들이 모인 자리에서 원장님이 모른체 하고 물으셨단다.

"어제까지 한 주 동안 집회 때 어느 시간에 가장 많은 은혜를 받았습니까?" 이에 모든 성도들이 한 목소리로 "황을삼 목사님 설교 시간에 가장 큰 은혜를 받았습니다. 다른 유명한 강사님들은 이 시간에 주신 말씀의 깊이도, 나타나는 성령의 능력도, 하나님께서 황 목사님을 통해 주신 은혜에 비해 절반도 미치지 못했습니다. 원장님, 하루빨리 황 목사님 이 기도원 단독 강사로 초청해서 우리가 한 주 내내 은혜받게 해주세요."

이는 필자가 잘나서가 아니다! 하나님께서 나를 이러한 능력 있는 부흥강사가 되도록 ① 수십 년 동안 성경을 깊이 있게 깨우쳐 주셨고, ② 강하게 연단하셨고, ③ 능력 있는 자로 세워 주셨기 때문이다. 그러나 나는 이 일로 인해 지금까지 다시는 국내의 유명 강사님들이 인도하는 연합성회에 한 번도 강사로 서지 못하였다. 그 이유는 이때 강사로 서셨던 몇 분 목사님들이 "저 무명의 황 목사를 연합성회 강사로 세우지 말라, 수십 년간 쌓아온 우리의 명성이 저 황 목사의 설교 한 번에 추락이 되고, 저 황 목사의 명성이 우리보다 더 높아진다." 하였기 때문이다. 이는 내가 전혀 생각지 못한 은혜와 축복이자, 시기 질투이다.

이는 성도 다섯 명이 모이는 가난한 천막 교회의 성공적인 부흥성회를 위해 주린 배를 움켜쥐고서도 목이 잠기도록 힘쓰고, 애써 전심으로 부르짖고, 간구한 이 일로 하나님께서 내게 주신 '부흥강사로서의 달란트'이다. 이는 내가 이러한 자가 되기 위해 심은 것이 아니었다.

  나는 그저 단순한 생각으로 나의 금식기도가 우리 목사님과 한 주간의 부흥성회에 작으나마 힘이 되기를 바랐을 뿐이었는데 성도 다섯 명이 전부인 가난한 천막 교회로 세 동네의 동네 이장님들부터 동네의 많은 불신자들이 이 집회로 몰려와서 다 예수께서 구주이심을 믿게 하고 그들 스스로 '우리가 모인 장소가 좁으니 성전을 건축하자' 하여 그들 스스로 헌금을 작정하고 성전까지도 건축케 해주신 것이다. 이러므로 독자 여러분들도 '이것은 하나님의 나라와 교회에 유익한 일이라' 생각되는 일이라면 그 일이 작은 일이라 할지라도 힘과 정성을 다하여 심기를 바란다. 하나님은 이러한 필자의 정성과 사랑을 보시고 적은 일에 충성된 자로 여기시고 부흥성회를 인도하러 가는 곳마다 다른 강사들에 비해 더 많은 성도들로 모여오게 하신다.

6. 강력한 물권이 따르는 목사와 성도가 되려면

  기도원 사역을 하면서 여러 부흥 강사님들을 초청해서 집회를 인도케 해보면 어떤 강사에게서는 강한 영권이 따르는데 성도들이 얼마 모이지 않기도 하고, 어떤 강사님이 집회를 인도하면 헌금을 강요하지 않아도 성도들이 은혜를 받고 자원하여 많은 헌금을 강단에 올리기도 한다. 이 후자에 속한 목사님은 많은 재물이 따르는 강한 물권(物權)을 받으신 분이기 때문이다.

필자는 어떤 집회에서든지 헌금을 강요하지 않고 내가 섬기는 제단에서 어떤 강사도 헌금을 강요하지 못하게 한다. 이러한 데도 어떤 기도원이나 교회의 부흥성회를 인도해 드려도 다른 강사님들이 집회를 인도할 때보다도 더 많은 헌금, 또는 성전이 건축되는 헌금까지도 하나님께서 성도의 마음을 감동시켜서 바치게도 하신다. 이는 다음에 기록된 간증의 내용대로 필자가 청년 때 온 마음과 성품을 다한 헌금을 바치는 일(하나님께서 테스트하시는 시험 / 헬라어 : '페이라스모스(창22:1)'에 만점을 받았기 때문에 집회 때마다 많은 헌금들이 바쳐지게 하는 물권이 평생 따르게 하시기 때문이다. 그러나 필자와 비슷한 시험을 받을 때 재물을 바치지 못한 채로 부흥강사가 되신 분들은 평생 가난하게 살거나 힘써 부흥성회 등을 인도해도 헌금이 얼마 바쳐지지 않는다. 이러므로 다음에 기록된 필자의 간증과 한 집사님처럼 귀하도 하나님 앞에 먼저 심고 후일 풍성하게 거두시기를 바란다.

　　필자는 불신 가정에서 5남 1녀 중 차남으로 태어나서 군에서 전역한 직후인 25세에 하나님을 만나 거듭났다. 나의 불같은 연단은 내가 하나님을 만나 억만 죄악을 사함 받은 다음 날부터 곧장 시작되었다. [오산리 금식 기도원]에서 죄 사함과 더불어 성령을 받은 그 다음 날부터 아무 잘못함도 없는데 내 어머니와 형님과 형수와 원수가 되었다.

　　당시의 나는 [오산리 금식기도원]에서 금식 기도하던 중에 예수님의 피 공로로 내 모든 죄들을 사함 받았고, '성령세례'의 결과로 〈방언의 은사〉 등 여러 가지 은사들을 받았다. 또한 당시의 의사도 고칠 수 없었던 척추 디스크와 위장병 등도 깨끗하게 고침을 받았다. 이러한 나는 파주에서 부산까지 내려오는 중에 고속버스 안에서까지도 좌석에서 일어나서 전도하며 집으로 왔다. 그리고는 집 대문을 열고 들어가면서 "어머니, 하나님께서 제 병든 모든 것을 고쳐주셨어요!" 하며 집으로 뛰어 들어가면서 기뻐했다. 이에 나는 방에 계신 어머니께서도 아주 기뻐해 주실 것 같았다. 그러나 방안에서 들려오는 어머니의 음성은 "네 이놈! 내 곁에 오지도 말고, 내 집에서 썩 나가거라!"였다 .... 그 후 '예수 믿고 조상제사를 지내지 않는다.'는 죄목으로 집에서 쫓겨나기까지 했다. 그런데 하나님은 이러한 내게 직장도 주지 않으셨다. 겨우 부산 시내에 사글세 단칸방 하나 구해서 자취하면서 살던 것도 월세를 내지 못해서 비워줘야 했다. 이에 나중에는 부산의 금정산 중턱에 있는 [70 바위] 밑이 내 집이 되게 해주셨다.

이 [70 바위]는 일제 치하에서 신사참배를 거부하고 이 금정 산 속에서 숨어 살면서 신앙의 지조를 지키시던 선조들 '70여명이 앉아 예배드리던 바위'라고 하여 그 이름을 [70 바위]라 일컬었던 곳이었다. 이 바위의 구조에 대해 이해하기 쉽게 말씀드린다면 산골짜기에 그 양쪽으로 큰 바위들이 있는 위에 [70 바위]가 얹혀있는 듯한데 내가 잠을 자는 바위 밑부분의 높이가 낮아서 앉으면 머리 위로 한 뼘 정도만 남았다. 이에 대형 고인돌 정도로 생각하면 비슷한 형상이 될 것 같다.

나는 이 [70 바위] 아래에서 30개월 정도, 햇수로는 3년을 이 [70 바위] 아래의 작은 공간에서 살았다. 이곳은 시내에서는 꽤 언덕진 [부산 동래식물원]에서도 산 위로 40여 분간을 부지런히 올라가야 하는 곳에 위치해 있어서 산중에 있는 이 [70 바위]에서는 아무 먹을 것도 구할 수가 없었다.

하나님은 나를 이곳으로 불러 올려놓고 연단하시되 날마다 이곳에서 오직 기도하는 일과 성경 읽는 일에만 몰두케 하셨다. 덕분에 신학교에 입학하기 전에 「관주 성경」에 기록된 성경 관주들을 하나도 빼놓지 않고 2독을 하게도 되었고, 성경을 30여 번 정독하게도 하셨다.

이곳에서 먹고 사는 방법으로는 단 한 가지를 주셨는데 그것은 부산 시내에 있는 성도들이 이 [70 바위]로 산상 기도를 하러 오되 올라올 때 손에 먹을 것을 가져오게 하시되 그들과 같이 바위에서 기도하는 나를 향해 '이리 와서 같이 음식을 먹자.'고 말하게 하셔서 나를 부르게 하시는 것이었다. 이러므로 나의 식사시간도 날짜도 정해지지 않았다.

여기에다 1981년 당시의 부산 시내의 성도들 중에 산상 기도까지 하는 성도들은 일천 명에 한 명도 채 못되었다. 이에 나는 어떤 때는 2~3일간을 꼬박 손님들(70바위로 기도하러 오시는 산상 기도자들)을 기다려도 단 한 명의 성도도 오지 않을 때도 있었다. 이러한 때 나는 그대로 굶고만 있었는데 날씨가 추워서 가장 고통스러운 겨울에는 기도하러 올라오는 분들이 더욱 적었다. 이에 나는 첫해 겨울 동안 평균 하루 한 끼도 제대로 먹지 못하고 살았다.

당시에는 [70 바위]로 기도하러 오시는 분들이 여름방학 외에는 한주 내내 3~40명도 못 되었다. 더군다나 그들 중에 대부분은 빈손으로 오시는 분들이었고, 그들은 자신들이 올라가서 기도하는 [70 바위] 밑이 내 집인 줄 아는 사람은 한 명도 없었다. 그러다가 2년째 되어서야 몇 사람이 내 집이 그곳인 줄을 알았다 ...... [70 바위] 밑에서의 첫해 겨울은 날마다 '죽느냐? 사느냐?'의 문제에 처하였다. 그 이유는 겨울 동안 하루에 평균 겨우 한 끼도 못되는 식사(정식 식사가 아니어서 겨울 동안 따뜻한 음식을 세끼도 먹어보지 못하였다.) 밖에 못한 데다가 산속은 추워서 저체온증으로나 얼어 죽지 않기 위함이 문제였다. 이에 잠잘 때는 두터운 이불 속에 머리를 파묻고 새우등처럼 꼬부려서 자되 내 콧김에서 나오는 열기로 인해 얼어 죽지 않기 위한 잠을 자야만 했다. 그래도 '오늘 밤은 바람도 강하게 불고 너무 추워서 잠을 자다가는 얼어 죽겠다!' 싶을 때는 밤새껏 부르짖는 철야기도로 몸에 열이 떨어지지 않게 해야 했다. 이러한 나는 평범한 성도들은 평생에 한 번도 할 필요가 없는 기도를 밤마다 간절하게 기도하였다. 그 기도는 '이 밤에도 내게 은혜를 주사 자다가 얼어 죽지 않게 해주십사'는 기도였다. 이러한 때 여행용 텐트 하나만이라도 있었으면 얼마나 좋았을까? 그러나 내 수중엔 땡전 한 푼도 없었다. 이때는 150원만 주면 수제비 하나를 사서 끓이면 나 혼자 두 끼를 먹을 수 있었으나 그 돈조차도 없었다.

세월이 흘러서 혹독했던 그해 겨울이 지나고, 두 번째 겨울이 찾아왔다. 그러나 [70 바위] 밑에서의 내 생활에는 아무런 변화도 일어나지 않았다.

그동안 나는 이렇듯 ① 여전히 배고프고, ② 외롭고, ③ 춥고, ④ 궁핍하고, ⑤ 불편하여 지긋지긋한 이 [70 바위]에서 벗어나 보려고 무수한 철야 산상기도와, 금식기도를 드렸다. 그러나 하나님은 애굽의 종으로 지내던 요셉의 소원('하루빨리 아버지 집으로')을 들어주지 않으셨던 것처럼 내 기도도 응답해 주지 않으셨다. 요셉을 보디발 집의 옥에 갇혀 있도록 버려두시고 그로 그 감옥에서 애굽의 정치(정치범들만 가두던 특수 감옥이었다. 창39:20)를 배우고 훌륭한 정치인으로 거듭나기까지 그 암울한 감옥에만 있게 하셨듯이 내게도 ① 하나님께서 원하시는 기도의 분량과, ② 성경 지식의 분량이 채워지고, ③ 내 자아가 죽어지기까지는 이 [70 바위]를 벗어나지 못하게 하셨다. 이러한 금정산 속에서의 둘째 해 겨울을 예고하는 찬 바람이 슬슬 불어왔다. 이에 나는 지난 일 년 동안의 산중 생활에 꽤나 연단된 중에서도 겁이 덜컥 났다. 그 두려움은 '이 산중에서의 가장 춥고 배고픈 겨울살이'에 대한 두려움이었다. 이에 나는 어머니께로 가서 한마디 거짓말('좋은 직장을 잡았으니 한 달 하숙비 7만원만 주세요')을 하여 7만원을 받아 왔다. 그리고 다음날 주일 오전 예배를 드리는데 성령께서 "네 가진 모든 것을 이 시간 하나님께 바쳐라" 하셨다. 이에 육적인 생각으로는 '이거 바쳤다가는 올겨울 내내 나는 또 죽어 난다.'고 생각했으나 영적인 생각으로는 '예수님께서는 나를 위해 십자가에서 죽기까지 해주셨는데 다시 몇 달 동안 고생을 못하겠느냐?'는 생각을 하고 있는데 헌금 바구니가 내 앞에 오자, 그 7만원을 다 바쳤다. 그러자, 갑자기 눈물이 왈칵 쏟아지더니 조용한 헌금 시간에 '엉~엉!' 울어대는 울음보까지 터져버렸다. 그러자, 성령께서 내게 "아들아! 사랑한다. 아들아! 내가 너를 사랑한다."는 음성을 들려주시면서 이러한 내 모습이 안타까우셨던지, 내 속에 계신 성령님께서도 내 안에서 우셨다. 이에 내 입에서는 성도들이 경건한 마음으로 헌금하는 이 조용한 시간에 더욱 큰 울음보가 터져 나왔지만 주체할 수가 없었다. 이에 울음을 참지 못한 나는 앉아 있던 장의자에서 벌떡 일어나 성전 밖으로 뛰쳐나가서 길가의 전신주에 이마와 팔을 대고 한참을 울다가 예배가 끝난 뒤에 성전으로 들어갔다. 이러한 나는 평소처럼 그날 점심부터 또 굶어야 했다. 그런데 이게 왠일인가? 그때의 나는 우리 교회에서는 주일 낮 예배를 드린 후 나는 매번 주일이면 아무도 모르게 점심과 저녁까지 굶은 채로 밤 예배까지 드린 후 금정산 속의 [70 바위]까지 걸어가야 했었다. 이러한 일이 습관이 된 나는 '오늘도 점심과 저녁도 굶는다.' 생각하고 성전에 앉아있었다. 그런데 신학교에 다니시는 우리 교회의 한 집사님이 나를 찾더니 자기 집에서 내게 식사를 대접해 주셨다. 이어 저녁 식사는 다른 집에서 나를 불러서 식사를 대접해 주셨다. 이에 너무도 오랜만에 점심과 저녁 두 끼 연속 따뜻한 쌀밥에다 따끈한 국물까지 먹고서 [70

바위]로 올라와서 오랜만에 마음까지도 따뜻한 잠을 자고 일어났다. 이에 나는 바위 위로 올라가서 이른 아침 기도를 드리려는데 산골짜기 건너편 산속에 누가 텐트를 쳐놓은 것이 보였다. 이에 나는 두어 시간 기도를 마친 후에 텐트가 쳐진 곳으로 가보았다. 그 텐트의 임자는 나와 같은 동갑내기 청년이었는데 그는 모 교회 권사의 아들이었으나, 고등학교 다니면서 사고를 쳐서 아이를 낳은 데다가 군대까지 갔다 와서도 많은 사고를 쳐서 이혼을 한 일로 권사인 부모님의 집에서 쫓겨난 사람이었다.

까마귀를 통해서 그릿 시냇가에 숨어 사는 자신의 종 엘리야를 먹이셨던 하나님께서는 이 청년을 통하여 내가 [70 바위]에서 내려올 때까지 매주 떡과 가장 큰 과일들과 기름진 고기들로 배불리 먹게 해주셨다.

하나님께서 이 친구를 통해 이 같은 음식들을 먹게 해주신 방법은 내가 이 친구가 하자는 대로 하는 것이었다. 그 방법은 이 금정산 계곡마다 10일이나, 40일 또는 100일 기도를 하러 오는 무당들이 밤중에 계곡마다 떡과 돼지머리와 과일들을 상에 차려놓고 춤을 출 때 내가 그 위의 바위에 앉아서 그들의 영혼을 위해 방언으로 기도하는 것이었다. 그러면 그들에게 신이 내리지 않자, 무당이 춤을 추거나, 대나무를 잡고 주문을 외우다가도 시들해져서 하던 일을 그만두고 나를 향해 욕을 하는 것이었다(내 친구는 방언기도를 못해서 이 일은 내가 했다). 이러한 여자 무당들은 이 산속에서 거의 다 혼자서 징을 치거나, 춤을 추거나, 기도를 하면서 온밤을 꼬박 새웠다.

일이 이렇게 되면, 그제서야 친구가 무당에게로 다가가서 "보소, 아지매. 와? 푸닥거리가 잘 안 돼는교? 우리 갈테니까, 거기 있는 돼지 대가리 하나만 주소" 했다. 이때는 핸드폰도 없을 때여서 한밤 중에 누구의 도움을 요청할 수도 없고, 높은 산 중에서 경찰을 부르러 산 아래로 내려갈 수도 없었다. 이는 자기가 하는 짓이 불법이었기 때문이었다. 그렇다고 해서 돼지 대가리를 통째로 주면 지내던 고사를 지낼 수가 없었다.

담대했던 친구는 이처럼 처음부터 큼지막하게 요구했다. 그러면 무당들이 '이거 작게 주었다가는 가지 않을 사람들이구나!' 눈치채고는 떡도 커다란 가로세로 크기가 거의 30센티 정도 가까이 되는 두껍고 큰 시루떡을 주고 과일도 싸주되 "돼지머리를 주면 고사를 지낼 수 없기에 목 부위 밑부분을 조금만 잘라서 줄 테니까, 이것들을 받고 제발 가 달라"고 부탁하였다.

금정산은 아주 높고 넓어서 많은 계곡들이 있었고, 매일 밤 여러 무당들이 여러 계곡에서 밤을 지새우면서 지냈다. 이에 나는 친구와 같이 이 계곡 저 계곡을 옮겨 다니면서 무당들이 상을 차려놓은 바위 위에 앉아서 기도하되 '기왕이면 저 무당도 예수 믿고 구원받게 해주십사'고 우리말로 기도하면서 귀신을 대적하는 방언 기도도 하였다.

하나님께서는 7만원 곧 나의 한 겨울 동안의 생활비 전부를 받으신 그날부터 나를 단 한 끼도 굶지 않게 해주셨다. 혹자는 필자가 우상에게 바치는 제물들을 먹었다고 정죄할지 모르나 엘리야가 그릿 시냇가에 있을 때 그에게 까마귀가 조석으로 날아다 준 떡과 고기도 기우제를 지내고 있는 음식을 하나님의 명령을 받든 까마귀가 잽싸게 낚아채서 가져다 준 우상에게 바치던 제물이었다(왕상17:1-6). 또한 우상에게 바치는 제물은 이것을 먹는 자의 믿음 여부에 따라 죄가 되기도 하고 안되기도 하였기 때문이다(고전 8:1-12).

하나님은 이 친구를 엘리야에게 날마다 떡과 고기를 가져다 준 까마귀처럼 내게 붙여주셨다. 하나님께서는 이뿐만 아니라, 날씨가 더 추워지자, 이 친구를 통해 [70 바위] 근처에 있는 자그마한 동굴(세 사람 정도 들어가서 잘 수 있는 자연동굴)까지 발견케 해주셔서 그 동굴 안에서 얼어 죽을 염려 없이 살아가게 해주셨다.

그 바위 안은 둥그렇고 바닥은 편편했다. 이에 마른 풀과 나무 잎사귀 등을 깔고 그 위에 이불을 깔고 자되 무당들이 밤새껏 피우다가 남은 아주 굵은 초들을 수거해서 동굴 안 사방으로 불을 붙여 세워 놓으면 작은 온기까지 느낄 수 있게 해주셨다. 이 동굴의 입구는 높이가 사람 키 크기 정도이고, 폭은 1.5m 정도여서 산 아래 [부산 금식기도원]에 버려두고 간 군용모포를 주워 와서 나뭇가지에 붙여서 못을 박고 매달아서 내리면 이 모포 한 장이 대문 겸 방문 역할까지 해주었다. 이에 그날부터는 '자다가 얼어 죽지 않게 해 주십사'고 구하던 기도도 더 이상 할 필요가 없었고, 목사가 된 후로는 많은 재물이 따르는 물권(物權)까지도 부어 주셨다. 이 위에 장차 거액의 재물로 복 주실 것에 대한 언약도 주셨다. "할렐루야!"

하나님은 이처럼 먼저 시험해 보신 후에 복을 주시는 때가 많이 있다. 이러므로 성도는 성령께서 복 주시려고 시험해 보시는 은혜의 때를 놓치지 않고, 이렇게 '테스트하시는 시험(페이라 스모스)'에 합격하도록 해야 한다. 이러한 헌금은 바치기가 무척 힘들지만 바치면 '강한 축복권'까지 받게 되는 일생일대의 절호의 기회가 되기 때문이다. 그러나 이렇게 바쳐야 할 때를 놓쳐서 성령께서 명하시는 것을 바치는 못하는 사람은 후일 부흥강사가 된다 해도 회개치 않는 이상 큰 물질적인 복은 기대할 수 없다.

나는 미약한 자다. 그러나 이때 하나님께 바쳤던 7만원의 헌금을 기쁘게 받으신 하나님께서 내게 강한 물권(物權)인 '축복권'을 주셨다. 이로 인해 어떤 재물의 복 받기를 사모하는 성도가 정성을 다해 바치는 헌금 등을 축복하면 그가 바친 것보다도 천 배, 만 배의 기적적인 복을 주기도 하셨다. 이는 내게 있는 마지막 것을 하나님께서 요구하실 때 바침을 통해 이처럼 수백 배, 수만 배로도 복 주심이다. 귀하께서도 이처럼 하나님의 사람의 마음이 아닌 하나님의 마음을 감동시키는 헌금을 일생에 꼭 한번은 바치시기를 축복하는 바이다.

필자가 청년 때 들은 40년 전의 일이다. 서울에 있는 교회에 다니는 한 여 집사는 남편이 막내 아기를 낳자마자 일찍 죽고 어린 두 아들과 함께 봉천동 높은 지대인 달동네에 있는 단칸방에서 삯바느질로 연명해 갔다. 그러면서도 하나님을 향한 가장 큰 기도와 소원은 '저를 구원해 주신 하나님 은혜 너무 감사하오니 저도 목돈으로 성전건축 헌금 한번 바치게 해주세요.'였다. 이러한 중에 하루는 예수 안 믿는 시동생이 찾아와서 말했다.

"형수님은 얼굴도 예쁘지만, 마음씨가 너무 곱습니다. 이 아이들 생각해서 재혼도 안하고 …… 이 아이들이 커 가면 생활비가 더 필요할 텐데 형수님 삯바느질로는 두 아이들 키우기가 힘들거에요. 이에 제가 고민 끝에 형수 도와 드리려고 다니던 직장을 그만두고 퇴직금 500만원을 받아왔습니다.

형수님 제가 이 돈으로 이 동네 방 두 칸짜리 전세 얻어 드릴게요. 그리로 이사 가서 방 한 칸은 월세로 주고 사세요. 그러면 이 집에 살면서 매달 10만원씩 나가는 월세 안 들어가고, 월세로 준 방에서 매달 10만원씩 받는 거 갖고 매달 얼마씩 저축하고 사세요. 그래야 애들 클 때 공부라도 시킬 수 있지 않겠습니까?."

이 말을 한 시동생은 수일 후 두 칸짜리 방을 전세 500만원에 집사님의 이름으로 얻어주었다. 이렇게 전셋집으로 이사를 온 집사는 너무 기뻤다.

그런데 며칠 후 성령님께서 마음에 감동을 주시기를 "너 목돈 생기면 성전건축헌금으로 바치고 싶다 하지 않았니? 이 집 전세금 빼서 다 바쳐라, 이는 그동안의 네 기도에 대한 응답이다."는 감동을 계속 주셨다. 이에 집사님이 성령님의 감동대로 순종하려 하자, 불신자인 시동생이 '미쳤다!' 할까 싶어서 자꾸 마음에 걸렸다. 이에 시동생의 영혼이 실족하지 않도록 기도하고 하나님께 맡기고 이 전세금을 빼서 교회로 갔다. 그리고는 연보함에 500만원을 넣으면서 다음과 같은 기도를 드렸다.

"저 같은 죄인도 구원해 주신 예수님 감사합니다. 이 예물 받아 주시고 제 갈 길을 인도해 주세요. 저는 우리 교회가 참 좋아요. 목사님도 좋고, 구역 식구들도 너무 좋아요. 그런데 저는 더 이상 이 교회에 나올 수 없어요. 제가 이 돈을 몽땅 다 바치느라고 방 얻을 돈이 없어요. 서울 사람들은 깍쟁이들이 많은 데다가 보증금도 한 푼 없이 이 어린 아들 둘 데리고서는 시끄럽다고 제게 방줄 사람이 없을거에요. 그래서 저는 지금부터 이 두 아이 데리고 경기도의 시골 쪽으로 무작정 걸어 갈꺼에요. 성령님께서 제 발걸음 인도해 주셔서 마음씨 고운 사람 집에 가서 살게 해주세요. 그리고 예수 모르는 제 시동생 하나님께서 실족하지 않도록 책임져 주시기를 바랍니다."

이렇게 눈물을 흘리면서 이 건축헌금을 바친 여 집사님은 그 길로 경기도를 향해 걷고 또 걸었는데 ① 그 등에는 젖먹이 아들을 업었고, ② 그 한 손에는 그 보다 몇 살 더 많은 아들의 손을 잡아 걸리고, ③ 다른 한 손과 머리에는 솥과 큰 짐 보따리를 이고, 들고 있었다. 이것이 이 여 집사님의 재산 전부였다. 그렇게 걷고 또 걷기를 사흘째 경기도의 한 시골 호수를 지날 때 아기가 젖 달라고 울었다. 이에 사방을 둘러봐도 지나가는 사람이 아무도 없으므로 언덕에 앉아서 가슴을 열고 아기에게 젖을 먹이는데 자신도 첫째 아들의 두 다리도 퉁퉁 부었다. 그래도 너무나 감사했다. 나 같은 가난뱅이가 나를 구원해 주신 예수님께 500만원이라는 거액을 성전건축헌금으로 바칠 수 있었음이 너무나 감사했다.

집사님은 호수의 언덕에 앉아서 한 손으로는 막내 아기를 붙들고 젖을 먹이고, 다른 한 손은 큰아들의 뭉친 다리를 주물러 주고 있었다. 바로 그때였다. 둑길 아래 호수에 많은 거품들이 '부르르르' 올라오더니, 이어 한 시체가 물 위로 '부~욱!' 떠올랐다. 이를 본 집사님은 온몸이 몸살로 뭉쳐있는 중에서도 '저 사람 혹시 억울하게 죽임당한 사람일지도 모르니 빨리 파출소에 가서 신고해야 한다.' 생각하고는 얼른 다시 아기를 들춰업고 짐 보따리를 챙겨서 파출소로 찾아가서 '호수에서 사람의 시체 한 구가 떠올랐으니 그 시신을 수습해서 조사해 달라'고 하였다. 그러자, 파출소 안의 경찰들이 집사님과 아이를 차에 태우고 호수로 오면서 "그럴 리가 없지마는 만약 그 시체가 노랑머리 미군 시체라면 아주머니는 큰 횡재를 한 겁니다. 그러나 그 미군 시체가 아직도 썩지 않고 있을 리가 만무하니 크게 기대하지는 마세요."하였다.

이 경찰들이 말한 미군 시체는 수개월 전에 미군 둘이 외출을 나와서 이 [청평호수]에서 배를 타고 놀다가 배가 뒤집힌 일로 한 사람은 살았으나, 다른 한 병사는 물에 빠져 죽었었다. 이에 사고를 당한 미군 부대에서 미국에 있는 물에 빠져 죽은 병사의 부모님께 연락을 하고는 시체를 찾기 위해 힘썼는데 열흘이 넘도록 해병대를 동원해서 호수 구석구석을 다 찾아보았으나 끝내 찾지 못하였다. 이에 미국에 있는 부모가 '누구든지 우리 아들 시체 찾아주면 그 사람에게 당시의 우리나라 돈으로 2,000만원을 사례하게 하겠다.'고 하였다.

그래도 미 해병들이 이 시신을 찾지 못하고 돌아가자, 이번에는 그 온 동네 사람들이 눈에 불을 켜고 이 시체를 찾느라고 힘썼다. 그러나 한 달, 두 달이 지나도 찾지 못하자 '이제는 시체가 다 섞어서 찾을 수도 없을 것이다.' 생각하고 다 포기한 지 오래였다.

집사님이 탄 경찰차가 드디어 호수에 도착했다. 그때까지도 시체는 엎드린 자세로 물 위에 떠있었다. 이에 경찰들이 시체를 수습해서 땅 위로 올려놓고 보니 미 군복을 입은 노랑머리 미군 시체였고, 군복에 있는 명찰의 이름도 찾고 있던 그 미군 병사가 맞았다.

전능하신 하나님께서 이 시신이 썩지도 않고 물고기들이 먹지도 못하도록 지켜 주신 것이었다. 이에 경찰들이 다시 파출소로 가서 미국의 부모님께 '아들의 시신을 찾았다.'고 전화했다. 그러자, 그 부모가 너무나도 기뻐하면서 '우리 아들 시신을 발견해서 신고해 주신 집사님에게 1,000만원을 더해서 3,000만원을 주시겠다.'

하더니 곧장 3,000만원을 보내 주셨다. 이렇듯 마음과 뜻과 성품과 장래의 위험까지도 무릅쓰고 바친 필자와 이 집사님의 헌금은 그로 하여금 평생에 재물의 복을 받게 하는 큰 물권이 따르게 한다. 이러므로 양들에게 영적인 은혜 뿐만 아니라, 섬기는 교회 성도들과 자신이 많은 재물의 복을 얻고자 한다면 하나님께서 원하실 때는 이처럼 피 같은 물질까지도 아브라함이 독자 이삭을 번제물로 바치려 했던 것처럼 내 목숨과도 같이 소중한 물질이라 할지라도 하나님을 경외함으로서 평생에 한 번은 꼭 바치시기를 바라는 바이다(창 22:1-18).

7. 소멸했던 모든 은사를 갑절로 받은 방법

본서의 서두에서 말한 것처럼 현재 우리 한국의 영적인 상황은 매우 좋지 못하다. 이에 과거에는 성령의 능력을 강하게 맡아 행하던 목사님들 뿐만 아니라, 왠만한 기도원장님들마져도 이전에 받았던 성령의 은사(능력)들을 소멸하신 분이 90% 이상이나 될 정도로 대단히 심각하다. 이러한 때 필자의 한 부끄러운 체험이 이러한 분들에게 큰 도움이 되어지리라 믿고 조심스레 다음의 내용을 기록하는 바이다.

필자의 나이 25세 때 죄 사함과 성령의 충만함을 받고 거듭난 나는 1년 동안은 매달 한 번씩 기도원으로 가서 3일 동안 금식기도를 드리기로 하였다. 이러한 중에 어느 한 날도 [부산 금식기도원]에서 기도를 드리고 있는데 최 전도사님이라는 한 남자분이 내게 와서 말했다.

"형제님, 저는 부산 청학동에서 개척교회를 담임하고 있는 전도사입니다. 저를 따라 오셔서 우리 교회에 있는 방에서 주무시고, 저를 도와서 교회 개척에 힘을 보태 주세요. 그리하면 제가 숙식을 제공해 드리고 신학교도 입학시켜 드리겠습니다."

이 말을 들은 나는 최 전도사님을 따라가서 이날부터 함께 동고동락하면서 기도와 전도에 힘썼다. 그런데 내가 간 이 교회 성전은 178평으로 아주 넓었는데 나 외에도 다른 형제 한 분과 네 자매님들이 계셨다. 이러한 성전 외부로는 성전 이쪽 끝부분과 반대쪽 끝부분에 남녀의 방이 따로 갖춰져 있었다. 이 교회에서의 일과는 ① 매일 밤 8시부터 자정까지 365일 심야기도, ② 오전 금식, ③ 오전 금식과 더불어 신학교에 가서 공부하고 오면 오후에는 전도하러 가는 일이었다. 이렇게 생활하는 중에 하루는 내가 식기도를 하자, 조 자매가 엉엉 울어버렸다.

조 자매가 이러했던 이유는 이 자매가 나를 간절하게 짝사랑하기 때문이었다. 이러한 자매는 이전에도 내가 식기도를 하면 조용히 눈물을 흘리더니 이날은 드디어 울음보가 터져 버린 것이었다. 이 조 자매는 시골 면사무소에서 일하다가 부산으로 와서 직장 생활을 하면서 우리와 함께 동고동락하였는데 남몰래 나를 짝사랑함이 지극정성이었다. 이러한 자매는 내가 벗어놓은 양말 하나까지도 나도 모르게 언제 씻어 놨는지 말려서 내 배게 곁에 두고 가기를 한두 번이 아니었다. 그러나 나는 이 조 자매를 만나기 전, 기도 중에 하나님께서 내게 아내로 주시기를 원하는 자매의 얼굴 보여주시기를 간구하였을 때 환상 중에 본 아름다운 자매를 속히 만날 수 있기를 바라고, 기다리면서 찾던 중이었다.

내가 이 기도를 드릴 때 환상 중에 보게 된 자매는 그 머리가 허리에 닿을 듯이 길었는데 내가 첫눈에 반했을 정도로 너무도 아름다운 자매였다. 그런데 내가 이 자매를 보고 있는데 갑자기 이 자매의 눈에서 하염없는 눈물이 흘러내리기 시작하였다. 이 모습을 지켜보던 내가 "주여, 이 자매가 왜 이렇게 슬프게 우는 것입니까? 속히 저 눈물을 그치게 해주세요. 제 마음이 찢어질 듯이 아픕니다." 간구하였다. 그러나 하나님은 이에 대한 아무런 말씀이 없으셨고, 이어 이 환상과 함께 자매의 얼굴도 사라졌다. 그러나 나는 이 자매의 얼굴을 잊지 않고 있었다. 이러한 중에 조 자매가 나를 짝사랑함이 다른 사람들에게도 알려지게 되어 조 자매에게 말했다. "자매님, 저는 하나님께서 저와 짝 지워 주시려는 자매를 기다리고 있습니다. 저를 향한 자매님의 마음을 거두어 주세요."

이 말을 해주었어도 나를 향한 조 자매의 짝사랑은 변함이 없었다. 그러나 나는 부산 시내를 걸어가다가도 어떤 처녀의 뒷모습이 그 머리가 허리에 닿을 정도로 길면 얼른 뛰어가서 내가 환상 중에 본 자매인가를 확인하기를 계속하였으나, 이 자매를 만날 수 없었다. 이러하던 어느 날 나를 바라보는 조 자매를 보는 순간 '저 자매가 나를 이렇게도 간절하게 사모하는데 내가 언제까지 저 자매의 소원을 뿌리칠 수 있을까?' 라는 생각이 들었다. 이러한 나의 생각은 곧 '나를 저토록 너무나도 사랑하고 싶어 하는 저 자매를 끝까지 뿌리치는 일은 너무 잔인한 일 같다! 우리 두 사람 다 예수 믿고 거듭났으니, 서로 사랑하면서 주의 일을 하면 되지 않겠는가? 굳이 이름도 모르고, 언제 만날지 모르는 환상 중에 본 자매만을 계속 기다릴 필요가 있겠는가?' 라는 생각으로까지 발전하였다. 이러한 나는 그만 어느 날 조 자매의 사랑을 받아 주고 말았다. 그러자, 큰 문제가 터졌다. 그것은 조 자매의 사랑을 받아 준 나를 하나님께서 놀랍게 미워하고 징계하시는 것이었다.

내가 조 자매의 사랑을 받아 주기 전날까지는 예배 시간마다 영안을 활짝 열어 주셔서 예배 중에 성도들의 머리 위로 성령께서 구름 덩이처럼, 때로는 더러는 불덩이처럼 운행하시는 모습들을 늘 보여주셨다. 그런데 이제는 내 영안이 어두워져서 일반 성도들처럼 어두워져서 아무것도 보이지 않았다. 이뿐만 아니라, 아무 환상도 보이질 않고, 방언도 통역되지 않고, 자주 듣던 성령님의 음성도 전혀 듣지 못하였다. 이러한 내 영혼은 흑암처럼 깜깜해졌고, 병자를 위해 기도해 주어도 아무 역사도 나타나지 않았다. 이에 크게 당황하였다. 이는 내가 하나님의 징벌에 처했음과 성령께서 내게 주신 모든 은사들 중에 딱 한 가지 〈방언 은사〉 외의 모든 은사들이 완전히 소멸되었음을 깨달았다. 이러한 내 영혼은 날마다 죽고 싶을 정도로 괴로웠다. 이러한 나는 30일 철야기도를 드리면서 내 죄의 용서를 받고 소멸된 모든 성령의 은사들도 회복함을 받으려고 이날부터 나 혼자 몸부림을 치는 철야기도를 드렸다. 그러나 이게 어찌 된 일인가? 분명히 기도를 시작할 때는 강단 밑에서 무릎을 꿇고 기도를 하였는데, 새벽녘이 되어 눈을 떠보면 성전 문 입구에 성도들이 신발을 벗어놓는 곳으로 밀려나 있는 것이었다. 이러한 일은 30일 동안 계속되었다. 이에 눈을 떠서 내가 신발장 옆에까지 밀려나 있는 것을 볼 때마다 '지난밤도 하나님은 나를 미워하셔서 이처럼 신발장까지 나를 밀어내 버리셨구나!' 하는 생각을 떨칠 수 없었다. 이렇게 30일간 철야기도로 부르짖어 간구해도 응답을 받지 못한 나는 살기가 싫어졌다.

이에 '더 이상은 하나님의 사랑을 받는 삶이 아닌 미움을 받는 삶은 살기 싫다!' 생각을 한 나는 다음날 문방구로 가서 카타칼 두 개를 샀다. 이는 이날 밤에 근처의 산속으로 들어가서 두 개의 칼로 동시에 내 좌우 손목의 동맥을 끊어버리고 죽기 위해서였다. 이에 자정이 가까워질 무렵에 성전 밖으로 나왔다. 그러자, 청학동에서 보이는 부산의 밤바다 야경이 너무도 아름다웠다. 이렇듯 아름다운 야경을 보는 순간에 내 나이 이팔청춘에 내 인생은 오늘로서 끝나는구나!' 생각이 들었다. 그러자 아름다운 야경을 보는 순간 갑자기 살고 싶어졌다. 이에 '더 이상 아름다운 밤바다를 보아서는 안 되겠다! 빨리 산으로 가자.' 생각하고 두세 발짝을 걸었다. 그때 참으로 오랜만에 성령님이 음성이 들렸다.

"너는 다시 30일간 철야기도로서 네 모든 죄를 사하여 주십사고 간구하라. 너는 하나님의 마음이 시원해지기까지 간구하며 용서를 구하라"

이 음성을 들은 나는 '꽃다운 청춘에 죽지 말고 한 번만 더 30일 철야기도로서 나의 죄를 사하여 주십사고 간구하자' 생각하고, 이 날 밤부터 다시 30일 철야 작정기도에 들어갔다. 이러한 중에 매일 드린 기도를 또 드려야 하는 반복기도가 염증(厭症)이 느껴지도록 싫어졌다. 하지만 작정한 30일간 끝까지 기도하려고 하였다. 이러한 나의 모습을 지켜본 조 자매가 어느 날 내게 편지 한 통을 남기고는 몰래 내 곁을 떠나 버렸다.

"황 선생님, 저로 인해 더 이상 고통하지 마시고, 마음을 편하게 가지세요. 이를 위해 저는 제주도로 떠납니다. 부디 저는 잊고 구하시는 기도 응답받으셔서 다시금 하나님의 사랑 듬뿍 받고 사시기를 바랍니다 ......"

이러한 편지를 본 나는 더욱 마음이 상하였다. 이에 '매일 밤의 철야기도를 밤 열시부터 새벽기도가 시작될 때까지 드려야 하지만 마지막 30일째는 '오늘 밤은 자정까지만 기도드리겠으니 내 기도에 응답을 주십사'고 말씀드렸다. 하지만 이 마지막 30일째 밤에 자정까지 간구하였으나, 아무런 응답도 주지 않으셨다. 이에 마음이 크게 상한 나는 이전에 사두었던 두 개의 카타칼을 다시 갖고 출입문을 열고 밖으로 나왔다. 이날 밤도 청학동에서 바라보는 부산의 밤바다가 잠시 내 눈앞에 펼쳐져서 무척 아름다웠으나, 고개를 돌려서 다시 보지 않았다. 이어 산으로 가려고 발을 떼는 순간 다시 성령님의 음성이 들렸다.

"너는 지금 다시 성전으로 들어가라, 지금부터 30분 동안 더 기도하라"

이 음성을 들은 나는 마음으로 불평했다. '기도에 응답해 주시려면 내가 그토록 간구한 대로 이 밤 자정까지 응답해 주실 것이지, 그동안 신물이 나도록 질리도록 한 기도를 왜 또 하라 하십니까?' 그러나 다시 마음을 돌이켜서 '이제 한 번만 더 성령님께 순종하자. 그래도 응답 주지 않으시면 이제는 어떤 말씀도 듣지 않고 곧장 죽어버리겠다.' 이러한 마음을 먹은 나는 성전 강단 밑이 아닌 중앙에 무릎을 꿇고 앉아 기도하기를 30여 분이 되었다.

그때였다. 강단에서 커다란 불덩이가 '후 ~ 욱 ~!' 나타났다. 이 불은 그 높이가 강단 밑바닥에서부터 천정에 닿기 직전일 정도로 엄청나게 컸다. 이 불은 내가 청년 때 〈방언 은사〉를 받을 때의 불보다도 몇 배나 더 큰 불이었다(임하는 불의 크기가 클수록 큰 능력이 임한다). 이 불덩어리의 폭은 내 양팔을 벌린 정도보다 더 넓었고, 붉은 불덩이처럼 이글거리면서 환하게 밝았다. 그런데 이 커다란 불덩이가 갑자기 강단에서부터 내게로 급히 '후 ~ 욱 ~!' 다가오더니(이를 어떻게 표현해야 할지 적당한 생각이 나지 않는다.) 내 몸 전체를 불바람으로 나를 덮쳐 버렸다. 이러한 불은 어떤 큰 불이 내 몸속으로 들어오던(임하는) 현상과 비교할 수 없을 정도로 내 온몸을 덮쳐 버리듯이 임하였는데 이에 대한 느낌은 내가 커다란 불덩이에 맞아 쓰러진 듯하였다. 이렇게 큰불을 맞은 나는 그 자리서 뒤로 벌러덩 넘어져 버렸다. 이에 쓰러진 채로 몇 분이 지나자, 몸에 기운이 돋아서 일어나 앉았다. 그러자 다시금 이전처럼 영안이 밝아졌고, 내 영혼 속에 구원의 즐거움과 감사가 가득해졌다(롬14:17). 이에 성령께서 이전에 주셨던 모든 신령한 은사들도 순식간에 다 회복되었다. 이후로 지금까지 다시는 성령께서 주신 은사가 소멸되지 않도록 살아오고 있다. 받은 성령의 은사가 소멸 되었다면, 나처럼 다시 성령의 불을 뜨겁게 받으면 소멸 된 은사는 그 순간 곧장 다 회복이 되어진다.

"할렐루야!" 나 같은 죄인에게도 부어 주셨던 하나님의 사랑과 신령한 은사들을 다시 회복시켜 주신 하나님께 무한 감사를 드립니다.

이러므로 소멸된 성령의 은사들 회복 받기를 위해서는 필자처럼 신물이 나도록 기도하고 또 기도하라. 이로 인하여 상하신 하나님의 마음이 시원해질 때까지 기도하시기를 바란다. 이때 성령의 불이 어느 순간에 '확~!' 임하면 그 즉시로 모든 은사들은 다 회복되거나 이전보다 갑절로 더 강하게 주어진다.

8. '탁월한 신학 교수'가 되려면

필자는 신학 교수가 되어 신학도들을 가르치는 일은 꿈속에서도 생각도 해본 적이 없었다. 이에 '신학교수가 되게 해주십사'는 기도는 단 한 마디도 하지 않았다. 이러한 내가 갑자기 360여명이 모이는 서울의 한 신학교에서 강의를 하기 시작하면서 네 곳의 신학교에서 학생들을 가르치되 가는 곳마다 3개월이면 '교수님들 중에서도 제일 실력 있는 교수'로 소문이 나게 해주셨다. 이러므로 혹 신학 교수가 되어 학생들을 가르치고자 하시는 분들은 성경공부만 하지 말고 다음에 기록된 필자의 간증대로 행하시기를 바라는 바이다.

에스라는 율법에 밝은 학자였다(느7:1-10). 이처럼 오늘날 성경에 밝은 학자 수준의 목사님들이 많이 계신데 이분들은 대부분 신학 교수로서 학생들을 가르치도록 하나님께 쓰임 받는다. 그런데 필자와 같이 부족한 사람도 하나님께서 신학교수로 세워 주시고 사용해 주시니 이 또한 너무도 감사한 일이다.

앞의 글에 기록한 대로 일반 목회자들 중에서도 '부흥강사'로도 사용해 주시는 은혜만도 너무도 감사한 일인데 하나님께서 어느 날

"내가 너를 신학 교수로 쓰리라" 하시더니 그 다음 주부터 이대로 되었다. 이에 20여년 전 한 때는 서울 장안에서 '탁월한 신학 교수'로도 꽤 명성이 나게도 해주셨다. 이에 한 신학대학원에서 실시하는 박사 학위 수업을 받게 하는 교수로도 초청을 받아 강의를 하기도 하였다.

필자가 이러한 '신학 교수'로 쓰임 받는 영광을 입은 것은 내가 행한 다음과 같은 작은 선행을 하나님께서 귀하게 보시고 내게 이같은 큰 복을 주셨기 때문이었다.

1995년 여름 '30년 만의 무더위' 중에 7주간 연속 비지땀을 흘리면서 부흥성회를 인도하다가 7주째 되는 부흥성회 이틀째 밤 예배까지 인도하고 숙소로 돌아온 나는 그동안의 과로로 인해 간이 너무 많이 부어서 호흡을 하지 못해 의식을 잃고 말았다. 이때의 내 영혼은 아주 상쾌할 정도로 맑고 빛난 흰 구름 위에 누워서 너무나도 청명하고 높고 높은 하늘로 계속 들려 올라가고 있었고, 곧 천국에 도착할 것 같아 너무도 기뻤다. 이렇듯 너무도 기쁘고 설레던 내 영혼이 갑자기 무거운 짐 속에 빨려 들어가듯이 하여서 답답하더니 힘든 한숨을 내 쉬었다. 이는 천국을 향해 하늘로 들려 올라가던 내 영혼이 순식간에 너무도 피곤한 내 육체 속으로 들어온 때문이었다. 이러한 내가 숨을 쉬자, 나와 한방에서 잠을 자던 지난주 집회를 인도해 주었던 내 동기 김 목사와 유 시백 전도사가 "목사님, 정신이 드세요?" 하였다. 이러한 이유는 밤 집회를 마치고 잠을 자려던 유 전도사가 보기에 내가 '이상하다!'는 느낌이 자꾸 들어서 내 몸을 흔들어 보았으나 의식이 없자, 자신이 배운 지압으로 내 몸의 여러 군데로 만지고 주무르면서 김 목사와 함께 내가 의식이 돌아오도록 다급하게 기도한 때문이었다. 지난주에 한 주간의 부흥성회를 인도해 준 교회 동기 목사님은 그때 '아무래도 황 목사가 너무 과로해서 위험하다!'는 생각에 이 집회기간 동안 내 방에서 유 전도사와 함께 잠을 자면서 집회에 참석하였었다(두 분 다 남자다).

유 전도사의 지압을 통해 막혔던 숨통이 트이고 의식을 되찾은 나는 집회를 하루 줄이고 아내에게 전화해서 '내가 운전을 해서 갈 힘이 없으니 나를 태우고 집에까지 데려다 달라' 하였다. 이에 집에 도착한 나는 이때 개척하여 섬기고 있던 [김해소망교회]를 다른 목사님께 넘겨드리고 강원도의 한 셋집을 얻어서 요양하기로 하여 계약을 하고 이를 동기 목사님들께 말하였다. 그러자, 다음날 한 동기 목사님이 내가 가서 살 강원도 집 주소를 알려달라 해서 핸드폰에 문자로 보내주었다. 이에 며칠 후 한 동기 목사님이 내게 "황 목사, 강원도로 이사 못가요, 내가 가서 계약 파기하고 서울과 가까운 군포시의 한 산 중턱에 있는 공기 좋고 조용한 집을 계약해놨으니 이사할 날짜를 정해주세요. 그러면 우리 동기 목사 다섯 명이 가서 이삿짐 다 날라다 줄 테니까 황 목사는 차 안에서 가만히 누워만 있어요." 하였다. 이에 이사를 하자, 다섯 명의 동기 목사님들이 찾아와서 내 건강에 대해 물으면서 '먹고 살 것은 우리가 도와 줄테니 염려 말고 푹 쉬면서 몸조리 잘하다가 기력을 얻으면 우리에게 [조직신학]를 가르쳐 달라, 목사가 되기 전에는 모르는게 있으면 누구에게든지 물어보면 됐는데 목사가 되고 보니 창피해서 아무에게도 물어볼 수가 없다.' 하였다. 이러한 동기들은 나와 함께 4년 동안 한 교수님으로부터 [조직신학]을 2년 동안 배웠으나 아직도 신앙의 뼈대라고 하는 이 [조직신학]의 전체를 알지 못해 지식적인 불안으로 인해 교통하고 있었다.

우리가 신학교에서 배운 [조직신학] 교과서는 벌콥이 쓴 7권으로 된 한 뼘 두께의 책이었다. 이에 교수님이 7권 중 두 권만 가르쳐 주시고는 '나머지는 학생들이 책을 보고 배우라' 하셨다. 이에 '우리 동기들이 다 [조직신학]에 대해 확실하게 알지 못해, 하지만, 황 목사는 공부도 잘했었으므로 [조직신학]을 다 알 것 같으니까 매주 우리가 찾아올 때마다 이를 가르쳐 달라' 하였다.

동기 목사님들은 이를 위해 내가 이사할 집을 강원도가 아닌 자신들이 찾아오기 좋고 가까운 군포시로 옮겨버린 것이었다. 이에 신학교에서 2년 동안 배운 것 외에 다른 내용들을 가르쳐 주자, '아, 이제 됐다! 이제 안심이다.'면서 기뻐하더니 후일 이들 중 두 목사님이 교단의 신학교 학장이자, 총회장으로 쓰임을 받으셨다.

성령께서 필자에게는 〈지식의 말씀 은사〉를 강하게 부어 주셨기에 다른 신학교들에서 2년 동안 가르치는 [조직신학]을 필자는 1년 만에 아주 쉽게 가르치면서도 수준 높게 가르친다. 군포시로 이사한 후 16개월 만에 내 몸이 완치되고 다시 교회를 개척하여 섬기면서 전국 교회와 기도원들의 부흥성회를 인도하고 있을 때였다.

어느 날 꿈속에서 내 신학교 동기 남자인 유 전도사가 내게 무슨 부탁을 하고 싶은 일이 있는데 말을 못하고 망설이기만 하는 꿈을 꾸었다. 이 꿈을 꾸고 잠에서 깬 나는 유 전도사에게 전화를 했다.

"유 전도사, 혹시 내게 부탁하고 싶은 일이 있다면 무엇이든지 말해보세요."

"목사님, 저 목사님과 함께 신학교에서 2년 동안이나 [조직신학]을 배웠어도 아직도 [조직신학]에 대해 자신이 없어요. 이에 목사 안수도 받지 못하고 있고, 목회를 할 자신도 없어요. 이에 황 목사님께 부탁해서 배우고 싶은데 이 한 과목을 배우는데 시간이 너무 많이 소요되기에 미안해서 말을 못하고 기도만 하고 있습니다. 이에 다른 신학교에 다시 입학해서 배울까? 하는 고민도 하는 중입니다."

"그렇다면, 내가 시간 날 때마다 유 전도사를 부를 테니 내게 와서 배울래요?"

"목사님 고맙습니다. 부르실 때마다 언제든지 목사님께로 가서 배우겠습니다."

필자가 동기 목사님들에게 [조직신학]을 가르쳐 드릴 때 서울에 사는 유 전도사는 개인 사정으로 그때 내게 와서 배우지 못하였다가 이 소문을 듣고는 내게 말을 못하고 고민하고 있다가 내게로 와서 자신도 [조직신학]을 다 배우게 된 것이다. 이러한 내가 시간 날 때마다 유 전도사를 불러서 가르친 지가 몇 달이 되어 어느 날 이제 마지막 한 시간 남은 내용을 가르치고 있을 때였다.

성령님께서 내게 선명한 음성으로 "아들아, 내가 너를 통하여 영광을 받았노라. 내가 너를 신학교 교수로 사용하겠노라" 하셨다. 그러자, 그다음 주에 서울에 있는 모 신학교 학장님이 내 신학교 선배 목사님께 '우리 신학교에서 교수로서 강의할 만한 실력 있는 목사 한 사람을 소개해 달라'는 말을 듣고는 나를 학장님께 추천해 주셨고, 이로 인하여 신학교 교수가 되었다.

이 신학교는 학생들이 360여 명이었는데 내게 맡겨 주신 과목은 [예배학]이었다. 이에 성심으로 학생들을 가르치기 시작했는데 하나님께서 나를 높여주셔서 학교 내에서 가장 실력 있는 명교수로 소문이 나서 탁월한 실력을 갖춘 교수로 인정받게 해주셨다. 그 후에도 세 곳의 신학교에서 학생들을 가르쳤는데 가는 곳마다 3개월이면 그 신학교에서 제일 실력 있는 교수로 인정받도록 높여주셨다. 이러한 나는 성령께서 가르쳐 주시는 지혜로운 방법으로 다른 신학교의 교수님들이 대개 2년 동안 가르치는 [조직신학]을 1년이면 학생들이 아주 쉽고도 수준 높게 다 배워서 이 과목에 대한 확실한 자신감을 갖도록 가르쳐주는 지혜와 실력도 갖추게 해주셨다. 성령께서는 이를 위해 기존의 조직신학 책들을 중심으로 나만이 가르칠 수 있는 [조직신학 교제]를 만들게 해주셨고, 이에 대한 [지적 재산권]도 확보하게 해주셨다.

나는 다른 교수님들처럼 미국이나, 영국, 또는 독일로 유학도 못

갔고, 박사 학위도 없었으나 이러한 인정을 받는 명교수가 될 수 있었다. 이러한 이유는 유 전도사 한 사람을 놓고서도 수십 시간이 소요되는 [조직신학]을 그를 긍휼히 여기는 마음으로 가르쳐 준 일이 하나님 앞에 선하게 심은 것으로 여기셔서 부족한 자를 교수가 되도록 은혜를 주시되 지식과 지혜(같은 내용들이라도 강의하는 방법이 다르다.)를 더해 주신 때문이다. 이 또한 내가 '신학 교수'가 되고 싶어서 동기생들을 가르쳐 준 것이 아니었다. 그러나 하나님은 내가 많은 시간을 내어 동기들을 섬겨준 일을 통해 영광을 받으시고 내게 이 같은 큰 복도 주신 것이다. "할렐루야!"

9. 고 조용기 목사님 생전의 기도 방법

필자의 거듭난 후 44년의 삶을 살아오면서 체험한 가장 가치 있는 땀을 흘리는 일은 전심, 전력을 다해 하나님께 기도하면서 흘리는 거룩한 땀이다.

우리 한국교회는 1989년까지 전세계교회들이 부러워할 정도의 놀라운 부흥을 이루었다, 그러나 1990년부터 2024년 현재까지 35년 동안 계속 성도들의 수가 줄어들고 있다. 이 일이 가장 심각한 이유 중의 한 가지는 1990년 이전의 우리 한국교회는 노년이 적고, 유초등부 아이들이 많은 정 삼각형의 안정된 교회였었는데 지금의 교회 99%는 교회 안에 노인들의 수는 급증해가는데 유초등부 아이들의 수는 급감하여 역삼각형의 교회 곧 미래의 우리 한국교회가 크게 염려되는 일이다. 그러나 우리 한국교회에는 일만 명이 이상 모이는 대형교회가 20곳이 넘고, 세계 제일로 많은 성도들이 모이는 [여의도 순복음교회]도 있으며 예수님께서 우리 한국교회에 다시 성령의 불을 뜨겁게 붙여주실 날이 몇해 남지 않았기 때문이다. 이러하면 우리 한국교회는 다시 이전처럼 전세계교회들이 부러워하는 놀라운 교회 부흥들이 재차 있게 될 것이다. 이러므로 깨어라, 이제는 일어나라(이는 필자가 1997년에 예수님을 뵈었을 때 주신 예언이다).

우리가 갑절의 권능 받기를 원하는 이유는 많은 사람들의 영혼을 보다 더 효율적으로 구원하기 위해서이다. 이에 여기서는 1997년 곧 우리 한국교회가 침체기에 든지 7년째 되자, 이전에 1.200만명에 달하던 성도 수가 7년 만에 800만명으로 ⅓이 줄어든 때에 필자가 기도 중에 예수님을 뵈었을 때 예수님께서 조용기 목사님이 평소에 기도하시는 모습을 보여 주시면서 내게 말씀해 주신 내용이다.

많은 영혼들을 구원 곧 영생 복락의 길로 인도하고자 하시는 분들, 갑절의 권능 받기를 사모하시는 분들은 다음에 기록된 조용기 목사님이 생전에 기도하시던 대로 기도하시기를 바란다.

1997년 이때 우리 한국교회 성도 수가 7년 만에 ⅓이 줄어들자, 우리 한국교회의 어두운 장래에 대한 염려와 큰 위기감을 느낀 나는 결심하고 전심, 전력을 다해 하나님께 우리 한국교회를 위해 기도하던 중에 이 당시에 우리 한국교회의 유명한 목사님들 열 분에 대해 예수님께 여쭈었다. 이러했던 이유는 하나님께서 이 열 분들을 기뻐하시는 부분들은 나도 본받고 이분들도 사람인지라, 어떤 단점이 있고, 이러한 부분이 내게도 있으면 회개하기 위해서였다. 이에 자비하신 예수님께서 내게 나타나 주셔서 이 열 분 목사님의 장단점들을 자세하게 가르쳐 주셨다(이때 주님께서 주신 다음 조 목사님 외의 아홉 분들에 대한 계시와 한국교회의 미래에 대한 계시들은 머잖아 출판하게 될 필자의 저서 〈각자의 달란트 목회로 성공하라〉는 책 속에 상세하게 기록해 놓았다). 이 중에 조용기 목사님에 대해 말씀해 주실 때는 내가 예수님 앞에 있는 중에서도 환상을 보여 주시면서 말씀해 주셨다. 이에 보게 된 환상 중에는 조 목사님이 자신의 기도실로 들어가서 기도하시는 모습이었다. 기도실에 들어가신 목사님은 윗옷을 다 벗고 무릎을 꿇고 양손을 높이 들고 짧은 시간 안에 많은 기도를 드리기 위해 빠른 말로 큰소리로 부르짖어 기도하기 시작하셨다. 그러자 기도를 시작한지 10여분이 지나자, 대머리이셨던 조 목사님의 머리에 땀이 나기 시작하더니 15분 정도가 되자, 이 땀이 얼굴로 흘러내렸고, 이어 이어 흐르는 땀이 가슴으로 흘러내리더니 바지의 허리 사이들로 스며들었다. 그래도 조 목사님은 아랑곳 하지 않고 큰 소리로 우리가 '바바바바' 하면서 방언 기도를 드리듯이 일초도 쉼 없이 빠르고도 매우 큰 소리로 전심을 다해 부르짖어 기도하셨다. 이에 온몸이 땀으로 범벅이 되셨으나 기도는 거의 세 시간이 되도록 계속되었다. 그때 주님께서 내게 말씀하셨다.

"아들아, 보았느냐? 저 조 목사는 내게 간구하기를 마치 폭풍이 몰아붙이듯이 부르짖어 간구한다. 이에 내가 저의 기도를 들어주지 않을 수 없어 다 응답해 준다. 이뿐만 아니라, 저가 기도하고 믿음의 말로 선포한 모든 일은 내가 저의 생애에 하나도 빠짐없이 다 이루어 주었다."

이 환상을 본 나는 큰 충격을 받았다. 필자도 큰 소리로 기도할 수 있는 산기도 등에는 조 목사님처럼 온몸이 땀으로 범벅이 되도록 기도하기도 한다. 그러나 산기도 중에 이러한 기도를 할 때는 기도를 마친 후 흘린 땀으로 인해 젖은 바지가 다리에 찰싹 달라붙어서 산에서 내려 올 때 행동이 부자유함으로 인해 앞으로 넘어지지 않도록 흐른 땀이 조금은 마른 후에 하산하도록 해야 한다.

이 일 후 어느 날 꿈속에서 사도 베드로를 만났다. 이에 나는 "[사도행전] 5장 12-16절에 기록된 대로 그림자만 덮여도 귀신들이 떠나고 병자들이 다 고침을 받은 〈신유 은사〉를 나도 받으려면 어떻게 해야 합니까?" 물었다. 다음은 이에 대한 사도 베드로의 대답이다.

"예, 저는 이를 위해 날마다 하루에 열 시간씩 전심을 다해 기도

했습니다. 목사님 뿐만 아니라, 모든 종들도 저같이 하루에 열 시간 씩 기도하면 이러한 강력한 신유가 나타나게 됩니다."

이 말을 들은 나는 지금 책상 앞에서 성령께서 명하신 책들을 계속 써야 하기 때문에 '나는 틀렸다.'는 생각과 더불어 '현재의 내 체력으로서는 매일 같이 하루에 열 시간씩 기도할 수 없다' 생각하였다. 필자는 하루에 일곱 시간, 또는 여덟 시간의 기도는 꽤 해보았으나 매일 같이 열 시간 기도는 자신이 없었다. 이에 베드로 앞에서 기가 죽었다. 그러자 베드로가 나를 보고 안쓰러웠는지 다시 말했다.

"처음 몇 년 동안은 매일 열 시간씩 계속 기도해야 하나 목사님을 위해 기도해 주는 성도들이 많아지면 그때는 기도 시간을 조금 줄여도(음성은 아니었지만 느낌은 여덟 시간 기도) 이 같은 신유 역사가 계속 나타남으로서 수많은 병자들이 몰려들게 됩니다."

귀하께서도 이처럼 어떤 일보다도 기도함을 가장 중요시 하고 전심, 전력을 다해 기도하시기를 바란다. 많은 성도들이 모이는 목회를 하고 싶은가? 그렇다면 일단 3년~5년 정도를 매일같이 하루에 열 시간씩 기도해 보라, 하나님께서 전국 각처에서 자신의 양들을 붙여주실 것이다. 더 늙어서 하고 싶어도 기운이 없어서 못하기 전에 귀하의 일생에 이 같은 기간을 정하여 가장 보람있는 땀, 가장 아름답고 거룩한 땀을 날마다 흘려 보라.

10. 성령의 지시에 순종하여 강력한 권능을 받은 여전도사

성령의 권능을 강력하게 받은 종들을 수종들거나 돕고 난 후 그에게 축복기도를 받음으로서 자신도 강한 권능을 받는 일은 그 혼자서 어떠한 능력을 받기 위해 100일 동안 철야 산상 기도를 하는 것보다 더 빠르고 낫다. 필자가 서울에서 부흥성회를 인도할 때마다 내게로 와서 나를 수종들어 주되 내 가방도 들어 주고, 밤 집회까지 마치면 나의 뭉친 근육들을 지압으로 풀어주는 유 전도사가 있었는데 몇 번이나 나를 형 삼으려고 하였으나 나는 '주 안에서는 다 같은 형제'라고 하여 이 부탁을 들어주지 않았다. 그래도 유 전도사는 서울에서 인도하는 나의 모든 부흥성회들에 참석하고 밤이면 나의 뭉친 근육들을 풀어줌으로서 자고 일어나면 피로가 풀려서 다음날 더욱 힘있게 성회를 인도 해주었다. 이러한 유 전도사가 하루는 "목사님, 지난주 부흥성회 때 보니 목사님께서 백판에 영서를 써놓고 해석을 해주시던데 저도 〈영서 해석함의 은사〉를 받도록 기도해 주세요." 하였다. 이러한 영서와 해석은 다니엘에게도 주신 은사다(단5:25-31).

이에 내가 책상 앞에 의자 두 개를 놓고 하나는 내가 앉고 하나는 유 전도사가 앉게 한 후 유 전도사에게도 〈영서 해석함의 은사 / 단 5:24-31〉가 임하도록 안수해 준 후에 "이제 유 전도사에게도 이 은사가 전가 되었으니 지금 실험해 보자" 하고는 책상에 놓인 종이에 영서를 20여 줄을 쓰고 난 후 '각자의 의자에 서로의 등을 대로 돌려 앉아서 책상 위에 놓인 영서를 성령께서 주시는 영감대로 써서 서로 대조해 보자.' 하였다. 이에 서로가 무슨 내용을 쓰는지 볼 수 없는 중에 영서의 해석을 다 쓴 후에 책상 앞에 우리 두 사람이 쓴 영서 해석의 내용을 올려놓고 서로가 쓴 해석을 대조해 보았더니 우리 두 사람이 쓴 내용이 똑같았다.

필자가 서울에서 부흥성회를 인도할 때마다 내게로 달려와서 정성껏 나를 수종들어 준 유 전도사에게도 이 〈영서 해석함의 은사〉를 성령께서 부어 주신 것이다. 이는 유 전도사가 성령의 지시를 따라 필자가 서울에서 집회를 인도할 때마다 과로로 뭉친 내 육신을 정성어린 지압을 통해 풀어주면서 나를 수종해 주었기 때문이다.

2010년 경이었다. 전남 순천시의 한 기도원장님이 자기 기도원 집회를 매달 한 주간씩 세 번을 인도해 줄 것을 부탁하였다. 이 원장님은 전에도 내가 이렇게 세 번 집회를 인도해 주면 그때마다 성전에 성도들로 가득 채워주시는 기도원의 부흥을 주셨다. 그러나 몇 년이 지나고 나면 거의 모든 성도들의 발걸음이 끊어져서 다시 큰 곤경에 처하였다. 이러할 때마다 나를 불러서 3개월 연속 한 주간씩의 부흥성회를 부탁함으로서 이번에도 갔더니 이번에는 작은 상가건물 2층으로 옮겨서 기도원 사역을 하고 있었다. 이에 월요 첫날 저녁 예배를 인도하는데 이 기도원장님과 이름이 똑같은 한 여전도사가 이 집회에 참석했는데 성령께서 이 전도사에게 명하라는 말씀을 주셨다. 이에 내가 "전도사님은 내일부터 3일 금식기도를 드리되 전도사님을 위한 기도는 한마디도 하지 말고 오직 나와 이 기도원의 성공적인 부흥성회 만을 위해 3개월 연속 금식기도로 간구하라십니다. 이번 금식기도는 집회가 열리는 동안 하지만 다음 달부터 두 달 동안은 제가 이 기도원 부흥성회를 인도하러 오기 한 주 전에 미리 3일 금식기도를 마쳐놓고 집회에 참석하라 하십니다. 이를 순종하면 하나님께서 전도사님에게 큰 권능을 주시겠답니다." 하였다. 그러자, 처음 보는 이 전도사님이 "아멘" 하더니 3개월째 곧 마지막으로 인도 해주기로 한 부흥성회 한 주 전까지 3개월 연속 3일간의 금식기도를 드렸다. 이 기도원장님은 집회 때 나를 소개하기를 "이 황 목사님이 우리 순천시에 와서 행한 부흥성회를 통해 성령의 능력을 강하게 받고 기도원 원장님이 되신 분들이 무려 47분이나 되시니 여러분도 이 집회를 통해 원하시는 능력을 꼭 받아 가시기 바랍니다." 하였다.

이렇게 약속한 금식기도의 응답은 마지막 3개월째 집회 사흘째 낮 예배 때 이루어졌다. 성령께서 내게 주셔서 명한 대로 오직 필자와 이 기도원의 성공적인 부흥성회만을 위해 세번 다 3일 금식기도를 마치고 집회에 참석한 이 전도사님에게 하늘로부터 강력한 은사들이 아주 다양하고도 강력하게 임하는 것을 말씀해 주셨다.

성령님께 이에 대한 계시를 받은 나는 이 전도사님을 강단 앞으로 불러내서 이 시간에 받은 은사들을 통해 집회에 참석한 성도들을 섬겨주기로 하고 강단 앞에 세웠다. 이러한 나는 "지금 이 시간에 하나님께서 이 전도사님에게 강력한 능력들을 행할 다양한 은사들을 부어 주셨는데 이중 한가지는 〈병 고치는 은사〉가 강하게 임하였습니다. 이에 지금 받은 〈신유 은사〉로 여기 계신 성도님들을 섬겨 드리기를 원하니 자신의 질병을 고침 받고자 하시는 분은 세 분만 강단 앞으로 나오셔서 이 전도사님의 기도를 받으세요. 선착순으로 세분만 기도해 드리겠습니다." 하였다. 그러자, 세 성도가 강단 앞으로로 달려 나왔고, 이 전도사로 안수해 주게 하니 손을 얹고 기도해 주는 즉시로 그 모든 병을 고침 받고 기뻐하였다. 이다음 두 번째 순서로는 "지금 이 전도사님에게 〈방언 통역 은사〉가 강력하게 임하였으니 자신이 하는 방언을 통역 받고자 하시는 분은 세 분만 강단 앞으로 달려 나오세요." 하자, 또 세 성도가 앞으로 나와서 방언으로 하는 기도를 이 전도사가 유창하게 통역해 주자 그 통역되는 내용들이 자신에게 다 맞는 내용들인지라, 다들 크게 기뻐하였다.

이어 세 번째 순서로는 "지금 이 전도사님에게 〈예언 은사〉도 강하게 부어 주셨으니 예언 기도를 받고 싶으신 분은 앞으로 나오세요." 하자, 또 세 성도가 얼른 앞으로 달려 나왔고, 세 성도에게 일어날 앞일을 예언해 주었다. 이에 네 번째 순서로는 "지금 이 순간이 전도사님에게 모세처럼 기도하는 즉시로 응답을 받는 〈직통계시 은사 / 민12:7-8, 출33:9-11〉가 임하였으니 자신이 기도하는 내용들에 대한 응답을 받고자 하는 성도들도 세 분만 달려 나오세요." 하자, 자신 앞으로 나온 세 성도들이 오랫동안 기도해도 응답을 받지 못하던 내용들에 대한 하나님의 응답을 곧장 시원스럽게 다 받아 주었다, 그러자 기도원 분위기가 축제 분위기가 되었다.

이에 나도 기뻐하면서 이때 성령께서 전도사에게 왕창 부어 주신 또 다른 은사들 곧 ① 〈영안의 밝음 은사〉 ② 〈영의 귀밝음 은사〉 ③ 〈투시 은사〉 등으로도 섬겨 주려 하다가 이 기도원장님의 얼굴을 보니 시기와 질투로 험하게 얼룩져 있었다. 이에 '더는 이 전도사에게 이 시간 부어 주신 은사들을 활용하지 말아야 되겠구나!' 생각하고 절제하였다. 이 일로 쓰임 받은 전도사님은 성령께서 명하신 대로 나와 이 기도원의 성공적인 부흥성회를 위해 3일간의 금식기도 세 번을 드린 일로 순식간에 임한 큰 권능들로 인해 ① 어떤 신령한 기도원장님들보다도 그 받은 은사가 더 강하여졌고, ② 영안도 활짝 열렸으며, ③ 영의 귀도 활짝 열려서 ④ 영적으로 벌어지는 신령한 일들을 환히 보고 듣게 되었다. 이로 인해 지금은 어디선가 신령한 기도원장으로서 하나님의 일을 능력있게 감당하고 있을 것이다. 이에 필자가 순천시에서 부흥성회를 인도할 때 성령의 능력을 강하게 받아서 기도원장이 되신 분은 총 48명이 되었다. 이러므로 성령의 권능 받기를 원하거나 받은 능력보다 갑절의 권능을 받기 원하시는 분은 자신보다 훨씬 더 강력한 은사를 받은 은사자를 위해 금식하면서라도 기도해 드리며 그를 수종들어 줌은 대단히 지혜로운 일이다.

필자는 작은 개척교회 부흥성회를 인도하러 가면 교회에 물질적인 부담을 주지 않기 위해 내가 어떤 음식을 좋아하는지 절대 말하지 않는다. 이러한데도 경기도의 한 작은 교회 부흥성회를 인도할 때 담임 목사님이 내게 소고기를 대접해 주시는데 그 양이 아주 많아서 나도 목사님도 놀랐다. 이에 고기를 구워주시는 식당 여사장님께 "웬 고기를 이렇게 많이 주시나요?" 묻자, "이 고기는 제가 두 분 목사님 실컷 드시라고 제가 대접해 드리는 것입니다. 두 분 다 목사님 맞으시죠?" 하였다. 이 말을 듣고 고마워하는데 성령께서 "이 집사는 허리가 너무 아프나 수년째 고침을 받지 못하고 고통하고 있다. 지금 네가 안수 해주어라" 하셨다. 이에 내가 "집사님, 허리가 많이 아프시군요, 지금 잠간 기도합시다." 하고 10초 정도 기도해 주자 하나님께서 즉시로 깨끗하게 고쳐 주셨다. 그러자 집사님이 "수년 동안 수술로도 고침 받지 못하던 허리 두 분 목사님 고기 대접해 드리자 하나님께서 깨끗하게 고쳐주셨네요. 감사합니다."며 정중하게 허리를 굽혀 말하였다.

필자가 부흥성회를 인도할 때면 성경이 든 내 가방을 들어 주는 일 뿐만 아니라. 식당에서 식사하고 나올 때 내가 신을 구두를 심기 좋도록 내 앞에 놓아주는 작은 일까지도 고맙게 여겨져서 그에게

'작은 사랑의 빚진 마음'을 갖게 된다. 당신도 이렇듯 강력한 권능을 받은 종들을 섬겨주라, 그리하면 그가 귀하를 축복할 때마다 그에게 주신 신령한 은사들이 하나, 둘씩 귀하에게도 전가 될 것이다. 이는 성령의 권능은 흐르는 맥이 있기 때문이다. 이에 귀하께서도 성령의 권능들로 충만하여져서 우리 대한민국과 민족을 살리며 세계 선교에도 탁월한 능력자로 쓰임 받으시기를 축복하는 바이다.

　본서에 기록한 대로 행함으로서 성령의 능력들을 강하게 받으시는 분들이 이전처럼 본 출판사로 전화해서 감사의 말씀을 전해주시는 일이 연속되기를 바란다. 이러할 때 출판사 직원들은 더욱 보람을 느끼고 자신의 일에 더 큰 기쁨으로 보람을 안고 일하게 되기 때문이다. 〈샬롬!〉